刘诗白—著

刘诗白选集

第五卷

社会主义市场体制研究

·下册·

四川人民出版社

图书在版编目（CIP）数据

社会主义市场体制研究：全2册 / 刘诗白著. — 成都：
四川人民出版社，2018.12
（刘诗白选集；第五卷）
ISBN 978-7-220-10866-2

Ⅰ.①社… Ⅱ.①刘… Ⅲ.①中国经济—社会主义
市场经济—市场经济体制—文集 Ⅳ.①F123.9-53

中国版本图书馆CIP数据核字（2018）第184879号

SHEHUIZHUYI SHICHANG TIZHI YANJIU XIACE

社会主义市场体制研究（下册）

刘诗白　著

责任编辑	何朝霞　张东升
封面设计	陆红强
版式设计	戴雨虹
责任校对	涂怡媛　舒晓利
责任印制	王　俊
出版发行	四川人民出版社（成都槐树街2号）
网　址	http://www.scpph.com
E-mail	scrmcbs@sina.com
新浪微博	@四川人民出版社
微信公众号	四川人民出版社
发行部业务电话	（028）86259624　86259453
防盗版举报电话	（028）86259624
照　排	四川胜翔数码印务设计有限公司
印　刷	成都东江印务有限公司
成品尺寸	170mm×240mm
印　张	21.75
字　数	260千
版　次	2018年12月第1版
印　次	2018年12月第1次印刷
书　号	ISBN 978-7-220-10866-2
全套定价	3000.00元（全13卷）

目 录（下册）

社会主义市场经济理论引领中国经济腾飞[①]

　　30年来中国发生的大变革和经济腾飞，来自党的十一届三中全会以来的理论创新。30年前党的十一届三中全会，启动了中国由计划经济体制到社会主义市场经济体制的转型，这是一场前无古人的、最成功的体制转型。体制创新增强了经济活力，激发了群众的积极性，带来了经济持续快速发展，人民生活水平不断提高，保持了社会政治稳定。30年来，我国国内生产总值增长20多倍，在世界排名跃居第4位，过去的"穷社会主义"变成了世界强国，实现了中国社会主义的振兴和崛起。

　　中国体制转型的成功，最重要一条，在于实现了有关社会主义、有关社会主义经济体制的基本理论的创新。中国最重大的理论创新，是以社会主义市场经济理论为重要内容的中国特色社会主义理论体系的创立，邓小平同志则是这个理论体系的奠基人。邓小平是社会主义市场经济理论最早的阐发者，他站在时代高度，深入总结社会主义实践经验教训，在1979年11月他就对社会主义市场经济的内涵、性质、

---

① 原载《四川日报》2008年12月29日。

特征，与西方市场经济体制的区别等作了纲领性阐述，这是一个创新性和前瞻性的论述。南方谈话中，邓小平将社会主义市场经济论与社会主义本质论，纳入中国特色社会主义理论中来加以阐述，着眼于构建起一个充满活力的、能调动多方面积极性的能更有效实现市场经济与社会主义基本制度相结合的新经济体制。邓小平是我国改革开放的总设计师，1979年以来，他始终坚持社会主义可以搞市场经济的改革的理念，精心规划我国改革开放实践，又积极耐心引导干部通过实践提高认识，使对改革大方向形成共识。邓小平给社会主义条件下有关市场与计划的多年争论画下了一个句号。1992年党的十四大把社会主义市场经济作为改革的目标模式。

当前，社会主义市场经济已经在我国初步确立，体制的活力，带来我国经济快速发展，社会全面进步。但改革过程中也产生了众多矛盾和问题。2001年末至2007年过度的经济扩张和平稳增长要求的矛盾；数量扩张型的增长和发展方式转换的矛盾；快速工业化与资源、环境、生态的矛盾；城乡、区域经济发展失衡和收入分配差距扩大；公共部门的改革、发展滞后和公共产品供给不足；等等。上述矛盾和问题的成因多样，但改革的大方向始终是正确的。因此，我们不能把我国经济生活中的各种问题、矛盾简单归因于"市场缺陷"，更不能归因于改革。从本质上看，正是改革尚未到位造成的机制缺损，使许多矛盾凸显和发展。改革过程中出现的矛盾也只有通过推进改革来解决。

针对我国体制转型过程中出现的新情况新矛盾，党的十六大以来，以胡锦涛同志为总书记的党中央，提出科学发展，以人为本，构建社会主义和谐社会等重要新理论，以及建设资源节约型、环境友好型社会等一系列新任务。党的十七大总结了30年改革开放的经验，对中国特色社会主义理论体系作了系统阐述，在深入揭示科学发展、和谐发展、以人为本新理念的基础上，提出了新时期进行中国特色社会主义建设的新方略和政策措施。强调要坚持改革开放不动摇，坚持发展社会主义市场经济，要以改革促发展、促产业转型、促科技创新、促社会全面进步。党的十七大标志着中国进入完善和创新社会主义市场经济体制的新时期。

在新的时期，一方面我们应该以形成更加完整和成熟的社会主义市场经济体制为目标，大力推进改革向深度和广度拓展。另一方面，应该基于科学发展、和谐发展、以人为本的新理念和党的十七大精神，针对实际、冷静思考、解放思想、探索深化改革的方法措施，构建更完善的社会主义市场经济模式。我们要通过深化改革，形成一种既能发挥市场调节的基础性作用，又能有效发挥政府职能；既能使市场活力最大地发挥，又能做到维护分配公正；既能依托经济自我运行，又能有效防范风险和维护经济稳定，即寻找一种利最大而弊最少的社会主义市场经济体制。

中国已经走上了完善和创新社会主义市场经济体制道路。我们面对的是十分艰巨的、新一轮的体制创新。坚持解放思想，搞好理论创新，是更好地推进改革的前提。为此，迫切需要加强社会主义市场经济的理论研究，深化对市场经济规律的认识。社会科学工作者，肩负着历史重任。

构建社会主义市场经济体制的伟大革命[①]

——学习胡锦涛同志"12.18"重要讲话

胡锦涛同志在纪念党的十一届三中全会召开30周年大会上的讲话指出，党的十一届三中全会"实现了新中国成立以来我们党历史上具有深远意义的伟大转折，开启了我国改革开放历史新时期。从此，党领导全国各族人民在新的历史条件下开始了新的伟大革命"。30年来，"我们锐意推进各方面体制改革，使我国成功实现了从高度集中的计划经济体制到充满活力的社会主义市场经济体制的伟大历史转折"。这是一个符合实际的马克思主义的科学论断。体制的创新激发了人民群众的积极性和创造精神，带来了经济持续快速发展，综合国力迅速增强，人民生活水平不断提高，社会政治稳定，神州大地处处洋溢蓬勃发展的生机。实践证明：构建社会主义市场经济体制，是我们党对马克思主义的科学社会主义的历史性贡献。

---

① 原载《求是》2009年第2期。

一、由计划向市场的理论创新和体制转型

20世纪50年代我国社会主义经济建设初始，毛泽东同志就提出了走中国工业化的发展道路。但由于缺乏经验，在实践中仍然是照搬苏联计划经济体制。这个体制的基本构架，一是单一的公有制结构，即传统的全民所有制的集体所有制；二是全面的计划经济，将工业、商贸活动甚至农产品生产和交换统统纳入国家计划，实质是在经济活动中摒弃和排斥市场力量，实行国家指令安排的产品经济。依靠政府行政的计划管理，压抑了企业的积极性和主动性；平均主义的收入分配，使广大群众的生产积极性和创造精神难以发挥；权力高度集中，压制了地方和基层组织生产的积极性。

我国照搬苏联经济模式，与来自苏联的传统社会主义经济理论相关。这种理论认为，社会主义以单纯公有制为经济基础，计划经济是社会主义的本质特征，特别是计划经济姓"社"、市场经济姓"资"的观念，使人们找不到经济生活中出现矛盾的体制病因。人们往往把企业丧失主动性、职工缺乏积极性、经济增长势头放慢等问题，归结为经济管理方式和方法有缺陷，只对原有体制进行小修小补，在中央权力与地方权力划分上进行调整。

我国的改革是以理论创新为先导的。党的十一届三中全会在解放思想、实事求是的思想路线指引下，对十年动乱进行了冷静反思，在深入总结中华人民共和国成立以来革命与建设实践的经验教训，特别是在加深对传统经济体制的弊端认识的基础上，做出了进行改革开放的伟大战略决策部署，提出"应该坚决按经济规律办事，重视价值规律的作用"，体现了社会主义市场经济的改革取向。

十一届三中全会后，经济理论界打破了多年来的思想禁锢，针

对经济生活中出现的新情况、新事物，围绕经济改革这一时代主题，开展了热烈的学术争鸣。尽管人们在不少问题上存在分歧，但在发展商品经济、引进市场关系这一改革大方向上达成共识，初步形成社会主义市场经济理论。例如，突破了社会主义实行产品经济理论，形成了社会主义条件下发展商品经济的理论；突破了社会主义实行单一公有制理论，形成了以公有制为主体的多种所有制结构理论；突破了国有国营、政企不分的企业理论，形成了企业自主经营、自负盈亏的理论；突破了支配权、利得权，处置合一的国家财产权理论，形成了所有权与经营权相分离的现代企业财产权理论；突破了以行政命令指挥经济活动的理论，形成了依靠经济手段进行宏观调控的现代政府职能理论。这些经济理论的大突破，可以归结为社会主义市场经济理论取代了传统社会主义产品经济理论。

在30年经济理论发展和创新的历程中，邓小平同志起着卓越的不可替代的作用。他是中国改革开放的总设计师，也是社会主义市场经济理论的奠基者。早在1979年，邓小平就提出"社会主义市场经济"的命题，将其作为他不断思索的实行市场与计划相结合的新经济体制的名称。他说："说市场经济只存在于资本主义社会，只有资本主义的市场经济，这肯定是不正确的。社会主义为什么不可以搞市场经济，这个不能说是资本主义。我们是计划经济为主，也结合市场经济，但这是社会主义的市场经济。"[①]他提出和一再坚持的发展"社会主义市场经济"的命题，开阔了人们的眼界，推进了引进与利用市场的改革实践。

邓小平把社会的"基本经济制度"与组织、管理经济活动和配

---

① 《邓小平文选》第2卷，人民出版社，1994年，第236页。

置资源的"方法"二者区分开来，强调"市场"是用来发展社会主义的"方法"和"经济手段"，由此合乎逻辑地论证了资本主义和社会主义的区分不在于是计划还是市场。他指出："社会主义也有市场经济，资本主义也有计划控制。"[①]社会主义市场经济"是全民所有制之间的关系，当然也有同集体所有制之间的关系，也有同外国资本主义的关系，但是归根到底是社会主义的，是社会主义社会的。"[②]发展社会主义市场经济要"始终以社会主义公有制为主体"[③]，为我国发展和完善社会主义市场经济指明了方向。

1984年10月党的十二届三中全会的《决定》确立了"有计划商品经济"的命题，提出了进一步缩小计划经济、扩大市场调节的政策措施。此后，市场取向的改革阔步前进。一方面，市场作用充分发挥的地区出现了经济活力显著增强、发展大大加快的良好势态；但另一方面，不少地方也存在思想保守，改革迈不开步的状况。邓小平密切关注我国改革实践，1992年他亲自调研，发表了著名的南方谈话。他说："计划多一点还是市场多一点，不是社会主义与资本主义的本质区别。计划经济不等于社会主义，资本主义也有计划；市场经济不等于资本主义，社会主义也有市场。计划和市场都是经济手段。社会主义的本质，是解放生产力，发展生产力，消灭剥削，消除两极分化，最终达到共同富裕。"[④]他提出要把"是否有利于发展社会主义社会的生产力，是否有利于增强社会主义国家的综合力国力，是否有利于提

---

① 《邓小平文选》第3卷，人民出版社，1993年，第364页。

② 《邓小平文选》第2卷，人民出版社，1993年，第236页。

③ 《邓小平文选》第3卷，人民出版社，1993年，第110页。

④ 《邓小平文选》第3卷，人民出版社，1993年，第373页。

高人民的生活水平"[①]，作为判断的标准，为人们进行市场取向的深度改革扫清了思想障碍。

邓小平的社会主义市场经济理论，以其理论的严整性，以其立足于改革的新实践，以其体现中国社会主义发展和强国富民的现实需要，为围绕社会主义条件下的市场与计划问题上多年的大争论画上句号。邓小平的社会主义市场经济理论是马克思主义中国化的重大成果。为我国改革和体制转型指明了方向，也为中国社会主义市场经济理论的进一步发展奠定了基石。1992年召开的党的十四大，把社会主义市场经济体制确立为改革的目标。

二、新时期的新情况与社会主义市场

经济体制的完善体制转型是一场经济大改组和社会大变革，必然在矛盾中发展。当前经济生活中，数量扩张型的增长和发展方式转换的矛盾，快速工业化与资源、环境、生态的矛盾，城乡、区域经济发展失衡的收入分配差距扩大，公共部门的改革发展滞后和公共产品供给不足，等等，表现得比较明显。这些矛盾和问题虽有着多样的成因，但都需要通过推进改革来解决。胡锦涛同志在党的十七大报告中指出："改革开放作为一场新的伟大革命，不可能一帆风顺，也不可能一蹴而就。最根本的是，改革开放符合党心民心、顺应时代潮流，方向和道路是完全正确的，成效和功绩不容否定，停顿和倒退没有出路。"这是党中央对近年来我国围绕改革功过的争论所作的明确回答。他同时又强调指出："改革开放是决定当代中国命运的关键抉

---

① 《邓小平文选》第3卷，人民出版社，1993年，第372页。

择，是发展中国特色社会主义、实现中华民族伟大复兴的必由之路；只有社会主义才能救中国，只有改革开放才能发展中国、发展社会主义、发展马克思主义。""要把改革创新精神贯彻到治国理政各个环节。"基于构建中国特色社会主义的需要，针对我国体制转型过程中出现的新情况和新矛盾，以胡锦涛同志为总书记的党中央提出科学发展观，构建社会主义和谐社会等重要理论，以及建设资源节约型、环境友好型社会等一系列新任务，提出了推进包括经济建设、政治建设、文化建设、社会建设以及生态文明建设和党的建设在内的全方位的社会主义建设的新方略。

当前我国社会主义市场经济体制结构已经初步形成，但是经济领域不少深层改革还需要突破，一些关键领域的市场化改革还需有序推进。继续坚持和更加有力地推进经济改革，建立更加完善的社会主义市场经济体制，是新时期的重大任务。我们应该以形成更加完整和更加成熟的社会主义市场经济体制为目标，推进改革向深度和广度发展。比如以充分发挥国有资产的功能为目标，深入推进国有经济的改革；以形成发达高效的现代金融体系为目标，深化银行业、证券业、保险业的改革，特别是加快推进农村金融体系的改革；以推进农村经济市场化为目标，探索和搞好农村综合改革，切实破除要素流动和优化重组的体制障碍；以形成高效廉洁的政府治理和公共决策群众参与为目标，推进政府职能转换和发扬人民民主的政治改革，有效地治理转型期市场扭曲和分配不公。只有在形成更加完善、更加成熟的市场体制结构的基础上，市场机制调节经济、促进发展的功能才能得到充分发挥，大量现存的市场扭曲和新旧体制摩擦才能得以缓解和消除，发展中的数量扩张惯性，经济运行中的"一放就热、一管就死"，城乡、地区收入分配差距不断拉大等问题，才能得到有效治理。

自发的市场调节绝非万能。构建社会主义市场经济，是为了有效利用市场作用来发展社会主义，这就更加需要人们在引进与利用市场时，采取兴利除弊的理性态度，一方面充分利用现代市场经济的积极功能，另一方面致力于创新，克服和缓解市场经济的缺陷与不足，使其"为我所用"，而不是照搬西方市场体制模式。这就需要进行以下五个方面的体制创新：一是深入进行公有制的创新，探寻适应市场机制的多种公有制实现形式。二是着力强化和完善宏观调控体系和探索有效的宏观调控手段，使经济运行中"看不见的手"和"看得见的手"互相补充和互相促进。三是采取经济、行政、社会、道德等多方面的制度安排，形成制度约束下的经济活动自由。四是采取多样措施，加强收入调节，切实完善社会主义分配关系和保障分配公正。五是着力构建发达高效的公共品生产与供给体系，以改善民生和提高社会福利。由此，构建起完善的社会主义市场经济体制，为实现科学发展、和谐发展保障最广大人民群众的根本利益提供制度保障。

发展社会主义市场经济体制
需要不断的理论探索①

一、理论领域的新气象：经济学的繁荣

中华人民共和国成立60年来，中国经济学，特别是中国社会主义政治经济学取得了巨大发展，大体说来：构建起以社会主义市场经济理论为基础的新体系结构；拓宽了研究范围，更紧密地联系科技创新、生态环境以及文化精神等方面的状况和影响来揭示社会主义生产关系和规律；特别是把对市场经济运行规律的揭示作为重要研究内容；在方法上除了坚持马克思分析经济现象的科学抽象法，还适当引进了现代数量分析工具与方法。上述一系列的创新大大增强了中国社会主义政治经济学的科学性与实践功能。中国社会主义政治经济学的创新和发展，增强了经济学家服务社会的能力，人们不只是从事于抽象的学理研究，而且积极参与改革开放的重大实践和政策问题的研

---

① 原载《光明日报》2009年8月4日。

讨，不少理论成果得到采纳，转化为方针政策。

理论是实践的指南针。以科学理论来推动科学发展，是社会主义建设的根本要求。在30年来的改革开放历程中，人们可以看到：经济学的理论创新有力地推动着改革开放和社会主义建设的实践，中国的马克思主义经济学已经成为最富有影响力的一门学科，成为时代的显学。

二、找到并形成了社会主义市场经济理论

中华人民共和国成立60年最重要的理论成果之一，是找到并形成了社会主义市场经济理论。

社会主义市场经济理论的形成是改革开放以来中国经济学研究取得的最重大的成果。正是在这一理论的指引下，中国成功实施了改革开放这一伟大的战略决策，带来了举世瞩目的中国经济起飞。我国50年代中期开展大规模经济建设时，毛泽东提出过走中国工业化道路的主张，但我国的社会主义经济建设理论主要是师承苏联的。

在特殊的历史条件下形成的苏联传统社会主义经济理论，可以称之为社会主义产品速成论，其理论支柱是：（1）发展论上是社会主义、共产主义产品经济论；（2）所有制上是单一公有制论；（3）交换上是为我国20世纪50年代中叶以来发展、构建中央计划体制的理论依据。党的十一届三中全会做出改革传统经济体制的决策后，为启动和推进改革向前发展，大力破除传统经济理论对人们思维的束缚，进行社会主义经济理论的创新就成为时代的迫切要求。

中国经济学家是积极响应时代呼唤的一支学术力量。1978年以来，在老一辈改革理论家孙冶方、薛暮桥等的引领和启发下，经济学界开展了一系列重大学术讨论，包括按劳分配、商品生产与价值规

律、社会主义所有制、物质利益、物价体制、国有企业股份制改组与明晰产权、金融体制改革等。经济学领域活跃的学术争鸣成为20世纪80年代中国理论界一道亮丽的风景线。人们可以看到，几乎在每一个讨论问题上，都存在不同观点的对立和争论，特别是在一些重大论题上还存在激烈的争论。由于党鼓励百家争鸣，倡导学术自由讨论，坚持用实践检验真理，更由于走在前面的改革实践对人们理论思维的启示，经济学人在一系列重大理论问题上逐渐形成了共识。例如：（1）突破了社会主义实行产品经济论，形成了社会主义条件下发展商品经济的理论；（2）突破了社会主义实行单一公有制理论，形成了以公有制为主体的多样所有制结构论；（3）突破了国有国营、政企不分的企业论，形成了企业自主经营、自负盈亏的理论；（4）突破了支配权、收益权、处置权合一的国家财产权理论，形成了所有权与经营权相分离的现代企业财产权理论；（5）突破了以指令指挥经济活动的政府统治理论，形成了依靠经济手段进行宏观调控的政府职能理论，等等。上述经济理论的变革和创新可以归结为：社会主义市场经济理论取代了传统的社会主义产品经济论。特别要指出的是：我国社会主义市场经济基本理论的形成，既是我国众多经济学家的集体智慧，更有赖于改革开放总设计师邓小平的睿智与政治魄力，他最早提出了社会主义市场经济的命题，科学阐述了它的基本内涵。

社会主义市场经济理论是1978年以来中国改革开放实践经验的理论升华。这一崭新理论的确立，使我国改革的目标模式得以明确，各项重大改革措施得以有序和顺理成章地推出。这一有关社会主义经济性质的理论阐明和创新，也为众多经济学家参与和正在从事的富有中国特色、中国气派的中国社会主义政治经济学的编著奠定了理论基础。

三、新时期完善社会主义市场经济的要求

我国30年改革实现了所有制多样化，放活了市场微观主体，形成了要素市场体系，产生了市场价格调节的经济机制，出现了立足于市场力量和主体积极性和创意的活跃和竞争经济。在体制活力焕发的基础上，我国实现了生产力的飞跃和财富的迅猛增长。但另一方面经济生活中也出现了许多新情况和新矛盾，如：在经济运行中经济增长的不稳和时起时伏，2002年以后经济不断过热，2008年以来在世界金融危机发生后又经历了外生性经济下挫；在发展方式上，传统的数量扩张型发展趋势，依靠对环境、生态、资源等自然物质过度耗用的工业增长，城市经济快速发展，农村经济滞后等；在分配上，收入差别不断扩大，基尼系数畸高，财富分配不公的矛盾凸显，等等。上述矛盾，从本质上看是转型期体制、机制缺损所造成的。针对新时期的新情况，党中央提出了科学发展观，以人为本，建设和谐社会等重大战略思想，要求人们通过坚持改革和发展，来解决经济生活中的矛盾，坚持走中国特色社会主义道路。

基于我国现阶段的新情况和党中央提出的发展新要求，我认为，在当前经济学的理论研究中，应该总结当代实践经验，深化对市场经济的理论认识，不断发展和完善社会主义市场经济体制。

第一，全面认识市场的功能和更加自觉地利用市场的作用。市场体制拥有发展生产力的积极功能，也有其固有的缺陷。一方面应该认识：市场经济是一种富有活力的组织财富生产的形式和体制，它能有效调动主体的积极性；能依靠价格形成机制使产品适销对路；能依靠竞争推动技术创新和提高劳动生产率；能依靠自我积累，实现自我发展。较之历史上出现过的自给自足经济、政府统治经济、传统计划经

济，市场经济是一个更好的经济组织形式。实行和发展社会主义市场经济，就是为了有效地利用市场调节的功能，服务于社会主义建设事业。但我们也应看到：（1）市场机制在分配中存在收入差距拉大效应，在体制转型期，甚至会导致严重分配不公；（2）市场导向的经济运行中，各种经济失衡的出现是不可避免的，甚至会出现剧烈的运行波动，在资本主义条件下表现为周期性经济危机；（3）市场经济的消极外部性和成本的向外转嫁，会引起环境、生态、资源等的过度耗用甚至破坏；（4）盈利最大化的生产机制不能提供充分的公共产品（包括公用品、福利品与公益品），从而不能满足困难群体与低收入者的需要和社会公共需要；（5）面向市场的竞争性生产与营销，总是激励过度消费，甚至导致浪费资源畸化的生活方式和非理性的物质文明。

完美无缺的体制从来不曾存在过，在认识和对待市场时，人们应该持有全面的观点，而在利用市场时，更要持兴利除弊的态度，关键是做好市场功能与政府作用相结合这篇大文章，自主地驾驭市场，充分发挥其积极功能。

第二，发展好以公有制为主体的市场经济。我国现阶段实行以公有制为主体、多种所有制经济共同发展的经济制度，公有制经济与非公有制经济共同发展。坚持以公有制为主体，能防止财富占有中的私人垄断，从根本上保障分配公正；能有效利用公共资源，加快基础产业、基础设施和公共事业发展；富有竞争力的公有大企业是实现科技进步的带动力量；公有制经济具有启动快速和对国民经济实施拉动的功能，特别是公有金融体系本身具有宏观调控手段的性质，而一个保有恰当的公有制的经济结构，则能成为强化宏观调控能力的体制保证。

发展和壮大公有制经济，不能单纯依靠政府"帮扶"，必须深化改革，着眼于搞好公有制具体形式的创新。公有企业要实行股份多元化的现代公司制度，还要搞好资本经营管理母公司的构建。在农村，要大力支持和发展多样新集体经济。总之，发展公有制经济，要使企业组织形式和运作方式充分适应于市场，要通过具有产权主体性质的公有企业的构建，确保企业市场主体地位，增强企业的活力，实现企业竞争力的提升和自我发展能力的增强，由此把企业做大做强。

第三，构建拥有强有力宏观调控能力的市场经济。市场自发调节的经济运行中，盲目扩张，结构失衡，发展过热或是沉滞不起等现象的出现是不可避免的，依靠市场调节不可能实现经济自我调适和宏观均衡。这就要求把发挥市场的自发调节作用和政府的有效宏观调控相结合。

20世纪30年代以来主要资本主义国家已经实行将"看不见的手"与"看得见的手"相结合的有调节的市场经济。七八十年代以来英美等西方发达国家奉行新自由主义政策，削弱"国家干预"，听任大资本特别是金融垄断资本自由活动。此后，美国经济中更呈现出过度的经济金融化，虚拟经济快速膨胀而实体经济出现萎缩。过度膨胀的金融信贷存在深刻的内在矛盾，而金融监管薄弱更使金融运行的风险大大增强。美国式金融主导的市场经济模式，在生产能力与内生需求不足的矛盾和过度膨胀的虚拟经济与实体经济的矛盾交织中，特别是金融、信贷矛盾的激化，导致了2008年金融危机的爆发，进而演化为当前的世界性金融危机。我国社会主义市场经济在采取强有力的宏观调控措施下，经受住了世界金融危机严重冲击的考验。但30年来我国经济持续高速增长中，也出现了三次（1988～1989，1993～1996，2008～2009）经济大波动，呈现出经济增长不稳。

仍在发展中的国际金融危机和我国经济运行的势态给我们的启示

是：经济体制越是市场化，越要求对宏观经济运行实行调控，而我国新时期经济进一步市场化、国际化发展的形势，要求我们切实建设好宏观调控体系，强化政府的宏观调控手段，增强科学调控能力，也就是要着眼于建设拥有强有力的宏观调控能力的社会主义市场经济。

第四，发展拥有发达的公共产品生产的市场经济。市场经济立足和依靠盈利驱动的竞争性商品生产，也就是：产品生产与人们需要的满足主要依靠受市场力量调节的"私人物品"的生产以及市场性的分配机制。但是市场存在失灵或缺陷。其一，一些物品在物质技术上具有消费和占有非排他性，依靠市场性生产会发生供给不足。其二，一些产品的生产具有自然垄断性质，需要有生产中的政府干预。其三，市场只承认有购买力的需求，而众多穷人特别是困难群体的基本需要不可能依靠市场机制获得满足。亚当·斯密因其对"看不见的手"功能过度推崇和"市场乐观主义"，使他忽视市场的诸多失灵和缺陷。他向世人推荐了一个只会使财富与贫困相并行的主要依靠私人物品生产的市场经济模式。在20世纪30年代世界大萧条的条件下，西方发达国家不再遵循斯密的市场经济模式，出现了向劳工和低收入者提供社会保障品的当代福利国家。在20世纪80年代兴起的环保运动的推动下，有关环境治理、生态保护，以及节能减排等也被纳入公共物品生产的范围。因而当代世界发达的市场经济，超出了斯密模式，成为私人物品生产与公共物品生产共存的体制。当然，西方的公共物品生产被桎梏于资本主义的制度框架内，存在着许多局限性，特别是公共物品生产并未能根治资本主义市场经济固有的贫富对立。

满足人民群众不断增长的生活需要是社会主义生产的目的。社会主义市场经济要实行依靠市场决策性的竞争性生产和非市场决策性的公共产品生产并举，来实现财富的最大创造，特别是要重视和加强福利品的生产和提供，来充分有效地满足低收入者，以及遭遇困难者的需要。在我国当前正在大力从事的包括教育、医卫、文化在内的社会福利和保障体系建设，不仅是为了解决现阶段迫切的民生问题和提高广大群众的生活水平，而且这一大规模福利公共品生产与提供计划的深层内涵是：通过国民收入的再分配，对低收入者进行劳动报酬的补偿，由此弥补市场机制作用下按照要素市场值贡献分配的缺陷，从而体现社会主义分配关系的完善。

在社会主义条件下的公共产品生产还包括用来改善社会生产、生活条件，特别是用来改善落后地区和领域的生产、生活条件的公共基础建设；用来进行当代尖端性、战略性科学创新和技术创新，促进生产力跨越发展的公共科技基础设施建设；用来维护人类的自然生存条件的环境、生态公共设施建设，等等。可见，社会主义条件下的公共产品生产范围进一步扩大了，它意味着：人们通过市场决策性生产和公共产品生产两种机制，实现财富生产最大化；又通过市场性的产品分配和福利产品分配来实现财富的人民共享和共同富裕。我国实践中的公共产品生产范围扩大实践表明：社会主义市场经济是拥有发达的公共产品生产的市场经济。

综上所述，基于科学发展、以人为本的社会主义建设新理念、新要求，以及基于我国当前改革的现实状况及其趋势，我们可以说，在新的历史时期，一个以公有制为主体、拥有强力的宏观调控能力的、具有发达公共产品生产的中国社会主义市场经济体制，将出现在我国大地上。而对这一崭新的经济体制结构及其运行机制，进行深入分析与理论阐明，则是当前中国经济学的重大课题。

改变中国命运的伟大战略决策[①]

——论中国构建社会主义市场经济的改革

一、由计划向市场的体制转型

1978年实行改革开放以来，中国的社会主义发展进入了新时期——由计划经济向社会主义市场经济的转型时期。实行市场取向的改革是一场前无古人的伟大事业，依靠党的十一届三中全会的正确决策，通过广大干部群众在实践中的逐步摸索和理论家的努力，特别是依靠改革开放的总设计师——邓小平的睿智、政治魄力和正确的指引，中国走出一条成功的体制转型之路。

30年来中国的改革始终把握住发展商品经济和引进市场机制这一大方向，大胆地试、勇敢地闯，冲破了传统的计划体制，目前业已建立起社会主义市场经济的基本框架。体制创新不断增强了经济的活力，激发了人民群众的积极性，带来了经济快速、持续发展，群众

---

① 原载《经济学家》2008年第4、5期。

生活水平不断提高，保持了社会政治稳定。苏联、东欧国家在20世纪90年代以来都出现过转型期经济衰退和政治、社会危机，而中国的体制转型则带来生产力奇迹式大跃升。30年来国内生产总值增长了20多倍，2007年达24.6万亿人民币，在世界排名跃居第4位。1978年迄至当前，是我国社会主义市场经济体制创始期。实践表明，中国摸索出一条进行体制转型的正确道路，实现了确立社会主义市场经济体制这一空前艰巨和具有重大历史意义的任务。

二、传统计划体制的产生及其弊端

我国在20世纪50年代开展社会主义工业化时，针对苏联经济发展中的失误与高度集中的计划体制的缺陷，党和政府提出走中国工业化的发展道路的主张。但是由于缺乏经验，特别是由于长期受苏联社会主义经济理论的影响，中国在实践中仍然是照搬苏式计划经济体制。其基本构架是：（1）单一的公有制结构：传统的全民所有制和集体所有制，其实质是将几乎一切生产资料归国家占有和支配；（2）全面的计划经济：将工业、商贸活动，甚至农产品生产和交换，统统纳入国家计划，其实质是在经济活动中摒弃和排斥市场力量，实行由国家行政指令安排的产品经济。

20世纪30年代在苏联形成的计划经济体制是特殊社会历史条件的产物，是处在资本主义包围中的初生的苏维埃国家，为了应对即将来到的西方大国军事干预，而实行的一种"准动员经济"体制。从我国的计划经济实践中，人们可以看到：（1）作为计划体制的经济基础的单一的公有制结构，强制消灭了现阶段社会主义固有的非公有经济成分，形成了公有化"超前"，从而取消了多种经济成分之间的互促互补；（2）实行依靠行政权力驱动的严格的计划管理，使企业成为行政的附庸，压抑了企业的积极性和主动性；（3）全国范围内"一刀切"的个人收入分配，以其平均主义，打击了广大群众的生产积极性和创意；（4）权力的高度集中，特别是集中于中央，压制了地方和基层的组织生产的积极性。由于上述缺陷，传统经济体制在表现出依靠集中力量办大事的积极功能的同时，由于管得过多、统得过死，造成动力缺乏、活力丧失和经济活动的低效率；（5）以行政权力作为主要杠杆和高度集中的计划体制，不仅带来官僚主义的管理失误和资源配置中的巨大浪费，而且成为"唯意志论"瞎指挥的温床，造成依靠行政动员的"大干""大办""大炼""大跃进"和在经济比例严重失调下的"大调整"即"大下马"，国民经济运行呈现大扩张继之以大收缩的盲目性和周期性；（6）高度集中的计划体制和传统社会主义结构，缺乏自我调节、自我完善机制，由此使体制性矛盾不断积累，越来越尖锐。人们可以看到：20世纪三四十年代苏联曾经在重工业建设上表现出"突发力"的新体制，在二战后逐渐走到了反面，成为生产力发展的障碍。"体制桎梏"使20世纪五六十年代的苏联及东欧社会主义国家普遍出现经济减速，甚至停滞不前，群众收入增长缓慢，社会主义对人民群众的吸引力和凝聚力也因此发生减退的状况。令人遗憾的是，在很长时间内，人们，特别是政治家对这种体制弊端缺乏认识，造成了改革滞后。此后在紧张的政治形势下又出现了改革的失误，苏东国家终于在经济衰退与社会动荡交织下，走向了社会主义大挫败。

三、对社会主义经济的认识误区

苏联计划体制的形成，除了其特定的历史背景和国内现实的政治条件外，也与传统的社会主义经济理论的影响有关。我国20世纪50年代以来，在经济体制上照搬苏联经济模式，更与传统社会主义经济理论对人们的深刻影响有关。

支撑苏式计划经济体制的传统社会主义经济理论的基本命题是：在公有制基础上实行计划经济。上述命题包含：（1）社会主义经济是单纯公有制经济；（2）社会主义经济是全面计划的产品经济；（3）发展社会主义经济应实行生产关系不断先行变革。

（一）纯公有社会主义

传统理论把社会主义经济的内涵简单地归结为公有制，把建设社会主义的首要任务和中心环节归结为生产关系革命，即实行一切生产资料的公有化，不仅要消灭资本家私有制建立全民所有制，而且要消灭一切个体小私有制，建立起集体所有（实为国有）制，而且还要推动"集体所有向全民所有制过渡"，构建起"一大二公"的纯粹的公有社会主义经济。我国在1953年以来过早地开展以消灭资本家私有制、农民个体所有制和手工业者个体所有制为内容的社会主义改造，就是基于这种纯公有社会主义理论。

（二）产品社会主义

传统经济理论的一项重大论题是：计划经济是社会主义的本质特征，市场经济是资本主义经济的属性。这一理论的主要论旨是：（1）商品经济每时每刻地产生资本主义；（2）市场机制只是带来社会生产无政府状态和造成资源的浪费与周期性危机；（3）摆脱了市场机制的计划经济能实现国民经济的"有计划""按比例"发展。上述理论归结到一点：商品、市场关系只能为资本主义服务而与社会主义不相兼容。因此建设社会主义就必须消灭商品经济和排除市场机制，代之以有计划的产品生产和产品调拨，即实行产品社会主义经济。

商品经济和市场与社会主义不相兼容论，是世界社会主义运动中的一个长期的、占支配地位的思潮，也是20世纪社会主义国家长时期流行的经济理论。高度集中的苏联计划体制模式就是立足于这一理论。1952年，斯大林在《苏联社会主义经济问题》一书中对苏联30年代以来经济学界中存在的这种"恐商"理论进行了批评，肯定了社会主义制度下要发展商品生产和利用价值规律，但是他仍持有下列观点：（1）商品只是限定在个人消费品领域，生产资料不是商品，只是保存商品的"外壳"；（2）价值规律只是对消费品的流通起调节作用；（3）社会主义国有企业实行统负盈亏，企业的生产决定于国家计划，价值规律对社会主义生产"没有调节的意义"，只是"影响生产"。斯大林虽然批评了苏联经济学界流行的"被改造"的价值规律的论点，但是他提出：价值规律只是对消费品价格决定与买卖发生"调节"作用，而对生产却不起"调节"作用，对生产资料的生产更不起"调节"作用。斯大林并没有突破"被改造"的价值规律的传统命题。他提出的社会主义商品生产的理论，并不要求将真正的商品关系、市场机制引入社会主义经济之中，只是谋求在消费品的商品交换中有限地利用市场。斯大林并没有突破市场机制与社会主义不相兼容的传统观念，他仍然是坚持全面计划化和高度集中的社会主义产品经济模式。

我国1958年人民公社化中，实行"吃饭不要钱"，生活需要"全包"，大办自给自足的共同体，关闭集市，甚至提倡实行不讲价还价的农产品交售和"共产主义大集体"，等等，人们把废止商品经济、实行产品生产与计划调拨进一步扩大到农村经济中。这种推行全面的调拨化的莽撞行为，就是立足于产品社会主义理论之上。

（三）"速成"的社会主义

传统理论把建设社会主义归结为离开生产力的不断的、先行的生产关系变革，提倡快速的公有化，即依靠政治动员，强制推进生产关系的"不断革命"，快速实现"一大二公"，在落后的物质技术基础上先行构建社会主义经济制度，甚至实行共产主义制度，搞"速成的"即"跑步进入社会主义、共产主义"。

社会主义国家都实行过快速的公有化和试图快速走向共产主义。苏联20世纪50年代末期赫鲁晓夫提出建设"土豆+牛肉"的共产主义，我国1953年过早实行和不断"提速"的"一化三改造"，1958年的"大跃进""人民公社化"，特别是60年代中的"文化大革命"，都是这种"速成的社会主义"理论的表现。

我们要指出：主要表现在以上"三论"中的传统经济观念，一旦成为干部和广大群众头脑中的思维定式，就会使人们闭目塞听，看不见与找不出经济生活中出现的矛盾的体制病因。例如，尽管企业丧失主动性、职工缺乏积极性、国民经济缺少活力、效率与经济效益低下等问题已经十分突出，经济增长势头已放慢，但人们往往将其仅仅归结为经济管理的方式、方法的缺陷，往往在中央权力与地方权力划分上进行一些小改小革，对原有体制进行小修小补，人们看不见传统社会主义模式和计划体制的严重弊端。

特别是长期宣传和深入人心的计划经济姓"社"，商品经济姓"资"的传统命题，成了一种思想枷锁，束缚了群众的改革、创新意识，而在出现政治思想路线"左"倾和极左的情况下，一切关于实行市场性改革的思想都会被视为"异端"加以废弃。例如，我国1958年党的八大接受的陈云同志关于在一部分经济领域实行市场调节的主张就被束之高阁；而经济学家骆耕漠1958年提出的旨在加强企业自主权的"大全民""小全民"的论点；孙冶方有关利用价值规律、重视企业利润和加强企业自主性的论点，更被视为是修正主义而遭到严厉批判。可见，传统社会主义经济理论，通过思维惯性成为一种保守的精神力量，它排斥理论创新，自然也就排斥真正的、根本性的体制改革，造成了社会主义国家普遍的改革滞后局面，而滞后的改革，由于各种矛盾的纠集，更加难以启动和顺利推进。

四、正确认识经典作家关于社会主义经济的论述

上述有关社会主义经济的三大传统理论——纯公有社会主义论、产品社会主义论和速成社会主义论，并不是马克思主义的科学社会主义理论。理论家往往习惯于引经据典，用老祖宗的一些论述，作为传统社会主义经济理论的依据。但是理论家的这种苦心的寻经释典，在一些场合只不过是从教条主义出发对马克思主义创始人的思想的误解，在更多场合则是将当代政治权威的个人独断强加于马克思主义经典作家。

（一）单一公有制以生产力的高度发展为物质前提

社会主义经济立足于生产资料社会公有制，无疑是科学社会主义的基本原理。马克思在《资本论》和其他著作中都明确阐述了社会主义实行对生产资料"共同占有"[1]， 马克思和恩格斯也使用"社会所

---

① 《马克思恩格斯全集》第23卷，人民出版社，1972年，第832页。

有"或"社会占有"① 一词。但是马克思和恩格斯基于历史唯物主义的
生产关系和生产力的相互关系的理论,分析了历史上的私有制,特别
是资本主义私有制的产生,深刻地揭示了资本主义的基本矛盾,论述
了在资本主义私有制和物质生产力矛盾激化基础上新的社会所有制取
代资本主义私有制的历史必然性。马克思和恩格斯对社会主义经济和
共产主义经济的阐述,都是着眼于阐明新社会经济形态的一般特征和
发展趋势,他们不曾也不会为未来社会的所有制设定具体的模式。

诚然,在《反杜林论》中恩格斯指出:社会主义实行"由社会占
有全部生产资料",但他紧接着说:"这种占有只有在实现它的物质
条件已经具备的时候才能成为可能,才能成为历史的必然性。"② 他接
着进一步说"这种占有之所以能够实现,并不是由于人们认识到阶级
的存在同正义、平等等相矛盾,也不是仅仅由于人们希望废除阶级,
而是由于具备了一定的新的经济条件"③。他明确指出"社会阶级的消
灭是以生产的高度发展阶段为前提的"④。

恩格斯已经十分清楚地阐明了一个极其重要的马克思主义经济学
原理:只有在物质生产力高度发展的基础上才能实现"社会占有全部
生产资料",即建立单一公有制结构。值得人们注意的是马克思还提
出了未来社会还将在"生产资料的共同占有的基础上,重新建立个人
所有制"⑤,也就是社会主义和共产主义社会,还要保留和实行消费资
料个人财产。

---

① 《马克思恩格斯选集》第3卷,人民出版社,1972年,第322页。
② 《马克思恩格斯选集》第3卷,人民出版社,1972年,第321页
③ 《马克思恩格斯选集》第3卷,人民出版社,1972年,第321页
④ 《马克思恩格斯选集》第3卷,人民出版社,1972年,第321页
⑤ 《马克思恩格斯选集》第2卷,人民出版社,1972年,第267页。

可见，马克思和恩格斯根据所有制的变革立足于生产力的性质和发展要求的原理，阐明了现代公有制的产生必须立足于高度发展的生产力，而那种关于所有制超前变革和在落后、低下物质生产力条件下实行单一公有制和搞"一大二公"的理论以及把公有化扩大到消费资料领域，实行个人生活公共化的理论和马克思的社会主义理论是完全不相干的。

（二）商品生产被消除以成熟的社会共同体形成为前提

马克思创立了严整的、科学的商品和商品经济理论，他深刻阐明了：（1）商品交换是在社会分工条件下，独立的生产主体间进行活动交换的一种历史形式。他指出："商品交换是在共同体的尽头，在它们与别的共同体或其成员接触的地方开始的。"[①]（2）奴隶社会以来就出现了为市场交换而进行的商品经济，在资本主义所有制基础上，则出现了发达的商品经济，或当今人们所说的市场经济。（3）在未来社会，随着生产资料私有制的被消灭和完全的社会共同占有的实现，商品经济将转变为"按照共同的合理的计划自觉地从事社会劳动"[②]的经济。

可见，马克思基于历史唯物主义的理论，阐述了人类社会由初始产品经济到商品经济，最终转变为未来——从我国今天来看，将是十分久远的未来——的产品经济的历史辩证法。在马克思看来，商品经济只是经济活动（交换与生产）的一种组织形式，即我们今天所说的"经济体制"，它不属于社会基本制度。在历史上，商品经济存在于

---

① 《马克思恩格斯全集》第23卷，人民出版社，1972年，第106页。
② 《马克思恩格斯选集》第2卷，人民出版社，1972年，第454页。

迄至资本主义以来的各个社会形态，并为各个社会形态服务，因而，说商品经济姓"资"、只是为发展资本主义服务的观念，是不符合马克思商品学说的。

马克思和恩格斯都曾经有关于未来社会商品生产被消除的论述。恩格斯在《反杜林论》中说："一旦社会占有了生产资料，商品生产就将被消除，而产品对生产者的统治也将随之消除。"①但是只要我们仔细地研读这一部著作，我们会看见就在前两段中，恩格斯强调指出，"由社会占有全部生产资料"②，是"只有在实现它的物质条件已经具备的时候才能成为可能"③。而马克思更深刻地阐述了社会生产关系的变革决定于生产力的发展和物质条件的成熟的铁则，他说："无论哪一个社会形态，在它们所能容纳的全部生产力发挥出来以前，是决不会灭亡的，而新的更高的生产关系，在它存在的物质条件在旧社会的胎胞里成熟以前，是决不会出现的。"④显然，恩格斯提到的社会主义条件下商品生产将被消除，是立足于：（1）生产力的高度发达和物质条件的成熟；（2）完全的社会所有制的实现。在完全的社会共同占有制中，不仅没有私有制，也没有集体所有制，在那里没有拥有特殊利益的生产主体。如原始共同体内部成员间不交换他们持有的产品一样，在未来成熟的、完全的社会共同体中，也将不存在生产者之间的商品交换。

尽管从当代世界的实践来看，马克思和恩格斯有关商品生产在社会主义阶段"就将被消除"的论述是提得过早了，这一论述完全不适

---

① 《马克思恩格斯选集》第3卷，人民出版社，1972年，第323页。
② 《马克思恩格斯选集》第3卷，人民出版社，1972年，第321页。
③ 《马克思恩格斯选集》第3卷，人民出版社，1972年，第321页。
④ 《马克思恩格斯选集》第2卷，人民出版社，1972年，第83页。

用于脱胎于生产力水平不高的当代社会主义国家，更不适用于生产力水平低、自然经济在内地占统治地位、商品生产发展薄弱的中国。可见，在进行社会主义建设中，人们需要从实际出发，进行独立思考，对经典作家的论述不能照搬、照套。就我国来说，我们应该基于社会主义初级阶段的性质，按照社会主义多样性所有制结构的要求，搞充分利用商品经济的社会主义，而不是要废止商品经济。

需要指出，马克思和恩格斯提出的社会主义实行对"生产进行的社会有计划调节"，其内容是：（1）自由人的"联合体"的形成①和国家的消亡；（2）人成为生产"自觉的和真正的主人"②；劳动成为人"自觉地自己创造自己的历史"③，成为"自己的自由行动"④。可见，马克思恩格斯对未来社会"有计划"的论述的内涵，与社会主义国家传统计划经济体制——依靠国家行政权力驱动全面的计划管理和物资调拨，完全不是一回事。

（三）分阶段演进的社会主义

速成的社会主义论，实质是"穷过渡论"，更不是马克思主义。马克思和恩格斯创立的历史唯物主义的科学理论，阐述了社会形态的发展、变化决定于生产关系与生产力之间以及上层建筑与经济基础之间的矛盾，而生产关系的发展变化又决定于物质生产力的水平和要求。在《资本论》第一版序言中，马克思说："我的观点是：社会经

---

① 《马克思恩格斯选集》第1卷，人民出版社，1972年，第273页。
② 《马克思恩格斯选集》第3卷，人民出版社，1972年，第323页。
③ 《马克思恩格斯选集》第3卷，人民出版社，1972年，第323页。
④ 《马克思恩格斯选集》第3卷，人民出版社，1972年，第323页。

济形态的发展是一种自然历史过程。"①他说："一个社会即使探索到了本身运动的自然规律，……它还是既不能跳过也不能用法令取消的自然的发展阶段。"②马克思指出：在生产力向前发展，原有生产关系变得陈旧，成为生产力的桎梏时，生产关系的变革就必然会发生。他强调新的更高的生产关系，在它存在的物质条件成熟以前，是决不会出现的。

基于生产力的发展、成熟引起生产关系革命变革的原理，马克思剖析了人类社会发展的历史，揭示了由原始公社，经过奴隶制、封建制、资本主义制度，最终进入共产主义形态的发展规律。马克思指出社会主义的确立要经历一个过渡时期，此后新社会发展中社会生产关系还要随着生产力的提高和走向成熟而发展变化，从而将共产主义社会划分为社会主义和共产主义两个阶段。马克思指出，在社会主义阶段"在各方面，在经济、道德和精神方面都还带有它脱胎出来的那个旧社会的痕迹"③，在物质生产力未达到高度发展以前，人们不能消除这些痕迹和弊端。可见，马克思主义经典作家阐述了生产关系的演变立足于生产力的发展及其要求的严整的理论，把这一理论应用于当代社会主义国家的发展，人们就应该致力于生产力的发展，在创造出充分成熟的物质条件的前提下，推进社会主义生产关系的自然演进。人们不能从主观愿望出发，跨越社会主义发展固有的阶段性，人为地拔高现实的生产关系。可见，进行生产关系不断先行变革的"速成社会主义"理论，与马克思的科学社会主义毫不相干。

---

① 《马克思恩格斯全集》第23卷，人民出版社，1972年，第12页。

② 《马克思恩格斯全集》第23卷，人民出版社，1972年，第11页。

③ 《马克思恩格斯选集》第3卷，人民出版社，1972年，第10页。

五、对社会主义市场经济的理论探索

中国的改革是以理论创新为先导的。十一届三中全会恢复了党的实事求是的唯物主义思想路线，1978年开展的"实践是检验真理的唯一标准"的大讨论，提高了全党的觉悟，对20世纪50年代末期以来多次政治运动中搞乱了的思想理论实行了"拨乱反正"。在"解放思想，实事求是"的旗帜下，共产党对20世纪60年代代价惨重的十年动乱进行冷静反思，在深入总结中华人民共和国成立以来革命与建设实践的经验教训，特别是在加深对传统经济体制的弊端的认识的基础上，提出了进行改革开放的战略决策。

十一届三中全会决议中提出的体制改革的重大方面是：（1）实行权力下放，改变"权力过于集中"；（2）让企业有更多经营管理自主权；（3）不允许无偿调用和占有生产队的劳力、资金、产品和物资；（4）不得干涉社员自留地、家庭副业和集市贸易；（5）稳定粮食征购指标、调整粮食统购价格和农副产品收购价格；（6）积极发展农村社队工副业，执行按劳分配、克服平均主义，等等。十一届三中全会没有对体制改革的最终目标先行加以规定，但从上述对城乡改革的具体要求中，特别是从决议中有关"应该坚决按经济规律办事，重视价值规律的作用"的理论概括中，引进商品、市场关系的改革取向已经体现得十分鲜明。

生气勃勃的改革实践，总是走在理论认识前面。1978年后，随着农村家庭联产承包责任制的确立、集市贸易和农民长途贩运的放开、农副产品价格管理的松动，逐步出现了市场调节的农户商品经济；此后，在农村经济放活和实行生产资料价格"双轨制"中，又出现了市场调节的乡镇集体企业经济；随着个体、私营企业的发展，出现了市场调节的城乡私营经济。在城市，随着国有企业扩大自主经营权和计划价格逐步放开，市场调节作用也渗透到一部分城市国有经济和集体经济活动之中；在率先实行对外开放的沿海地区和特区，出现了市场调节的外企——如像实行"三来一补"——商品经济。商品、市场关系的引进，给经济带来了新的活力，促进了城乡国民经济的恢复和发展。特别是国有企业的改革，极大调动了企业和广大职工的积极性。面向市场、自主经营使许多企业走出困境，实现了生产发展和效益提升。20世纪80年代初期的上述改革，使我国现实经济越来越表现出受到市场调节——一部分企业已经由市场调节，另一部分企业已经不同程度受市场影响的——"社会主义商品经济"性质。正是在这种条件下，经济理论讨论会上一些经济学者提出的"发展社会主义商品经济"的论点，终于在1984年被写入党的十二届三中全会通过的《中共中央关于经济体制改革的决定》（以下简称《决定》）之中。《决定》中主要提法是"有计划的商品经济"，但两次使用"社会主义商品经济"的命题。《决定》明确提出建立自觉运用价值规律的计划体制，制定了一系列重大措施：例如，赋予企业以经营自主权，使企业成为自主经营、自负盈亏的社会主义商品生产者和经营者；缩小指令性计划；逐步放活价格；运用经济杠杆，重视宏观调节，实行政企职责分开等。尽管当时还没有能彻底摆脱社会主义经济有计划、按比例发展的传统观念，但《决定》毕竟对社会主义商品经济做出了初步的理论阐述，更重要的是：《决定》启动了我国20世纪80年代中后期全面的经济改革，特别是计划体制的核心——城市国营经济的市场取向改革，发展社会主义商品经济成了全国范围内生气勃勃的经济实践。

改革的发展和深化呼唤经济理论的创新。改革是体制大变革，是一场革命，它需要在党和政府的领导下，充分调动群众的积极性，使改革沿着正确方向积极推进和有序进行。改革总是在克服种种阻力，特别是思想认识阻力中推进的。改革初始期的思想认识阻力，集中在对商品经济和市场的认识上。

1979年4月中国社会科学院经济研究所在无锡召开"社会主义条件下的商品生产和价值规律理论讨论会"，一些学者提出发展社会主义商品经济的论点，提交大会的论文中有两篇论文提出了"社会主义市场经济"的概念。[①]当然，社会主义市场经济的概念在当时被认为是"离谱"的。可能是受到来自"上面"的制约，也由于受传统观念的束缚，提到会上讨论的主题只是社会主义条件下价值规律的作用，当时着重讨论了生产资料是不是商品的问题，对"社会主义商品经济"论题也未曾开展讨论。

尽管十二届三中全会提出了发展商品经济的改革大方向，但《决定》中仍以"有计划商品经济"为主命题。这一命题包含着商品经济、市场与社会主义不相兼容而必须用"计划经济"加以限制的内涵，表明当时人们还未能摆脱传统社会主义经济理论的束缚。

利用市场的改革总是要沿着自身的逻辑向前发展。例如城市国营经济改革，经历了下述步骤：扩大自主权，实行利润留成，两步利改税，经营权下放，赋予企业法人财产权，发展股份制企业，利用资本市场，等等。企业改革的发展，还启动了银行、外贸、财政等领域的改革。改革创造了新的市场体制，产生了新机制，它增进了经济的活力，也带来了新问题、新矛盾。人们对新生事物的认识总是不一致的，由于受传统的思维定式的影响，一些重大改革措施的提出，总是会伴随着姓"社"

---

① 一篇是作者的《试论社会主义计划管理与利用市场机制》，另一篇是于祖尧的《试论社会主义市场经济》。参见：《社会主义经济中计划与市场关系》（上、下），中国社会科学出版社，1980年。

还是姓"资"的争论，甚至是激烈争论。特别是对于国有企业自负盈亏，实行股份制，明晰和赋予企业法人财产权，以及企业重组、国有经济有进有退的布局调整，更是长期争论不休。受到这种政治性争论的影响，一些时候，一些地方，改革迈不开步伐。因此，改革呼唤着经济理论的创新，呼唤以马克思主义为指导的中国社会主义市场经济新理论的构建，需要以科学的社会主义市场经济理论，提高人们的思想认识，消除改革的思想阻力，营造敢闯敢干、锐意改革的精神气氛，对自下而上的、群众性的改革实践予以理论指导。

十一届三中全会后，中国经济理论界打破了多年来的思想禁锢，针对经济生活中出现的新情况、新事物，围绕经济改革这一时代主题，进行了热烈的学术争鸣。尽管人们在不少问题上存在着分歧，但在发展商品经济、引进市场这一改革大方向上基本形成共识。在中国共产党的指导下，经过理论工作者30年的共同努力，中国经济理论界突破了长期束缚人们思维的传统社会主义经济理论，初步形成了社会主义市场经济理论。例如：（1）突破了社会主义实行产品经济论，形成了社会主义条件下发展商品经济的理论；（2）突破了社会主义实行单一公有制论，形成了以公有制为主体的多样所有制结构论；（3）突破了国有国营、政企不分的企业论，形成了企业自主经营、自负盈亏的理论；（4）突破了支配权、收益权、处置权合一的大一统国家财产权理论，形成了所有权与经营权相分离的现代企业财产权理论；（5）突破了以指令指挥经济活动的政府统治理论，形成了依靠经济手段进行宏观调控的政府职能理论，等等。上述经济理论的大变革可以归结为：社会主义市场经济论取代了社会主义产品经济论。

1978年迄今的30年，是中国社会主义市场经济理论的初创时期。初始的理论必定还不成熟。如果以今天人们对社会主义市场经济所达到的认识为标准，人们可以很容易地从任何一个人写的文章中和众多重要理论文献中找出这样或那样的"缺陷"，人们也会发现有众多的理论分歧，但是中国热心改革的马克思主义者进行的社会主义市场经济理论探索是呼唤改革的鸡鸣，对中国经济体制改革的启动和向前推进，发挥了积极作用。

六、邓小平的社会主义市场经济理论——中国体制转型的科学指针

在回顾我国30年经济理论发展和创新的历程时，我们需要牢牢铭记小平同志所起的卓越的和不可替代的作用。小平同志是我国改革开放的引路人和总设计师，也是社会主义市场经济理论的奠基者。

十一届三中全会后，中央领导已经着力于对社会主义条件下利用市场这一重大理论问题进行再思考。小平同志站在时代的高度，基于对当代世界经济发展新情况的深入了解和对当代社会主义建设的历史经验、沉痛教训的深入总结，着眼于构建起一个充满活力的、能调动多方面积极性的完善的新经济体制，他很早就提出了"社会主义可以搞市场经济"的论断，对社会主义市场经济进行了独创性的阐述。

（一）用社会主义市场经济这一新命题作为中国的新经济体制的称谓

早在1979年邓小平就提出"社会主义市场经济"的命题，将其作为他不断思索的实行市场与计划相结合的新经济体制的名称。他在该年接见美国和加拿大来访客人时说："社会主义为什么不可以搞市场经济，这个不能说是资本主义。我们是计划经济为主，也结合市场经

济，但这是社会主义的市场经济。"① 他提出和一再坚持发展"社会主义市场经济"的命题，开阔了人们的眼界，推进了引进与利用市场的改革实践。

（二）市场经济存在于多种社会形态

邓小平指出，市场经济"在封建社会时期就有了萌芽"②。 他又说："说市场经济只存在于资本主义社会，只有资本主义的市场经济，这肯定是不正确的"③，"社会主义也可以搞市场经济"④，"这是社会主义的市场经济"⑤。邓小平对马克思、恩格斯、列宁、斯大林早已论述过的商品关系、交换经济存在于多种社会形态内的理论，再次加以阐述，对只有资本主义社会才有市场经济的错误观念再次进行了澄清。

（三）市场经济是"方法""手段"

邓小平多次提出和阐述了计划和市场是"方法"⑥，他强调"市场"是用来发展社会主义的"方法"和"经济手段"。市场"方法""手段"论，无疑是邓小平对社会主义市场经济所作出的最重要的阐述。

邓小平这一论述是基于唯物辩证法有关"内容"与"形式"以及"本质"与"现象"的原理和理论分析方法，把社会的"基本经济制度"和组织、管理经济活动和配置资源的"方法"二者区分开来，

---

① 《邓小平文选》第2卷，人民出版社，1994年，第236页。

② 《邓小平文选》第2卷，人民出版社，1994年，第236页。

③ 《邓小平文选》第2卷，人民出版社，1994年，第236页。

④ 《邓小平文选》第2卷，人民出版社，1994年，第236页。

⑤ 《邓小平文选》第2卷，人民出版社，1994年，第236页。

⑥ 《邓小平文选》第2卷，人民出版社，1994年，第236页。

并由此合乎逻辑地论证了资本主义和社会主义的区分不在于是计划还是市场这样的问题。"社会主义也有市场经济，资本主义也有计划控制"①。邓小平明确地把计划和市场作为一种"方法"或"经济手段"的阐述，为人们指出了认识现代复杂的经济事物的本质的科学方法，也体现了小平同志利用人类创造的一切积极成果"为我所用"，服务于社会主义事业的战略思想和伟大气魄。

（四）包含多种经济成分的社会主义市场经济

基于市场经济是一种"方法""手段"的论述，邓小平突破了社会主义对商品、市场实行"严格限制"的传统观念，提出了充分利用商品市场关系服务于发展社会主义的新思路。

1979年，邓小平针对美国和加拿大来访客人提出的关于中国过去过早地限制了非资本主义的市场经济，现在是否需要扩大非资本主义的市场经济作用的问题。他指出：社会主义市场经济，"是全民所有制之间的关系，当然也有同集体所有制之间的关系，也有同外国资本主义的关系"②。可见，邓小平在这里对国外来访客人的明确回答是：中国的社会主义市场经济不仅包括公有制的市场经济，也包括非公有制的市场经济。他在1979年已经设想一个立足于多种经济成分的，从而在内容上大大拓宽了的中国社会主义市场经济。

（五）体现社会主义关系的市场经济

邓小平既把市场经济，作为一种"方法""手段"，将其和资本

---

① 《邓小平文选》第3卷，人民出版社，1993年，第364页。
② 《邓小平文选》第2卷，人民出版社，1994年，第236页。

主义、社会主义等社会经济基本制度概念相区分，他又剖析了中国将要构建的社会主义市场经济的性质，指出它是立足于公有制，主要体现社会主义生产关系的新型市场经济。

邓小平同志在1979年11月会见美国和加拿大来访学者时，指出社会主义市场经济是全民所有制之间的关系，也有同集体所有制之间的关系，也有同外国资本主义的关系。他指出，这种市场经济"归根到底是社会主义的，是社会主义社会的"[①]。在这一段谈话中，他两次提到"是社会主义的市场经济"，将其区别于"资本主义的市场经济"。可见，邓小平一开始就是把社会主义所有制关系作为社会主义市场经济一词的必要内涵。邓小平后来指出，发展社会主义经济要"始终以社会主义公有制为主体"[②]。可以说这是对社会主义市场经济的规定性做出的进一步阐释。

可见，邓小平是把社会主义市场经济视为与社会主义基本经济制度结合在一起，主要体现社会主义生产关系的市场经济。邓小平对社会主义市场经济的规定性的阐述，体现了分析经济事物本质的马克思主义的科学方法论，具有重要的现实意义，它为我国发展和完善社会主义市场经济指明了方向。

（六）构建充分发挥市场作用的中国社会主义市场经济

1984年10月，党的十二届三中全会确立了"有计划商品经济"的命题，提出了进一步缩小计划经济，扩大市场调节的政府措施。此后，我国经济生活中，特别是沿海地区，市场取向的改革阔步前进，

---

① 《邓小平文选》第2卷，人民出版社，1994年，第236页。

② 《邓小平文选》第3卷，人民出版社，1993年，第110页。

深圳、海南等地主要依靠市场调节的社会主义市场体制实际上已经取代了传统计划体制。一方面，市场作用充分发挥的地区出现了经济活力显著增强，发展大大加快的良好态势；但另一方面，不少地方也存在思想保守，改革迈不开脚步的状况。邓小平密切关注我国改革的实践，1992年他亲自到南方调研，深入工厂、基层，了解和研究总结深圳等地区充分利用市场力量搞活经济加快发展的经验，发表了著名的南方谈话。邓小平的南方谈话从社会主义的本质的理论高度，阐述了把市场作为经济手段服务于中国社会主义发展的可能性和必要性。他说："计划多一点还是市场多一点，不是社会主义与资本主义的本质区别。计划经济不等于社会主义，资本主义也有计划；市场经济不等于资本主义，社会主义也有市场。计划和市场都是经济手段。社会主义的本质是解放生产力，发展生产力，消灭剥削，消除两极分化，最终达到共同富裕。"这一段话是邓小平社会主义理论的集中阐述，也是关于计划和市场是经济手段的精辟理论阐明，还包含对改革先行地区充分发挥市场力量的改革经验和体制创新的肯定。

需要指出，"市场""市场经济"是一个广包容性的范畴，包括：（1）商品交换、市场体系——资本市场在内——的构建；（2）市场性企业组织，如公司制的实行；（3）证券、股票等经济工具的使用。这些都属于"经济手段"。邓小平在南方谈话里讲的"市场多一点"，包括对内容众多的"市场手段"的利用。他不仅不对我国如何利用商品、市场关系和利用那一些"市场手段"事先设定界限，而且提出了要把"是否有利于社会主义社会生产力的发展，是否有利于增强社会主义国家的综合实力，是否有利于提高人民的生活水平"作为判断的标准。邓小平提出和阐述了一个广包容性的社会主义市场经济命题，这一命题为人们进行能充分利用市场作用的深度的市场性改革扫清了思想障碍。这里，体现了邓小平把改革立足于当代实践的根本立场，也体现出邓小平思维的高瞻远瞩。

马克思说：理论越彻底，越能说服人。邓小平的社会主义市场经济理论，以其理论的严整性，以其立足于改革的新实践，以其体现了中国社会主义发展和强国富民的现实需要，从而具有充分的说服力。他用卓越的理论创新，给围绕社会主义条件下市场与计划问题上多年的大争论画上了句号。1992年召开的党的十四大，全党一致通过把社会主义市场经济体制作为中国经济改革的目标。

邓小平的社会主义市场经济理论是马克思主义中国化的重大成果，是当代马克思主义的新发展，是当代社会主义经济理论的重大创新。这一理论为我国改革和体制转型指明了方向，也为中国社会主义市场经济理论的进一步发展奠定了基石。

七、新时期的新情况与中国社会主义市场经济体制的完善

（一）新时期面对的矛盾与科学发展、和谐发展、以人为本的新理念

中国30年来通过体制改革实现了一场宏伟的经济起飞和社会进步。体制转型是一场经济大改组和社会大变革，必然是在矛盾中发展。当前经济生活中，下列矛盾表现得十分鲜明：（1）过度的经济扩张和平稳增长要求的矛盾；（2）数量扩张型的增长和发展方式转换的矛盾；（3）快速工业化与资源、环境、生态的矛盾；（4）城乡、区域经济发展失衡和收入分配差距扩大；（5）公共部门的改革、发展滞后和公共产品供给不足。当前社会生活中的上述矛盾和问题有其多样的成因，不能简单地归因于"市场缺陷"，而且，从本质上看，正

是全面改革尚未到位造成的体制、机制缺损，促使许多矛盾凸显和发展。改革过程中出现的矛盾，也只有通过推进改革来解决。在讨论、辨认当前中国的诸多问题、矛盾的性质、成因和寻找克服矛盾的方法时，人们应该持有科学、理性的态度，立足于历史地、辩证地观察问题，认清事物的本质与主流。胡锦涛同志在党的十七大报告中指出："改革开放作为一场新的革命，不可能一帆风顺，也不可能一蹴而就。最根本的是，改革开放符合党心民心，顺应时代潮流，方向和道路是完全正确的，成效和功绩不容否定，停顿和倒退没有出路。"胡锦涛同志在这里，对近年来我国围绕改革功过的争论，做出了明确的回答。

基于构建中国特色社会主义的需要，针对我国体制转型过程中出现的新情况和新矛盾，党的十六大以来，以胡锦涛同志为核心的党中央，提出科学发展，以人为本，构建社会主义和谐社会等重要新理论，以及建设资源节约型、环境友好型社会等一系列新任务。党的十七大深入总结了30年改革开放的经验，对中国特色社会主义理论体系做出了系统阐述，在深入揭示科学发展、和谐发展、以人为本新理念的基础上，提出了新时期进行中国特色社会主义建设的新方略和政策措施。十七大提出了推进包括经济建设、政治建设、社会建设、文化建设在内的全方位的社会主义建设的任务，要求人们以改革推进全面的建设。胡锦涛同志在十七大报告中强调指出"改革开放是决定中国命运的关键决策，是发展中国特色社会主义，实现民族复兴的必由之路，只有社会主义才能救中国，只有改革开放才能发展中国，发展社会主义，发展马克思主义"，"要把改革创新精神贯彻到治国理政的各个方面"。

（二）切实推进经济改革向深度和广度发展

继续坚持和更加有力地推进经济改革，创建更加完善的社会主义市场经济体制是新时期的重大任务。为了贯彻好科学发展、和谐发展、以人为本的理念，新时期深化经济体制改革首先要着眼和致力于不断解放生产力，实现财富生产的最大化；同时要搞好社会主义生产关系的完善，更好实现发展成果由人民共享。

市场能增进经济活力，是发展和解放生产力的有效手段。坚持推进引进市场的改革，构建更完整的市场体制，将能使体制活力得到进一步发掘。经过30年锐意改革，当前我国社会主义市场经济体制结构已经初步形成，但是包括一切经济领域的全面的经济改革远未完成，不少深层改革还需要取得突破，一些重要领域的市场化改革还亟须开展。在新的时期，我们应该以形成更加完整和成熟的社会主义市场体制为目标，推进改革向深度和广度发展。（1）以充分发挥资本功能为目标，深入推进国有经济的改革；（2）以形成发达、高效的现代金融体系为目标，深化银行业、证券业、保险业的改革，特别是加快推进农村金融体系的改革；（3）以推进农村经济市场化为目标，探索和搞好农村综合改革，切实破除要素流动和优化重组的体制障碍；（4）以形成高效、廉洁的政府治理和公共决策群众参与为目标，推进政府职能转换和发扬人民民主的政治改革，有效地治理转型期市场扭曲和分配不公。总之，只有切实推进改革向广度和深度发展，在更加完整、更加成熟的市场体制结构形成的基础上，市场机制有效调节经济、促进发展的功能才能得到充分发挥，我国现阶段经济生活中大量存在的市场扭曲和新旧体制摩擦才能得以缓解和消除，发展中的数量扩张惯性，经济运行中的"一放就热、一管就死"，以及城乡、地区和收入分配差距不断拉大等转型期现象，才能得到有效治理。

（三）锐意创建中国社会主义市场经济体制

市场体制绝非万能，也不是一成不变的，而是会适应经济、政治条件的变化而演变的。自发的市场调节有其固有的缺陷。当今西方发达国家的市场体制，已不同于19世纪"看不见的手"自发地调节一切经济活动的自由市场体制，而成为一种发挥政府职能的、有调控的市场经济体制。构建社会主义市场经济，是为了有效利用市场作用来发展社会主义，这就更加需要人们在引进与利用市场时，采取兴利除弊的理性态度。一方面，充分利用现代市场经济体制的积极功能；另一方面，致力于创新市场体制与机制，克服和缓解市场经济的缺陷与不足，使其"为我所用"。中国共产党从事的经济体制改革就是以创建能充分适应社会主义本质要求的新市场经济为宗旨，而不是要照搬西方市场体制模式。要实现市场经济从属于社会主义的要求，需要进行重大的体制创新。30年改革实践的经验与教训表明，为了使新的市场经济体制适应社会主义的要求，需要深入研究和进行以下五个方面的体制创新：（1）针对市场机制与传统公有制模式的不兼容性，花大力气、深入进行和搞好公有制具体形式的创新。国有企业和公司化改革中要努力寻找使效益的追求和企业社会责任的承担相结合的方式、方法。此外要大力发展多种新型集体经济，包括适应土地流转要求和土地、资金入股的新集体经济，通过寻找能适应市场机制的公有制具体形式，增强公有制经济内生发展能力，形成市场体制下经济发展与公有制经济壮大和控制力、影响力增强相并进。（2）基于市场机制固有的运行的盲目性，特别是针对发达市场化——金融化与全球化条件下经济运行的不稳和高风险，需要以构建强有力宏观调控机制为目标，着力强化和完善宏观调控体系和寻找有效的宏观调控方法，使经济运行中"看不见的手"和"看得见的手"的调控互相补充和互相促进。

（3）针对市场机制作用下主体生产活动的消极"外部性"——物质生产中制造、销售劣质品危害消费者；制造排放污染破坏自然环境、资源和生态；文化生产中制造和排放"精神垃圾"以及在科技品生产中危害公共利益，要求采取经济、行政、社会、道德等多方面的制度安排，形成制度约束下的经济活动自由。（4）针对市场机制固有的拉大收入差距效应，特别针对转型期体制缺损下的收入分配畸化，采取多样措施，加强收入调节，切实完善社会主义分配关系和保障分配公正。（5）针对市场机制的生产和提供公共品失灵，特别是社会保障品的生产和提供的失灵，大力构建发达、高效的公共品生产与提供体系，以改善民生和增进社会福利。

通过上述五个方面的创新，在我国将会形成崭新的市场经济体制，这一体制由于既能发挥市场活力，又能增强宏观调控力；既能充分发挥竞争性"私人产品"生产在财富最大化中的功能，又能有发达的公共品生产和充分的社会福利；特别是既使多种经济成分并行发展，互补互促，又能加强公有制经济的支撑力。因而，这样的市场经济将能实现市场经济与社会主义基本制度相结合，从而成为一种新型的中国社会主义市场经济体制。构建起中国社会主义市场经济体制，将为实现科学发展、和谐发展和以人为本提供制度保障。

如果从经济学基本理论的角度，我们可以把当前我国正在从事的中国社会主义市场经济体制的构建和创新，归结为充分有效地利用市场作用的体制创新这一命题。其核心内容是：形成完整的和完善的市场体制和机制，充分发挥市场功能；发挥好政府的经济、社会职能，搞好对市场的调控和引导。最简约的概括是：发挥市场自发性调节和搞好政府对市场的自觉利用。应该说，实现发挥市场调节作用和自觉利用市场相结合，是20世纪世界市场经济实践中已经提出但尚未获得解决的"时代难题"。在我国要破解这一时代难题，不仅需要依靠敢想敢干的改革实践，而且要依靠理论研究的深化和对市场经济客观规律的深刻认识。

在我国新的条件下，坚持马克思经济学基本原理，以中国化的马克思主义为指导，进一步总结国内外实践经验，深入研究和汲取国外市场经济理论的积极成果，进一步形成分析深刻、理论系统、逻辑严谨、表述新颖的中国社会主义市场经济理论，进一步发展和创新马克思主义经济学，就是一项十分重要的任务。20世纪80年代以来，依靠中国经济学家的努力探索，中国出现了活跃的经济学研究，实现了一轮中国经济学的与时俱进。在我国进行经济、社会全面改革和快速发展的新阶段，在党的十七大精神指引下，中国的经济学研究必定会取得更多硕果，实现新一轮经济理论的与时俱进。

全面深化改革，推动体制转型[①]

　　十八届三中全会《中共中央关于全面深化改革若干重大问题的决定》针对当前我国面临的一系列重大理论和现实问题，首提国家治理体系治理能力现代化，明确了全面深化改革的未来方向和战略部署，提出了全面深化改革的指导原则、目标路线和主要任务，合理布局了全面深化改革的主攻方向、协调机制、推进方式，形成了改革理论和政策的一系列重大突破，是全面深化改革的科学指南和行动纲领。

　　改革开放是当代中国发展进步的活力之源，是改变 13 亿中国人命运的伟大战略抉择。中国35年来，通过体制改革，实现了一场宏伟的经济起飞和社会进步。体制转型是一场经济大改组和社会大变革，必然是在矛盾中发展，矛盾是体制进一步转型的动力。《中共中央关于全面深化改革若干重大问题的决定》以当前亟待解决的重大疑难为提领，具体部署了全面深化改革的主要任务和重大举措。

　　经济体制改革是全面深化改革的重点，核心是处理好政府和市场的关系，使市场在资源配置中发挥决定性作用和更好发挥政府作用。

---

① 　原载《经济学家》2013年第12期。

由利用市场机制到发挥市场在资源配置中的"基础性作用"到"决定性作用"，这是三中全会的一个重大的理论突破，具有重大的现实针对性，抓住了我国构建社会主义市场体制的核心和根本，为切实搞活和发挥体制活力，调动全民创业积极性，增强发展动力，指出了工作方向。

三中全会还指出，要坚持和完善基本经济制度，加快完善现代市场体系，加快转变政府职能，深化财税体制改革，健全城乡发展一体化体制机制，构建开放型经济新体制，加强社会主义民主政治制度建设，推进法治中国建设，强化权力运行制约和监督体系，推进文化体制机制创新，推进社会事业改革创新，创新社会治理体制，加快生态文明制度建设。

贯彻好十八届三中全会精神，需要以更有力的措施和办法切实落实市场发挥的"决定性"作用。要统筹推进经济、政治、文化、社会、生态文明建设等领域的改革，通过全面深化改革凝聚共识，最大范围激发改革力量，最大程度增强改革信心，努力破解发展过程中出现的难题，消除经济持续健康发展的体制机制障碍，通过改革为经济发展增添新动力，为加快完善社会主义市场经济体制、全面建成小康社会提供有力的制度保障。

专著

社会主义商品经济若干问题研究

"社会主义商品经济若干问题研究"一书写于1981年初，1983年四川人民出版社出版时，因中央文件尚无社会主义商品经济这一提法，故书名改为"社会主义商品生产若干问题研究"，现恢复原名收入"刘诗白选集"。

导　言

如何认识与对待社会主义制度下的商品经济？对商品经济是加以利用还是将它消灭？是加以发展还是将它削弱？这不仅是社会主义政治经济学中的重大理论问题，而且是社会主义经济建设实践提出的、迫切需要正确解决的重大课题和当前我国国民经济管理体制改革中的关键问题。这些问题能否得到正确解决，关系着我国社会主义经济建设能否顺利发展和现代化事业的成败。

马克思和恩格斯，特别是列宁和斯大林关于社会主义制度下的商品货币关系问题有许多重要论述，给我们留下了宝贵的思想财富。社会主义建设是一个年轻的事业。随着时代的前进，新的历史条件、新的情况又向人们提出一系列新的问题，人们不可能指望从经典作家的著作中去找到一切问题的现成答案。因此，经济理论还要在不断总结实践经验中，不断地丰富和向前发展。应该说，在当前社会主义政治经济学中，关于社会主义制度下商品经济的科学理论还未完备地建立起来，许多重大问题尚未得到圆满的阐明，特别是在很长时期，还存在着社会主义与商品关系不相容的"左"倾错误思潮。这种情况，不能不影响到社会主义国家在经济建设中对商品货币关系的利用，甚至出现了压制、削弱与破坏社会主义商品关系的情况，如十年动乱时那样，这是我国国民经济一度遭受严重损失的重要原因。

党的十一大提出了实现农业、工业、国防和科学技术现代化的宏伟目标，特别是在党的十一届三中全会以来提出的一系列社会主义现代化建设的正确路线、方针和政策的指导下，我国集中力量，狠抓调整，同时进行必要的体制改革试点，以探索一条适合我国国情的、具有中国特色的社会主义现代化的道路。

我国体制改革的重要课题是：坚持生产资料公有制的前提条件下，大力发展社会主义商品生产和商品交换，努力提高经济效益。

十一届三中全会以来，我国在企业管理体制、物资与商业流通体制、财政体制等方面进行了一些初步的改革。特别是在企业管理体制上，采取了适当扩大企业管理权限（简称"企业扩权"）的措施。这些改革，许多是试点性的，还需要继续总结经验。通过这些初步的改革，特别是企业适当扩权，使全民所有制企业有了相对独立的、不完全的商品生产者地位，使其在服从国家计划的前提下，能适应市场需求，自主地组织一部分生产与经营，为进一步发展全民所有制领域中的商品关系创造了经济条件。还制定与采取了维护生产队自主权和适当扩大自留地，在一定范围内发展和扶持城乡个体经营和开放集市贸易，发展城镇集体所有制经济，实行农业生产责任制等一系列政策、措施，使多年来受到"左"倾政策影响，特别是受到"四人帮"的倒行逆施破坏的集体所有制和个体所有制的商品关系得到了维护和进一步完善。

大力发展商品生产与交换，有效地利用市场作用，为国民经济带来了新的活力。特别是我国各地区一些适当地扩大了经营自主权的全民所有制企业，由于有了经济利益、自主权、经济责任，因而获得了内在的动力，加之其他方面的一些改革，使它们初步有了发挥生产与经营自主性和积极性的条件。计划任务不足，它们"找米下锅"；产品推销不出去，它们主动寻找销路；它们竭力提高产品质量，增加花色品种、规格，实行"三包"，千方百计为用户服务；它们加强技术革新，改善经营管理，大力提高劳动生产率，降低成本，增强产品的竞争能力；它们有效地利用自有资金，大搞挖潜、革新、改造，进一步扩大企业的生产能力。在当前国民经济进行调整，面临许多困难的局面下，一些试点企业克服重重困难，在生产与经营上取得了成绩，促使全民所有制企业的商品生产与交换取得发展。再加之城乡集体所有制经济的商品生产与交换的完善和发展，以及城乡个体商品经营的恢复、完善和发展，搞活了我国城乡经济，出现了工农业生产迅速发展、市场不断兴旺、国家收入增加、企业自留利润增加、职工生活改善的可喜局面。

当然，这些初步的体制改革，不可能没有缺陷。由于条件限制，改革措施不配套，相应工作未跟上，经济生活也曾出现某些盲目性，但是体制改革取得了成效，方向是正确的。

我国经济生活中具有深刻影响和巨大生命力的这些新关系、新事物的出现，是对现行国民经济管理体制的突破。我国50年代承袭苏联而建立起来的国民经济管理体制，在发展我国社会主义生产力中起了重要的历史作用。但是，由于这种管理体制存在对企业的直接干预过多，管得过死的弊病，把作为社会主义经济的基本生产单位的企业（全民所有制企业与集体所有制企业），变成了既没有经济利益，又缺乏自主权的国家的附属物。企业缺乏发挥生产与经营的积极性、主动性和首创精神，既失去自身内在的动力，又缺乏外在经济压力，生产活动单纯依靠国家与管理机关的行政命令来推动。在这种情况下，就会出现产品积压，产销脱节，技术革新与技术革命发展缓慢，劳动生产率低下，成本高，盈利少，甚至普遍亏损等现象，造成社会劳动的极大浪费。归根到底，现行国民经济管理体制的弊病，大大抑阻了社会主义商品关系的发展和完善，它与我国社会生产力更迅速地发展和加快"四化"步伐的迫切要求不相适应。实践表明，这种国民经济体制必须加以改革。

苏联的中央集权的国民经济管理体制，本来就是适应苏维埃俄国在特殊历史条件下进行社会主义建设的需要而建立起来的。它是在世界上第一个出现的、但在经济上和技术上十分落后的社会主义国家，是在国内外敌对势力的胁迫与包围的紧迫局势下，用全力来加速社会主义工业化的产物。在这种特殊的历史条件下，苏联采取了极大地和全面地加强无产阶级专政的国家的经济职能，建立起以政权的强力和主要依靠行政手段来管制整个国民经济活动的高度中央集权的国民经济管理体制，凭借苏维埃国家政权的力量来最迅速地推进社会主义经济建设。这种管理体制只不过是社会主义国民经济管理体制的一种模式，而不是唯一的模式。这种模式尽管起了集中全国的资金迅速建立起关键性的重工业部门的作用，但是由于它在国民经济管理中，对企业微观活动实行了过多的直接干预，在管理国民经济的方法上，长期无视商品生产的客观规律和单纯依靠国家权力和行政手段，因而束缚了企业的积极性，存在着不少弊端。苏联60年代中叶以来已经在逐步采取必要的措施对这一体制进行某些改革。斯大林在晚年的《苏联社会主义经济问题》一书中，总结了苏联30年社会主义经济建设的经验教训，系统地论述了有关社会主义商品生产的性质、存在的原因、包括的范围、发展的前途以及价值规律的作用等一系列问题。但是，斯大林否认全民所有制内部的产品的商品性，对社会主义商品关系的范围看得过于狭窄，把社会主义商品生产与交换存在的时期看得过于短促，因而斯大林还未能建立周详而完备的关于社会主义商品生产的科学理论，还不能彻底地清除社会主义产品经济论的错误思潮，也未能找出改革国民经济管理体制、完善社会主义商品关系的途径。

列宁说过，没有革命的理论，就不会有革命的行动。理论上的缺陷必然带来实践的失误。在我国进行社会主义建设的时期，我们对社会主义商品生产的理论认识的状况与社会主义经济建设中对商品关系的正确利用的状况总是密切相关的。在毛泽东关于社会主义革命与社会主义建设的具有独创性的理论指引下，我国"一五"期间，在对生产资料私有制的社会主义改造中，采取了逐步前进的正确方针，重视发展社会主义国营经济的商品生产与交换，重视利用资本主义商品经济，重视发展城乡个体农民和手工业商品经济，重视市场利用，因而取得了社会主义改造顺利完成与工农业生产迅速发展的双丰收。在党的第八次全国代表大会上，陈云从我国国情出发，阐述了在社会主义改造基本完成以后，进一步发展社会主义商品生产和利用社会主义统一市场的思想。"二五"计划中，周恩来提出并制定了一系列重视发展和利用城乡商品经济的方针。但是，由于我们在工作中出现的"左"倾失误，这些正确的主张与方针未能在实际工作中得到贯彻。在国民经济管理体制的建立上，未能从我国国情出发，却采用了那种类似苏联的管理体制，统得过多，管得过死，不利于社会主义经济各个领域内商品关系的发展。尤其是1958年以来，在"左"的错误指导思想支配下，全国各地刮起了"共产风"，在人民公社集体经济内部的个人消费品分配中一度实行"吃饭不要钱"，在与外部交换中一度实行产品调拨、废止等价交换等削弱与取消商品货币关系的错误措施与做法。这一切使我国社会主义生产关系的一些方面不适合生产力的发展，造成了60年代初我国国民经济的下降。在"四人帮"横行的十年，"商品经济复辟资本主义"的极左理论更是甚嚣尘上，给我国国民经济带来了巨大的损失。种种诅咒社会主义商品关系的极"左"理论的流毒迄今还未彻底肃清，以致还有一些同志对发展社会主义商品生产与交换，特别对发展全民所有制经济领域的商品货币关系的意义认识不足。理论认识上的含混不清不能不影响到对党的十一届三中全会以来党中央制定的一系列经济政策的贯彻执行的自觉性，不能不影响到对我国经济体制改革的有成效的探索。

实践是检验真理的唯一标准。我国社会主义建设中的经验与教训表明：大力发展商品关系和有效地运用市场作用，做到"活而不乱""管而不死"，是改革和完善我国经济体制的关键。在这方面，无论是国际国内都还没有十分成熟的、完备的经验。但是只要采取积极而稳健的方针，在不断总结进行体制改革经验的基础上，我们一定能找到一条进一步发展和完善我国社会主义商品关系的道路，一定能逐步找到和建立适合于中国国情的社会主义模式。

《关于建国以来党的若干历史问题的决议》指出："社会主义生产关系的发展并不存在一套固定的模式，我们的任务是要根据我国生产力发展的要求，在每一个阶段上创造出与之相适应和便于继续前进的生产关系的具体形式。"只有创造出一个切合我国实际的社会主义经济模式，才能为我国现代化事业的向前发展开辟一条最广阔的大道。当前进一步研究与探讨有关社会主义商品关系的理论问题，不仅仅是出于彻底肃清"四人帮"的流毒，在理论上拨乱反正，恢复马克思主义的本来面目的需要，而且是当前我们面临的经济体制改革这一伟大实践的需要，是认真探索一个适合我国国情的经济模式和寻找一条在我国进行社会主义建设的最广阔道路的需要。

研究社会主义商品关系的理论问题，必须坚持马克思列宁主义、毛泽东思想，坚持经典作家在分析、研究和阐明商品经济关系及其规律时所使用的方法论，把它用之于社会主义经济的实际。对于社会主义商品关系的产生、形式、范围、发展规律、前途等一系列问题，我们不能指望从经典作家的著作中去寻找现成的答案，而必须用马克思主义的立场、观点和方法来分析新情况，研究新问题。毛泽东指出："不是学习马克思列宁主义的字母，而是学习他们观察问题与解决问题的立场与方法。"[①]我们面临的是社会主义经济生活中极其复杂的、丰富的、使人眼花缭乱的商品关系，对这些关系，需要我们认真地加以研究，上升到理论。我们不能满足于停留在现有的社会主义经济理论之上，而要看到现有的经济理论，较之无比生动、丰富和生气勃勃向前发展的现实经济关系来说，是有很大局限性的，甚至是贫乏的。列宁经常引述：理论是灰色的，而生活之树常青。特别是在像我国这样的原来经济十分落后的国家，社会主义建设不能不具有不同于经济发达国家的社会主义建设的许多特点，中国的特殊历史条件，更加要求我们把马克思主义的基本原理和中国实际相结合，进行艰苦的科学研究与理论探索。胡耀邦说："马克思主义的理论是我们革命者的行动指南，而决不是要人们去生吞活剥的僵死教条。一切忠于马克思主义的革命者，有责任不使它同社会生活阻绝，停滞不前，僵化枯萎，而必须以新鲜的革命经验丰富它，使它保持旺盛的生命力。"我们一定要坚持马克思列宁主义、毛泽东思想，从实际出发，为进一步阐明社会主义商品生产的规律和为发展有关社会主义商品货币关系的理论而努力。

　　本书对社会主义商品经济的若干问题做了初步探索，借以抛砖引玉。限于水平，许多观点还很不成熟，错误难免，热切希望得到读者的批评指正。

---

① 《毛泽东选集》第2卷，人民出版社，1991年，第533页。

第一章
社会主义制度下商品经济存在的原因

一、商品与商品生产一般

我国于1949年推翻了帝国主义、封建主义和官僚资本主义三座大山，取得了新民主主义革命的胜利，紧接着走上了社会主义革命与社会主义建设的道路，当前已进入社会主义现代化建设的新时期。

进行社会主义现代化建设，必须认清社会主义社会的性质、所经历的发展阶段及固有的经济规律，特别是要认清我们当前所处的社会主义社会初始阶段的性质、特征，以及这一发展阶段社会主义经济规律的具体作用形式与机制。为此，在本书中，我们的研究将开始于这样一个命题：在社会主义社会一定的发展阶段，社会主义生产还带有商品性。以后，我们将递次地对社会主义商品生产的特征、它存在的历史必然性、它所固有的经济规律，以及发展趋势进行理论的探讨。

为了阐明社会主义生产所带有的商品性，需要从商品一般开始分析。

商品是供市场交换的劳动产品。它包含着二因素：使用价值与价值。使用价值是产品与商品的共同内容。马克思说："无论财富的社会形式如何，使用价值总是构成财富的物质内容。"①而价值却为商品所特有，是商品的本质特征。在产品经济中，人们所着眼的是物质财富即使用价值的数量与质量。在商品经济中，人们首先关心的是产品的价值大小。产品的本质特征，是通过它的五光十色的、丰富多样的具体物质形态与各种物质性能（物理学的、化学的、生物学的等性能），一眼就为人们所感知和认识；而商品的本质特征，是人们看不见、摸不着、嗅不出的幽灵一样的"价值对象性"②。

产品经济受使用价值这一规定性的规范，生产物是作为社会使用价值来生产并在社会成员间直接分配（如在原始氏族公社的场合），或是作为个别使用价值来生产并在生产者家庭成员间直接分配（如在自给性的个体农民经济的场合）。商品经济则要受价值规定性的规范，生产物是作为一个价值物来生产和在市场上进行交换的。如果说，按照平均原则（如原始氏族公社的场合）或采用超经济强制（如奴隶制与封建农奴制的场合）来直接分配与占有直接生产者的产品，是产品经济的特征，那么，按照等价原则，即按照商品中包含的价值量——社会必要劳动时间——来交换产品与占有产品，则是商品经济的鲜明特征。总之，经济活动直接从属于价值规律的调节，而不是直接从属于社会需求的调节，正是商品经济与产品经济的区别之所在。既然劳动生产物中所具有的幽灵一样的价值对象性和劳动产品在交换中实行等价交换是商品经济的重大特点，因而研究与探索商品的本质与商品经济产生的原因，也就要从劳动产品的价值性和等价交换的分

① 《马克思恩格斯全集》第23卷，人民出版社，1972年，第48页。
② 《马克思恩格斯全集》第23卷，人民出版社，1972年，第90页。

析着手。

商品交换并不是交换的唯一的社会形式，也不是交换的最古老的形式，而只是人们活动交换的特殊历史形式。人们的生产从来是社会的生产，社会直接生产过程从来具有复杂、多样的形式。即使是原始氏族公社中的狩猎与采集活动，也不是纯粹的简单协作，而常常是根据具体对象、场所的不同与组织共同活动的特殊需要，采取某些临时性的活动分工，从而存在劳动具体形式的差别。此外，还存在男人从事野外的物质生产、妇女组织家庭的生产这种自然发生的以性别、生理特点为基础的分工。上述这些生产活动的差别与自然分工，是生产分工的原始的萌芽形态，也是社会的生产固有的内涵。可见，人类的社会生产，很早以来就伴随着一定程度的生产分工，这就意味着社会生产包含着一定的活动交换或互换。马克思说："在生产本身中发生的各种活动和各种能力的交换，直接属于生产，并且从本质上组成生产。"①显然，如果没有这种活动的交换，就不可能有人类的社会生产。随着生产力的提高，生产分工成为社会成员、集团的固定的专业和职能，即产生了社会分工。在分工发展的基础上，人们的活动交换就更加发达。

但是，人类历史上最初生产中的活动交换，并不采用商品交换形式。在原始氏族公社中的活动交换，体现了原始共产主义的共同劳动与共同占有关系。在原始共同体中，劳动者都是氏族利益共同体平等的一员，彼此之间不存在对生产品的私人占有关系，从而人们对生产不享有特殊的利益，它们的劳动产品直接地表现为社会公共的消费基金，归氏

---

① 马克思：《〈政治经济学批判〉导言》，见《马克思恩格斯选集》第2卷，人民出版社，1972年，第101页。

族公社统一分配并为氏族公社全体成员共同分享。如在原始氏族公社时代，猎得更多野兽的幸运猎人并不因此占有更多生产成果，而一无所获的猎人也并不因此减少他们从猎物中分得的份额。原始氏族公社所有制关系，排斥生产者的特殊经济利益，从而也就从根本上排斥氏族成员之间的产品交换，也就不存在将产品作为商品相对待和等价的商品交换。可见，分工必然引起劳动活动的交换，即广义的交换；但是分工却不是必定导致以等价为基础的商品交换，即狭义的交换。分工只是商品交换的前提条件，并不是商品的直接决定因素。

在人类进入原始公社以后很长的历史时期内，与自然分工和原始的社会分工相伴随的是直接的劳动交换，而不存在商品生产与交换。正如马克思所说："这种分工是商品生产存在的条件，虽然不能反过来说商品生产是社会分工存在的条件。在古代印度公社中就有社会分工，但产品并不成为商品。或者拿一个较近的例子来说，每个工厂内都有系统的分工，但是这种分工不是通过工人交换他们个人的产品来实现的。"①我们可以设想，在未来的共产主义社会，那时工人农民之间、体力劳动与脑力劳动之间的旧式社会分工归于消灭，但是由于高度的专业化生产引起的各个共产主义劳动联合体之间发达的生产分工仍将存在，全面发展的人之间各有特长与专攻的某种新式社会劳动分工还将存在，那时将有联合体之间的发达的产品交换，但不再有商品交换。

劳动产品以商品的形式登上市场交换的舞台，并按照等价原则来相互交换，决定于一定的所有制关系。只有在社会分工中处于不同地位的生产当事人是以产品的不同所有者身份出现和互相对立时，他

---

① 《马克思恩格斯全集》第23卷，人民出版社，1972年，第55页。

们的劳动产品才作为商品互相对立。因为生产当事人作为产品的所有者，他们的生产活动体现了他们的特殊经济利益，这才决定了他们对产品的生产与交换存在利益上的关心，使他们要考虑与比较他们所从事的生产与交换活动的得失损益。具体地说，他们在相互交换产品时，首先就要比较他们在产品生产中的耗费。而物质生产的耗费，一方面是直接的活劳动的耗费，另一方面是工具与原材料的耗费，后者不过是昨天的即间接的活劳动的耗费，即物化劳动的耗费，因而生产耗费统统可以归结为劳动耗费。商品交换当事人为了维护他们的物质利益，在让渡他们的产品时，不能不把弥补产品中的劳动耗费作为最起码的要求，并力争换得的劳动比耗费的劳动更多一些。犹如物质世界中的诸力的作用形成一个合力一样，市场上所有的交换当事人的这种基于自身利益的交换行为交相作用的结果，就形成了产品按照价值对等地进行交换的客观必然性。人们成交时的产品相互交换比例，尽管经常变动不居，带有偶然性，但是，"在表面上是偶然性在起作用的地方，这种偶然性始终是受内部的隐蔽着的规律的支配的"[①]。这种交换比例长期地和最终不是按照买卖双方要价和还价的多少，而是按照产品生产中耗费的劳动量的大小；在市场上不是按照提供同一产品的生产条件不一样从而数量有差别的生产者的个别劳动时间来交换，而是按照在竞争中形成的同一的社会必要劳动时间来进行交换。正是在市场上的许许多多独立的交换者的自发的买卖活动，形成了社会必要劳动时间这一规范与制约人们的产品交换的共同标准，这样，按照社会必要劳动时间进行产品交换，就成为即使是最精明的交换当事人

---

① 恩格斯：《路德维希·费尔巴哈和德国古典哲学的终结》，见《马克思恩格斯选集》第4卷，人民出版社，1972年，第243页。

也无法违抗的经济生活的铁的必然性。可见，等价交换即产品交换建立在劳动耗费对等基础之上，更精确地说，产品交换建立在社会必要劳动耗费的基础之上，其原因在于生产与交换当事人是产品的不同的所有者，而商品关系正是这种所有制关系所固有的生产者间经济利益的矛盾和冲突能够自发地得到调节的经济形式与杠杆。

马克思在阐明商品价值性的客观必然性时，就是着眼于商品所有者利益关系的分析。他指出："从交换行为本身出发，个人，每一个人，都自身反映为排他的并占支配地位的（具有决定作用的）交换主体。因而这就确立了个人的完全自由：自愿的交易；任何一方都不使用暴力；把自己当作手段，或者说当作提供服务的人，只不过是当作使自己成为自我目的、使自己占支配地位和主导地位的手段；最后，是自私利益，并没有更高的东西要去实现；另一个人也被承认并被理解为同样是实现其自私利益的人，因此双方都知道，共同利益恰恰只存在于双方、多方以及存在于各方的独立之中，共同利益就是自私利益的交换。"①恩格斯在论述中世纪的简单商品生产时期等价交换的必然性时指出："中世纪的农民相当准确地知道，要制造他换来的物品，需要多少劳动时间。村里的铁匠和车匠就在他眼前干活；裁缝和鞋匠也是这样，在我少年时代，裁缝和鞋匠们还挨家挨户地来到我们莱茵地区的农民家里，把各家自备的原料做成衣服和鞋子。农民和卖东西给他的人本身都是劳动者，交换的物品也是他们各人自己的产品。他们在生产这些产品时耗费了什么呢？劳动，并且只是劳动。他们为补偿工具、为生产和加工原料而花费的，只是他们自己的劳动

---

① 马克思：《政治经济学批判》，见《马克思恩格斯全集》第46卷上册，人民出版社，1979年，第196~197页。

力。因此，如果不按照花费在他们这些产品上的劳动的比例，他们又怎么能把这些产品同其他从事劳动的生产者的产品进行交换呢？在这里，不仅花费在这些产品上的劳动时间对互相交换的产品量的数量规定来说是唯一合适的尺度；在这里，也根本不可能有别的尺度。"①

恩格斯还指出：商品生产者"在交换中得不到等价物，就不会把他们所耗费的劳动时间白白送给别人。相反，人们越是接近商品生产的原始状态——例如俄国人和东方人——甚至在今天，他们也越是把更多的劳动时间浪费在持久的、互不相让的讨价还价上，以便为他们花费在产品上的劳动时间争得充分的代价。"②

现在我们再回到作为商品区别于产品的本质特征——价值上来。从上述对独立的所有者间交换劳动产品的市场行为与交换过程的分析，我们就容易理解：（1）人们的劳动生产物——产品，并不是天然地具有价值，而只有商品经济中的劳动生产物——商品，才具有价值。（2）价值不是人们的主观虚构和意志行为的结果，而是商品生产与交换过程的产物，正是在市场交换中生产者之间自发地进行劳动耗费的比较的社会过程，赋予产品以价值性和决定交换的等价性。马克思指出："劳动产品只是在它们的交换中，才取得一种社会等同的价值对象性"。③"商品交换使商品彼此作为价值发生关系并作为价值来实现。"④（3）价值的质的规定性在于，它不是一切生产形态中的人类劳动的体现，在实行产品生产与直接分配的生产形态中，人类劳动不表现为产品的价值。价值只是商品生产中的抽象的或一般的人类劳

---

① 《马克思恩格斯全集》第25卷，人民出版社，1974年，第1016页。
② 《马克思恩格斯全集》第25卷，人民出版社，1974年，第1018页。
③ 《马克思恩格斯全集》第23卷，人民出版社，1972年，第90页。
④ 《马克思恩格斯全集》第23卷，人民出版社，1972年，第103页。

动的体现，是商品交换中特有的人类具体劳动抽象化或均一化过程的结果。"他们在交换中使他们的各种产品作为价值彼此相等，也就使他们的各种劳动作为人类劳动彼此相等。"[①]（4）价值的量的规定性在于，它不是生产条件不同的生产者的多少不等的个别劳动时间，而是凝结在产品中的经过商品经济的自发地换算和还原（即抽象化或均衡化）的社会必要劳动量，即"在现有的社会正常的生产条件下，在社会平均的劳动熟练程度和劳动强度下制造某种使用价值所需要的劳动时间"[②]。归根到底，价值不是产品的自然物质本性，而是依附于物，通过有形的物——劳动产品的使用价值形态——来表现的无形的社会生产关系。换句话说，它是通过物来表现的商品生产关系。马克思说："商品形式和它借以得到表现的劳动产品的价值关系，……这只是人们自己的一定社会关系。"[③]恩格斯说："价值概念是商品生产的经济条件的最一般的、因而也是最广泛的表现。"[④]而这种商品生产关系正是生产资料与产品归属于不同的所有者的关系，是一定的所有制关系。斯大林指出："商品是这样一种产品，它可以出售给任何买主，而且在商品出售之后，商品所有者便失去对商品的所有权，而买主则变成商品的所有者，他可以把商品转售、抵押或让它腐烂。"[⑤]总之，马克思主义政治经济学不仅要阐明商品具有价值，而且要进一步地寻根溯源，将商品所固有的、作为它的灵魂的价值性归结为一定的社会生产关系，即商品生产关系。更确切地说，马克思主义是把生产

---

① 《马克思恩格斯全集》第23卷，人民出版社，1972年，第90页。

② 《马克思恩格斯全集》第23卷，人民出版社，1972年，第52页。

③ 《马克思恩格斯全集》第23卷，人民出版社，1972年，第89页。

④ 恩格斯：《反杜林论》，见《马克思恩格斯选集》第3卷，人民出版社，1972年，第349页。

⑤ 斯大林：《苏联社会主义经济问题》，人民出版社，1958年，第39页。

物的商品性质，当作是生产与交换当事人作为产品的不同所有者的这种所有制关系的必然体现。基于这一点，我们可以说，无论在何种社会形态下，只要在社会分工中互相依存的生产者是不同的所有者和对生产享有特殊的经济利益，它们之间的生产与交换关系就表现为商品生产与交换关系。

二、产品经济—商品经济—产品经济的历史辩证法

商品经济绝不是永恒的。它是在一定历史条件下产生，又将在一定历史条件下归于消亡的经济形态。

商品经济不是社会生产的初始状态。人类社会最早的经济形式是早期的产品经济。商品经济是早期的产品经济进一步发展的产物。

如果用人们交换活动的方式来划分经济时期，那么人类社会经济便是按照初始期的产品经济、商品经济、共产主义的高级的产品经济的阶梯而递次地、螺旋式地向前发展的。这种情况乃是由于社会经济基础要经历由原始的公有制形态、私有制形态，而发展为共产主义公有制形态的螺旋形发展所决定的。

在人类社会的很长的历史发展阶段属于产品经济时期。这是初始的、不发达的产品经济时期：一方面，在生产单位内部存在某种不发达的分工，而生产单位之间却缺乏分工，从而缺乏生产单位之间的商品交换；另一方面，由于生产单位表现为一个独立的所有者——或是共同体所有制，或是奴隶主的或封建主的庄园所有制——这种生产单位内部即使存在分工，但在分工中处在不同地位的直接生产者并不是产品的独立的所有者，因而这种所有制关系排除生产单位内部的商品交换，是一种封闭式的自给自足的自然经济。

　　原始公社的氏族共同体的自给自足的自然经济，是这种早期的不发达的产品经济的第一阶段。由于生产力的极度低下，共同体内部的分工极不发达，很长时期只有自然分工，如男子从事打猎或畜牧，妇女、儿童从事采集、烹饪与其他家务活动。由于氏族共同体公有制内部不存在劳动产品的私人占有，因而不存在氏族内部的产品交换。尽管那时有氏族社会成员之间在生产过程与消费过程中的活动与能力的交换，但是这种直接的、无代价的活动交换也是极不发达的，而且是被限制在氏族所在地域的狭窄的范围内。

　　奴隶社会与封建社会的自给自足的自然经济，是不发达的早期产品经济的更高阶梯。由于生产力的发展，使生产分工在自给自足的社会基本生产单位内部发展起来。如在私人奴隶作坊和国有奴隶作坊或是奴隶庄园内，此后在封建农奴庄园内，都有不同程度的内部生产分工。在有些场合，如在奴隶工场内部，生产分工甚至达到极为精细的程度。分工的发展往往越出了生产单位的界限，在某些生产领域内发展成不同单位、不同行业与地区间的社会分工，并由此产生了生产单位间的商品交换，但是这种社会分工与生产单位间的商品交换毕竟被限制在狭窄的范围内。奴隶占有制与封建主庄园占有制的性质，一方面排除了广大直接生产者的独立的所有者的地位，如奴隶就不可能在市场上以独立的所有者身份进行交换；另一方面，奴隶制和封建制生产方式又把分工限制和禁锢在生产单位内部，这一内部分工也只是为了更有效地组织各种归奴隶主与封建主直接占有的享乐资料的生产，因此只能导致在生产单位内更发达的自给自足经济，而不是导致交换经济。在这种情况下，即使是生产单位内部有复杂的劳动分工和生产出多样的产品，也仍然是一个从属于所有者意志的产品直接生产与直接分配的生产机体。可见，奴隶制与封建制的所有制的性质，既排斥或阻碍没有生产资料所有权的直接生产者进行的商品生产和市场交换，又排斥与限制生产资料所有者即奴隶主之间或封建主之间的商品生产和市场交换。这种所有制关系占据统治地位，正是这一漫长的人类历史发展过程主要地保持着自给自足的自然经济的外貌的重要原因。

历史上的产品经济时期并不排斥商品关系。在前资本主义的历史时期，社会生产主要保持产品经济的特征，但逐步出现并形成了某种不发达的、局部性的商品经济；资本主义社会形成了真正的最发达的商品经济，从而标志着历史上的商品经济时期的到来；社会主义社会则开始了商品经济的逐步地走向消亡和向产品经济的过渡。商品经济在历史上经历这样一个辩证发展过程：在早期的产品经济时期萌芽，逐步发展，达到盛年，以后逐步衰亡，最终退出历史舞台，过渡到高级的共产主义产品经济时期。

商品经济在早期产品经济阶段很早就萌芽了。这是由于商品生产所必要的条件在产品经济阶段就开始形成了的缘故。

作为商品经济的必要前提的社会分工，在产品经济时期就早已出现和发展。如上所述，产品经济并不排斥分工，它只是排斥独立的所有者间的社会分工。由于分工是提高劳动生产力的必要形式和杠杆，因而任何类型的产品经济，从原始氏族公社经济、奴隶制经济到封建庄园经济，无不在不同的程度上利用内部的生产分工来增加各种使用价值的生产，以达到发展产品经济的目的。正是在产品经济的发展中，出现了第一次社会大分工——游牧业与农业的分离，此后是第二次社会大分工——手工业同农业的分离，最后是第三次社会大分工——商人阶级的出现。社会分工提高了劳动生产率，为人们创造出更多的剩余产品，从而为不同生产单位之间和生产者之间的商品交换创造了物质基础。

商品关系产生的决定性因素，在于生产者是生产资料与产品的独立的所有者。这一经济条件也是在产品经济的发展中逐步出现的。尽管原始氏族公社所有制排斥公社内部的商品交换，但是产品经济的发展，使各个孤立分散的氏族共同体的社会交往与经济联系进一步加强，原先各自分散活动、互不往来的孤立的氏族公社，一旦它们各自拥有为对方所需要的剩余产品时，它们就会以独立的所有者的身份在市场上相对立。这种互相联系又互相对立的氏族公社所有制关系，正是人类社会经济史中最早的、氏族公社间的商品交换关系产生和发展的经济基础。正如马克思所说的："商品交换是在共同体的尽头，在它们与别的共同体或其成员接触的地方开始的。"[①]

如果说在原始公社末期，在相互对立的氏族公社之间，开始了偶然的、零星的商品关系，那么，以后随着原始公社分工进一步发展和统一的公社所有制分解为独立的私人所有制，在市场上相对立的已是拥有剩余产品的私有者。在这时进行商品交换的主体，不再是公有的集体生产者，而是私有者。商品交换过程表现为"两个所有者都不得不放弃自己的私有财产，不过，是在确认私有权的同时放弃的，或者是在私有权关系的范围内放弃的。因此，每一个人能让给别人是自己的私有财产的一部分"[②]。由于剩余产品的经常存在和私有者的众多，原先的偶然的交换也就逐步发展成为经常性的商品交换关系，原先的在交换过程中才发生的由产品向商品的转变，在这里成了一开始就旨在为市场交换而进行的商品生产。这种私人所有制关系的确立，就成为人类历史上持续时间很长的以私有制为基础的商品经济关系的开端。

---

① 《马克思恩格斯全集》第23卷，人民出版社，1972年，第106页。

② 马克思：《詹姆斯·穆勒〈政治经济学原理〉一书摘要》，见《马克思恩格斯全集》第42卷，人民出版社，1979年，第26～27页。

伴随着各种自给自足的共同体所有制的解体而产生的私人所有制，具有多样形式。在奴隶社会，有贵族奴隶主与工商奴隶主等形式，此外还存在独立的农民与手工业者所有制；在封建社会，有各种形式的封建主所有制，如贵族领主所有制、贵族地主所有制、庶族地主所有制、商业资本家所有制、个体农民所有制、行会手工业老板所有制，等等。这种多元的私人所有制关系的进一步发展，就为商品经济的发展奠定了基础，并使那些以生产使用价值为目的的自给自足的产品经济组织逐步地解体。因而无论是欧洲或是亚洲的前资本主义社会，我们都看见了商品关系尽管是缓慢地，但却是逐步地向前发展着。在我国，自从春秋战国以来，在自给自足的领主庄园经济解体的基础上，多层次的地主所有制、大量的个体农民与城市商人所有制得到长足发展。我国城乡商品经济很早就有较高程度的发展，以致它不再如马克思所说"就象伊壁鸠鲁的神存在于世界的空隙中"①，而是广泛渗透于社会生活的许多领域，引起城市经济生活的不断商品化，而且侵入和分解个体农民的自给自足经济，使商品关系越来越成为农民家庭生活的一个部分，并引起了土地商品化的出现。尽管商品生产有较高程度的发展，但是由于前资本主义生产方式坚固的自给自足性质——这一坚固性是由农业与手工业的直接结合的脐带来维系的——它总是将商品经济关系规范在这些自给自足的生产方式所容许的限度内与范围内，使商品经济关系只是作为产品经济的补充。正如马克思所说的："在古亚细亚的、古希腊罗马的等等生产方式下，产品变为商品，从而人作为商品生产者而存在的现象，处于从属的地位。"②而且在频繁的经济、政治、社会危机与战争

① 《马克思恩格斯全集》第25卷，人民出版社，1974年，第369页。
② 《马克思恩格斯全集》第23卷，人民出版社，1972年，第96页。

的破坏下，已经发展起来的商品经济关系又逆退和回到自给自足的产品经济的情况是经常发生的。因而在前资本主义社会，商品货币关系是艰难地和迂回曲折地向前发展，但它却不可能发展到能够取代占统治地位的产品经济的地步，从而不能改变这一历史发展阶段所具有的鲜明的自然经济的外观。

资本主义社会的建立，标志着人类历史上产品经济阶段的基本结束与商品经济阶段的开始。资本主义经济是商品经济的发达阶段。这是因为：（1）资本主义生产是社会化的大生产，它以社会分工的更高发展为特征。各个领域中专业化协作的发展，"不仅把每一种产品的生产，甚至把产品的每一部分的生产都变成专门的工业部门；——不仅把产品的生产，甚至把产品制成消费品的各个工序都变成专门的工业部门"①。（2）前资本主义商品经济的一切形式，都是立足于手工工具落后的技术基础之上，劳动生产率较低，只能生产有限的剩余产品，无力使具有内部巩固性的自给自足经济单位归于解体。资本主义商品经济则是以机器大工业为技术基础，这种现代化的大规模的商品生产，才能彻底地扫灭那些不依赖市场的、自给自足的、前资本主义的所有制形式，最普遍地确立各种形式的资本主义所有制。（3）资本家所有制不同于奴隶主所有制与封建主所有制，在于它不是以生产与占有作为消费享乐对象的使用价值为目的，而是以发财致富即占有剩余价值为目的。生产他人所需要的商品和在市场上出售商品，则是实现这一目的的手段。因而资本家作为商品的所有主在市场上相对立，便是资本家所有制的重要特征和内涵，它与奴隶主所有制和封建主所有制主要地表现为所有主对产品的直接占有有着明显的差别。资本家

---

① 《俄国资本主义的发展》，见《列宁选集》第1卷，人民出版社，1960年，第161页。

作为商品所有主在市场上相对立，也就意味着一切劳动产品统统以商品形态在市场上互相对立。在那里，无产者靠出卖劳动力维持生计，劳动力成为商品，这种劳动力所有制形式是资本主义所有制的一个重要方面。此外，在资本主义商品经济中，个体生产者也是商品生产者。因而，资本主义的所有制形态，是以各种商品所有者在市场上相对立和进行商品交换为特征的，从而是一种最发达的商品生产关系。

总之，资本主义社会以其发达的社会分工把无数个私人生产者密切联结起来，又以其发达的私人所有制关系使无数个分散、独立活动的商品所有者在市场上相互对立。这种产品不同所有者在市场上相互对立的最发达的形态，决定了资本主义经济成为最发达的商品经济。它不仅使这一经济时代成为人类社会经济发展史中典型的商品经济时代，而且使商品关系在性质上最完全、最纯粹和范围上最广泛，从而使商品经济发展到历史上的顶峰，成为经典作家所说的商品经济的"绝对形态"。

三、社会主义社会存在商品经济的原因

社会主义制度的确立，标志着历史上的商品经济形态的基本结束，开始了向崭新的产品经济形态的过渡。但是在人类历史进入社会主义社会以后，在新社会的初始的甚至是很长的历史时期，商品生产与交换并不灭亡，却要继续存在，在这一时期，社会主义生产还带有商品性。

既然马克思主义理论业已科学地阐明商品关系是社会生产关系的历史形式，是一定的所有制关系的表现，我们在探索社会主义商品生产存在的原因时，就必须坚持这一科学的方法论。这就是说，必须从社会主义所有制的特点即生产资料社会主义公有制的不成熟性，去探

索商品关系存在的依据。

社会主义生产关系的基础是生产资料公有制。马克思主义经典作家曾经设想社会主义生产资料公有制确立后，商品货币关系将会消亡和代之以产品的生产与直接分配。经典作家以19世纪西欧发达的资本主义国家为背景，认为在那些国家社会主义革命胜利后，只需要一个不太长的"过渡时期"，经过用暴力消灭资本家私有制，就可以实现全部生产资料归社会占有，即确立全社会公有制，并消灭一切商品关系。但是，社会主义的产生和取代资本主义的世界历史的现实进程，并不如马克思和恩格斯当时所设想的那样。相反，社会主义革命首先是在那些生产力水平比较低、经济比较落后的国家取得胜利。这些国家经过由资本主义到社会主义的过渡时期而确立的社会主义经济制度，并未能实现马克思、恩格斯以及十月革命前列宁所预见的那种生产资料的全社会公有制，而是存在着社会主义的全民所有制与社会主义的集体所有制，以及作为社会主义公有经济的补充的个体所有制。社会主义全民所有制体现了生产资料与产品的社会全体成员的共同占有，它是生产资料公有化的高级形式；社会主义集体所有制体现了生产资料与产品的部分劳动人民集体占有，它是生产资料公有化的初级形式，是劳动人民个体所有制通向社会主义全社会公有制的桥梁和中间站；个体所有制（无论是作为依附于农村集体所有制的社员家庭个体所有制和城市中不同程度地与社会主义公有制相联结的个体所有制）是带有不同程度小私有制残余性质的过渡性经济。

在社会主义社会，作为生产基本单位的企业，除了全民所有制企业和集体所有制企业而外，还存在着包孕两种社会主义公有制因素的各种各样的联合所有制形式，如农工商综合体。但是，将这些具体经营形式加以抽象，就实质来说，社会主义公有制总是表现为全民所有制与集体所有制两大基本类型。社会主义所有制表现为公有制的两种形式的并存，表明作为公有制的高级形式的全民所有制，还不能完全取代公有制其他形式而实现全社会单一的全民所有制；同时，社会主义公有制与某些个体私有制残余的并存，表明了社会主义公有制还不能完全取代与排挤个体私有制残余而实现所有制上的全社会公有化。以上两个方面，证明了社会主义公有制的不成熟性。社会主义一定发展阶段，特别是初始阶段，社会主义生产的商品性，正是由这种社会主义公有制的特点，即由其不成熟性所决定。

为了进一步阐明社会主义经济中商品关系存在的原因，还必须从社会主义全民所有制、集体所有制和个体所有制几个方面进一步加以分析。

（一）现阶段社会主义全民所有制的特点与产品的商品性

探索社会主义经济中商品关系存在的原因，有必要从现阶段社会主义全民所有制的特点入手。这是因为：（1）全民所有制是社会主义公有制的两种形式中的高级形式，它较之集体所有制是更成熟的社会主义生产关系。马克思主义经典作家早已阐明社会主义最根本的标志是生产资料公有制。"生产资料已经不是个人的私有财产，它已经归整个社会所有"，即"生产资料已成为公共财产"[①]。显然，只有在社会主义全民所有制这一生产资料公有化水平更高的形式中，才比较充分地体现了社会主义的根本特征。（2）社会主义全民所有制是社会主义所有制的主导形式。全民所有制以其更高的公有化水平，包括了那些物质技术条件先进、生产社会化发展程度高的大工业企业、商业企业、交通运

---

① 《国家与革命》，见《列宁选集》第3卷，人民出版社，1960年，第250、255页。

输业企业和国营农场。在我国，它的产值占社会主义国民总产值的主要部分，是社会主义国民经济的主体。（3）社会主义全民所有制是与现代化大生产的社会性相适应的。随着社会主义社会物质技术基础的发展壮大，生产社会化的进一步发展，集体所有制公有化水平总是要逐步提高，集体所有制总是要走向和最终过渡到全民所有制。可见，社会主义全民所有制在社会主义经济中是最关键、最本质的部分，体现了社会主义经济的本质特征。毛泽东说："外因是变化的条件，内因是变化的根据。"①根据马克思主义关于事物的本性取决于事物内部条件的原理，我们在阐明社会主义生产的商品性时，也必须由全民所有制经济的性质来说明，而不可能由全民所有制经济以外的原因来加以说明。不能把集体所有制经济的存在，或者社会主义国家与国外的商品经济关系的存在，作为论证社会主义生产商品性的主要的或充分的依据。

分析全民所有制企业生产的商品性是社会主义政治经济学中的一大难题。长期以来，经济理论界流行着否定全民所有制的生产的商品性的观点。斯大林在《苏联社会主义经济问题》这一著作中，针对十月革命后，特别是30年代以来经济理论界流行的社会主义"产品经济"论，正确地指出了由于交换改变了产品的所有主，因而，两种社会主义公有制之间交换的产品，国家售卖给个人的消费品，对外贸易流通领域内的消费品与生产资料都是商品，从而论证了社会主义制度下商品生产的客观必然性。但是斯大林从全民所有制企业间的产品交换不发生所有权的转移，否认了全民所有制内部流通的生产资料的商品性。

斯大林主要是从社会主义公有制的两种形式来论证商品生产存在的必要性的，实质上还是将商品生产归之于集体所有制的存在。他

---

① 《毛泽东选集》第1卷，人民出版社，1991年，第302页。

说："这种情况就使得国家所能支配的只是国家企业的产品，至于集体农庄的产品，只有集体农庄才能作为自己的财产来支配。然而，集体农庄只愿把自己的产品当作商品让出去，愿意以这种商品换得他们所需要的商品。现时，除了经过商品的联系，除了通过买卖的交换以外，与城市的其他经济联系，都是集体农庄所不接受的。因此，商品生产和商品流通，目前在我国，也象大约三十年以前当列宁宣布必须以全力扩展商品流通时一样，仍是必要的东西。"斯大林论述了只要单一的全民所有制一旦建立，"商品流通及其'货币经济'就会作为国民经济的不必要的因素而趋于消失"①。

按照斯大林的观点，社会主义的全民所有制经济的本性是产品生产与交换，是与商品关系不相容的。斯大林又把社会主义经济某些领域，例如消费品生产划归商品性生产，而把另一些生产领域，例如生产资料生产则划归"形式上的商品"生产，即实质上的产品生产。这种按照消费品与生产资料把全民所有制划分为商品与形式上的商品的理论，可以说是停留在表象上的，他未能科学地阐明全民所有制的生产所带有的商品性。尽管斯大林关于社会主义制度下还存在商品生产的理论，较之30年代流行的社会主义产品经济论是一个进步，但是却仍然没有摆脱后一理论的束缚。

实践是检验科学理论的唯一的试金石。根据社会主义建设的经验，在有关社会主义商品生产的理论探讨中，国内外经济理论界多数人肯定了全民所有制内部生产的产品的商品性，问题主要在于深入地进行理论阐明。如一些人在试图论证全民所有制生产具有商品性时，往往想在全民所有制经济以外去寻求论据。例如，有的同志以社会主

---

① 斯大林：《苏联社会主义经济问题》，人民出版社，1961年，第12页。

义经济的统一性为理由，认为既然社会主义公有制两种形式之间存在商品关系，既然国内与国外的不同所有制之间存在商品关系，全民所有制内部的生产也就具有商品价值形式，从而是商品生产。这种观点，可以说是陷入了从外部条件决定事物性质的"外壳论"，离开了马克思主义从所有制关系本身来论述产品的商品性质的原理。这一切表明，全民所有制成了阐明社会主义生产的商品性的拦路虎。

现阶段的全民所有制单位的生产是否已被赋予产品性质，即生产物不具有作为商品所固有的价值性，而只是具有使用价值？现阶段的全民所有制是否已经决定企业间在互换活动，即互相交换劳动产品时，无须实行等价交换，而只是由社会实行直接分配？回答是否定的。在社会主义社会的初始阶段，国营经济领域内产品的商品性，完全可以从全民所有制本身中得到说明，关键在于要持科学态度，对全民所有制企业的现实生产关系进行科学的分析。

马克思根据唯物辩证法的发展观，将共产主义社会区分为社会主义和共产主义两个阶段。列宁在评述马克思的这一理论时说："马克思的这些解释的伟大意义，就在于他在这里也始终应用了唯物主义辩证法，即发展学说，把共产主义看成是从资本主义中发展出来的。马克思没有经院式臆造和'虚构'种种定义，没有从事毫无意义的字面上的争论（什么是社会主义，什么是共产主义），而是分析了可以表现共产主义在经济上成熟程度的两个阶段。"[①]显然，只要我们坚持唯物辩证法的发展论，坚持事物从量变、部分质变到根本质变的学说，并将它用于分析社会主义公有制的发展，我们就可以得出这样的结论：从资本主义到社会主义的过渡时期结束后，在基本完成对资本主

①　《国家与革命》，见《列宁选集》第3卷，人民出版社，1960年，第255～256页。

义私有制的剥夺与改造，建立了社会主义经济制度后，由于人们不能立即把社会的物质技术基础提高到最成熟的社会主义所要求的程度，因而也就不能立即实现完整的生产资料的全社会公有制。这就是说，社会主义制度确立后，有一个由不成熟、不完全的社会主义到成熟的、完全的社会主义的发展过程，因而社会主义全民所有制建立后，也有一个由不成熟、不完全的全民所有制到成熟的、完全的全民所有制的发展过程。不成熟、不完全的社会主义全民所有制，作为社会主义公有制发展过程中的必经阶段，体现了生产关系一定要适合生产力性质的规律的要求，完全符合社会主义全民所有制发展的辩证法，表现了社会主义幼年期的经济的客观必然性。对于生产力水平比较低的社会主义国家，甚至拥有较为强大的物质基础的社会主义国家，社会主义全民所有制的发展都不能超越这一必经的阶段。

社会主义初始期的不成熟的全民所有制，乃是一种不完全的全社会公有制，它与马克思主义经典作家预言的那种完整的全社会公有制存在重大的差别。（1）在完整的全社会所有制条件下，生产资料归"社会公开地和直接地占有"[①]，由社会"共同使用"[②]，企业的全部劳动成果属于全民，归全体社会成员支配和享有；在不完全的全社会公有制下，企业的生产资料所有权属于全社会，支配、使用权属于企业，在产品分配中存在某些企业局部占有因素。（2）在完整的、成熟的全社会公有制下，企业不存在产品局部占有的痕迹与因素，企业的一切经济活动，直接体现了全民利益；在不完全的全社会公有制下，企业对产品的局部占有因素使企业的经济活动除了体现全社会利益

---

① 恩格斯：《反杜林论》，见《马克思恩格斯选集》第3卷，人民出版社，1972年，第319页。
② 恩格斯：《共产主义原理》，见《马克思恩格斯选集》第1卷，人民出版社，1972年，第217页。

外，还在一定程度上体现企业局部利益。（3）在完整的全社会公有制下，尽管不同企业的物质技术条件与其他社会经济条件不可能做到一样，企业收益有高低的差别，但劳动者只要支出了同等数量与质量的劳动，就从社会共同的消费基金中领取同等劳动报酬，享有同等的利益；在不完全的全社会公有制下，劳动者除了从社会共同的消费基金中领取劳动报酬外，还要从企业支配与占有的消费基金中领取劳动报酬，从而享有某些特殊的利益。归根到底，成熟的、完整的全民所有制是生产资料社会公有化的高级形式，它做到了使生产资料与产品无差别地归全体社会成员直接占有和直接按劳分配。而在不成熟不完全的全社会公有制下，却还存在企业局部占有的因素，还存在企业的特殊的局部利益，体现了生产资料社会公有化还不彻底和不完全。

社会主义全民所有制的这一特点——带有产品的企业局部占有痕迹与因素，是与社会主义社会初始阶段的劳动性质密切相关的。

所有制是生产者与生产资料相结合的社会历史形式。马克思说："不论生产的社会形式如何，劳动者和生产资料始终是生产的因素。但是，二者在彼此分离的情况下只在可能性上是生产因素。凡要进行生产，就必须使它们结合起来。实行这种结合的特殊方式或方法，使社会结构区分为各个不同的经济时期。"[①]所有制形式固然首先决定于生产资料所有制关系，但也要受到为生产资料所有制所规定的劳动力性质与状况的制约。在生产资料归少数人占有，直接生产者人身缺乏自由，他们的劳动力完全属于或部分属于少数人的条件下，产生的就是用超经济强制手段来维系的奴隶占有制或封建农奴制；在生产资料归资产者占有而劳动者获得了人身自由、劳动力归劳动者个人所有的现代商品经济社

---

① 《马克思恩格斯全集》第24卷，人民出版社，1972年，第44页。

会里，产生的就是实行雇佣劳动的资本家所有制。在生产资料归社会公共占有而劳动还带有产品个人占有性质和体现有特殊的个人利益的条件下，产生了现阶段不完全的社会主义全民所有制。

社会主义制度下，由于生产资料归社会公共占有，劳动者成为社会和生产的主人，成为摆脱了资本剥削、不再为糊口而卖命的自由人。社会主义生产是以公有制为经济基础，以现代生产力为技术基础的社会化的大生产。社会主义生产的这一性质决定了联合劳动性质，它表现在任何一个社会成员都是在联合劳动的基础上参与社会生产，个人劳动力作为联合的社会劳动力而出现，并从属于社会的统一调动和支配。个人劳动力是联合起来的社会劳动力的不可分割的、有机的组成部分，这正是社会主义在劳动力性质上所引起的新变化。正如马克思所说：社会主义使劳动者组成"一个自由人联合体，他们用公共的生产资料进行劳动，并且自觉地把他们许多个人劳动力当作一个社会劳动力来使用"①。这种情况表明，在社会主义制度下，由于物质的生产条件成为社会公共财产，人身的生产条件——劳动者的劳动能力也就成为社会的公共资源。由于劳动者是以社会主人的身份，在共同组成的劳动联合体中以联合劳动的形式进行生产，在那里，劳动力已不再是供出卖的商品，因为不能说劳动者将自身的劳动力出卖给自己；劳动力的使用也不再是个人的私事，而是从属于社会有计划的调度；劳动力使用的结果不再是直接形成归私人占有的收入，而是直接形成归社会统一分配的社会基金。这一切表明，劳动具有社会化②的性质，它意味着千百年来劳动直接从属于个人利益或剥削者私利的历史

---

① 《马克思恩格斯全集》第23卷，人民出版社，1972年，第95页。

② 社会化在这里是指公有化。

的结束，开始了劳动从属于社会公共利益的新时代。

劳动的社会化不是一下子就能彻底实现，而是一个历史的发展过程，它取决于生产资料的社会化，但它本身的发展程度与状况又反作用于生产资料的社会化。在社会主义条件下，由于生产力尚未发展到高度水平，产品还未极大丰富，由于劳动还存在重大差别，以及由于人们还存在囿于个人利益的资产阶级权利的狭隘眼界，因而对社会主义劳动必须实行物质鼓励，就要求贯彻按劳分配、多劳多得。在这种情况下，劳动者提供给社会的劳动（在扣除了社会基金部分后）又以劳动报酬的形式领了回来。由于多劳多得，劳动者天赋的或后天形成的不同等的劳动能力也成为他在个人消费品分配中的某种特殊的占有权利，这就表明，社会主义劳动除了体现社会公益性质而外，还体现有一定程度的个人特殊利益，因而劳动的社会化还是不完全的。劳动的完全社会化是以劳动力的使用完全归社会统一支配，特别是以劳动力所创造的成果完全归全体社会成员公共占有和共同分享，以劳动成果占有中的私人特权的消灭为特征，即劳动不再是个人占有的手段，不再体现特殊的个人物质利益。显然，这在社会主义阶段还不可能做到。社会主义劳动的这一特点必然要表现在企业中联合劳动的占有关系的特点上。社会主义劳动是组织在企业中的自由人的联合劳动。在社会主义社会初始发展阶段，由于社会生产力发展水平的限制，各个不同地区、部门中的劳动者联合体所拥有的物质技术条件、劳动力的熟练程度、企业的经营管理水平均有不同，因而联合劳动（例如由100个劳动者组成的联合劳动）在质的规定性上就有着差别，即表现为企业的劳动生产力和经济效果有高有低。另外，人们还存在从局部利益出发的资产阶级权利的狭隘眼界，这一切决定了企业之间在分配社会产品中要承认联合劳动的质的差别，要实行等价交换，多产多益，容许那些生产有更大经济效果的企业比经济效果差的企业获得更多的收入。这样，就在事实上默认那些有更高成效的联合劳动力在社会产品分配中享有某种有限度的特殊权利。这种生产和分配关系，使社会主义企业联合劳动成为一个特殊的经济范畴。如一切所有制形式既要适应生产的物质条件的性质与状况，也要适应生产的人身条件的性质与状况一样，把劳动力与生产资料结合起来的社会主义公有制形式，必须适应社会主义联合劳动的这种在消费品占有关系上的特点，才能成为具有充分吸引力的组织人们参加社会劳动的新方式和新方法。反之，如果不承认联合劳动这种特点，在企业的收益分配中不承认联合劳动的差别和贯彻社会主义物质利益原则，就不能吸引广大劳动者自觉地参加社会主义劳动，就不能有效地实现人们的自主的劳动联合，也就不可能有生机勃勃的社会主义生产。可见，基于上述社会主义劳动的特点与企业联合劳动的性质，人们在寻找与选择把劳动力与生产资料结合起来的最适当的社会形式时，采取把生产资料和产品社会公共占有与企业对产品有限度的局部占有结合起来的不成熟的社会主义全民所有制，就是不可避免的了。

所有制形式从根本上决定于物质生产力的水平，在社会主义社会的物质生产力还未达到较高水平，生产的机械化、自动化以及由此决定的社会劳动分工协作还未发展到很高程度的条件下，劳动社会化的不完全性就会继续存在，在企业产品分配中的联合劳动的局部占有性就不会消灭，作为保证和实现劳动者与生产资料有效地相结合的不完全、不成熟的全民所有制形式，也就会继续存在下去，这是不以人们的意志为转移的。

不完全的全社会公有制，正是决定社会主义生产商品性的内在条件与根据。这是因为，既然全民所有制企业的生产除体现社会共同利益而外，还在一定程度上存在各自的特殊的局部利益，在全民所有制企业相互之间就不能是"你的就是我的"，"亲兄弟，不算账"，共同"吃大锅饭"，而是各自还有一本账，还存在经济利益的差别与矛盾。这就决定了企业在经济活动中客观存在对特殊的局部利益的关心，它表现在企业之间在相互交换产品时，不能将它的产品无偿地让渡给对方，而要考虑与计较生产中的劳动耗费是否能得到补偿，要关心企业的合理利益。基于企业自身的特殊经济利益，总是要求它在交换产品时采取商品形式，要求它以这种商品换得它们所需要的商品。产品作为具有价值的商品和实行等价交换，正是有效地调节全民所有制企业的经济利益矛盾的经济形式，而那种企业间"不分你我""吃大锅饭"的经济联系形式，却是与现阶段社会主义全民所有制企业的性质不相适应的。总之，社会主义全民所有制企业，既存在着根本利益的一致（这是主导的方面），又还存在利益的差别（这是次要的方面）。这种利益关系，决定了各个企业要以相对独立的经营主体的身份来互相交换活动。可见，现阶段的社会主义全民所有制毕竟尚未彻底摆脱较狭隘的企业局部利益因素，存在着历史上的商品生产关系的烙印与痕迹。这种不成熟的全民所有制的特点，是全民所有制生产的商品性的根源，产品的等价交换正是这种社会主义全民所有制关系在交换中的实现。那种认为商品关系与全民所有制的本性不相容的观点，即认为商品生产与社会主义经济不相容的观点，实际上正是从法权的意义上来把握社会主义全民所有制，而不是从它的客观经济内容即现实的占有关系来把握社会主义全民所有制。这种观点，还停留在事物的现象上，而未能深入地揭示现阶段全民所有制具体的占有关系的内涵，自然也就不能从社会主义全民所有制的特点中，去把握和阐明社会主义生产所带有的商品性质。

（二）社会主义集体所有制企业生产的商品性

集体所有制经济的存在，是决定社会主义生产的商品性的重要因素。社会主义商品关系是一个多样的商品生产关系的有机结构。社会主义集体所有制商品关系与社会主义全民所有制商品关系组成了这一多样的商品经济结构的基础和主干部分。特别在我国这样家底薄、人口多、10亿人口中有8亿农民的国家，集体经济的地位更加重要。集体经济提供的商品产值在国民经济商品流转中占有不小的比重，特别是在社会主义农业中，集体所有制经济占压倒的优势。可以说，对于不发达的社会主义国家，整个统一的社会主义生产的商品性，在更大程度上受到集体所有制经济的商品性生产（指用于外部交换的那部分生产）的制约。因此，在理论上进一步研究社会主义集体所有制关系，阐明它的商品生产的性质就变得十分重要。

集体所有制经济用于外部交换产品的商品性，不能由外部的原因来说明，而必须由集体经济本身即由集体所有制的性质与特点来加以阐明。集体所有制意味着生产资料和产品归集体单位联合劳动者直接占有，它在部分劳动人民范围内实现了生产资料公有化，较之在全社会范围内实现公有化的全民所有制经济来说，它是社会主义公有经济的初级形式。集体经济是劳动者自主联合而组织起来的独立的利益的共同体。它实行自负盈亏，企业的生产与成员的劳动报酬取决于企业的经营状况与收入，国家不为其承担经济责任，不实行也不可能将它的生产需要与社员生活需要包下来。集体所有制企业作为生产资料与产品的直接占有者和劳动力的支配者，具有独立利益的共同体性质，这也就决定了它的经济活动，除了要考虑社会的利益而外，要更多地考虑集体经济的利益。因此，集体经济在出让产品时首先要考虑在生产中的劳动耗费能否得到补偿。正如斯大林所说："除了经过商品的联系，除了通过买卖的交换以外，与城市的其他经济联系，都是集体农庄所不能接受的。"①
可见，社会主义集体所有制的性质，决定了集体单位在市场交换中以独
立的产品所有者身份互相对立。集体所有制本身的这一特点，决定了集
体单位与外部的交换或经济联系必须是商品交换和商品经济关系。如果
说，公有化程度更高的、主要地体现社会公共利益的社会主义全民所有
制范围内的生产，尚且带有商品性质，那么，作为公有化程度较低的、
直接体现企业内联合劳动者利益的集体所有制，它的生产具有更加完整
的商品性质，就是理所当然的了。

在认识集体所有制经济的性质时，要十分注意集体所有制企业的
生产是商品生产这一重大特征。固然，在我国由于生产力水平低下，
社会分工不发达，因而农村集体经济还在很大程度上保持自给自足的
性质。但是我们不能从现象出发，而把自给性生产视为集体经济的本
性。恰恰相反，随着农业现代化向前发展，社会主义的集体经济将越
来越以社会化大生产为物质基础。在社会分工日益发展，集体单位对
外部的依存与经济联系日益密切的条件下，将在更大程度上以商品所
有者的身份与其他生产单位互相对立。尽管我国农村集体所有制的商
品关系一时还不发达，但是随着农业生产社会化的发展，农村生产的
专业化、区域化也将进一步发展。因而，农村集体经济组织的再生产
（包括生产资料的再生产与劳动力的再生产）将越来越依赖于商品生
产与交换，农村集体所有制生产作为商品生产的特征将更清楚地显示
出来。在我国当前，尽管农村人民公社集体经济的自给性生产还占主
要地位，但是商品性生产的发展和取代自给性生产是不可避免的。

集体所有制对外交换的产品具有商品性质，在理论上是十分明白

---

① 斯大林：《苏联社会主义经济问题》，人民出版社，1961年，第12页。

与无可争议的。但是应该说，对于集体所有制的生产与交换关系本身必定要表现为商品关系这一点，还可以进一步和深入地从理论上加以阐明。在理论界，还存在着脱离所有制而单纯从交换方式来判别农产品是商品还是产品的观点。如有的同志主张：可以在集体企业生产社会化水平未进一步提高之前，通过实行"换货"这一交换方式，把商品关系人为地转化为产品关系。陈伯达在1958年曾宣扬只要在农村实行并队并社，使集体经济越"大"越"公"，就可以通过调拨农产品来废除集体经济的商品生产和货币交换，即在集体所有制基础上实现产品经济。根据马克思主义关于交换方式的性质决定于生产方式，特别是所有制关系的论述，社会主义的商品交换关系既是不成熟的社会主义全民所有制关系的表现，也是社会主义集体所有制关系的表现，是集体经济所体现的企业集体经济利益决定的。只要直接体现集体利益的集体所有制仍然存在，企业对外部交换的产品的生产与交换就只能是商品生产与交换。如果人们指望在这一领域废止商品经济关系而代之以产品生产与分配，那么，这就等于废止集体所有制，而这却不是可以取决于人们的主观意志的。集体所有制向全民所有制的过渡，必须有赖于社会物质生产力的成熟，有赖于集体经济单位与全民所有制单位之间在物质技术条件上差别的缩小和生产力水平的均一化。在国外和我国的社会主义经济建设中，都曾经出现过强制集体经济直接推行产品生产和交换或实行变相的产品生产与交换，但是这种实践都以失败而告终。这就表明了集体经济单位与其他单位间相交换的这部分产品的商品性是集体所有制的本性所决定的，不是人们所能任意选择的。

从以上各方面的分析，我们看出，社会主义制度下商品生产的根源与历史上各种商品生产的根源一样，都在于所有制的性质。社会主义生产的商品性，是由社会主义初始阶段不成熟的社会主义公有制的特点所决定的。社会主义实现了生产资料私有制到生产资料公有制的根本变革，消灭了千百年来人剥削人的关系，但是完全的、成熟的社会主义公有制的彻底实现，还需要经历一个很长的历史发展阶段。在社会主义社会的初始阶段，社会主义公有制（无论是社会主义全民所有制还是社会主义集体所有制）还不能摆脱产品局部占有因素与局部利益，因而在发达的社会分工中彼此密切依存的联合生产者相互之间在进行活动交换时，也就要采取以等价为基础的商品交换形式。社会主义商品关系正是这种不成熟的社会主义所有制所决定的。

四、对有关社会主义商品生产存在原因几种观点的探讨

社会主义生产还带有商品性这一基本命题，很长时期以来，经过在迂回中前进的理论探索与正反两方面的社会主义建设实践的检验，已经为我国学术界越来越多的人所认识。但是如何论证与阐明社会主义制度下商品关系存在的原因，却是众说纷纭。为了有助于开展理论争鸣，进一步阐明社会主义商品生产存在的客观性，在这里有必要对学术界几种流行的观点进行简单的评述。

（一）两种所有制并存论

这种观点认为，社会主义全民所有制与社会主义集体所有制并存，是社会主义商品关系存在的根本原因。[①]应该说，社会主义公有制两种形式的并存，只能说明公有制两种形式间交换产品的商品性

---

① 这是我国许多政治经济学（社会主义部分）教科书中采用的流行观点。

质，却不能说明全民所有制生产的售卖给职工的个人消费品的商品性质，更不能说明全民所有制内部交换的产品的商品性。持这种论点的同志，为了要说明社会主义全民所有制企业生产的商品性，就以社会主义国民经济的统一性为理由，说两种社会主义所有制之间的商品交换，不能不影响到社会主义经济内部，因而推论出全民所有制内部交换的产品也就具有商品性质。这种论点将社会主义全民所有制的生产带有的商品性，归于全民所有制经济之外的原因，所以在方法论上可以说是"外壳论"的。

以两种公有制并存为基础，又以社会主义国民经济的统一性为依据，来论述社会主义生产的商品性，实质上是斯大林论述生产资料不是真正的商品，而仅仅是商品"外壳"的方法。斯大林正是从两种公有制并存来论述社会主义存在商品的原因，所以他不能科学地认识社会主义全民所有制的性质与特点，从而认为全民所有制是与商品关系不相容的，做出了生产资料仅仅是商品"外壳"，并且超出价值法则发生作用的范围以外的论断。他说："在国内经济流通领域内，生产资料却失去商品的属性，不再是商品，并且超出了价值规律发生作用的范围，仅仅保持着商品的外壳（计价等等）。"[①]但是斯大林另一方面又力图阐明事实上存在的价值规律对生产资料生产的作用。他看到全民所有制内部交换的产品的生产耗费包括劳动力的报酬，而劳动力的报酬又受到作为商品和具有价值性的消费品的影响，于是他就从消费品的价值性引申出生产资料必须具有"价值形式"，总之在他看来价值只不过是劳动核算的工具。斯大林是从产品不同所有关系来论证产品的商品"本性"的，他所使用的"外壳论"的方法，是为了

---

① 斯大林：《苏联社会主义经济问题》，人民出版社，1961年，第41页。

论证生产资料的价值"只是事情的形式方面"，生产资料只不过是一个"商品外壳"。但是我们在这里所要论证的却是生产资料所具有的商品性，如果我们认定全民所有制企业间交换的生产资料具有商品性质（尽管是不完全的），即具有真正的价值内容而不是什么"价值形式"，即价值不只是用来进行核算的工具，那么按照马克思主义关于"商品形式和它借以得到表现的劳动产品的价值关系，……这只是人们自己的一定的社会关系"①的理论，这种商品性质就只能来自全民所有制企业的内部，而不能由外部"输入"。因而，要阐明生产资料所带有的商品性，就只能在社会主义全民所有制的性质和特点中去寻找原因。"外壳论"的方法，实质上是认为全民所有制内部已经不再有决定产品的商品性质的经济基础，以社会主义经济统一性为名义，求助于外部条件，实质上否认了社会主义全民所有制的生产与交换关系本身仍然具有商品关系的性质与特征，因而这种论证方法，无论如何是不能科学地阐明和坚持生产资料带有商品性的论点的。

（二）核算工具论

核算工具论是从计算劳动耗费的便利来论述商品价值的必要性的。这种理论认为，既然社会主义社会还存在体力劳动和脑力劳动之间、工业劳动与农业劳动之间、熟练劳动与非熟练劳动之间的差别，那么，为了使国营企业便于统一计算劳动耗费，就必须把社会主义各类生产中实际存在的具有重大差别的劳动换算为同一的劳动，这就要将各种各样的形态不一的具体劳动，换算为同一的抽象劳动，这样就产生了劳动二重性，从而劳动产品也就具有价值性。核算工具论在这

---

① 《马克思恩格斯全集》第23卷，人民出版社，1972年，第89页。

里混淆了产品经济关系中的劳动抽象化与商品经济关系中的劳动抽象化之间的质的差别。前者是基于在组织产品生产中节约劳动时间,因而要对生产同一产品的各个不同单位的劳动耗费进行比较;后者是基于商品不同所有者之间的市场交换,因而要对互相交换的商品的劳动耗费进行比较。前者是社会有组织的、自觉的行为;后者是商品生产者的市场行为。前者把各项具体劳动形式抽象和还原为各种行业劳动(农民劳动、工人劳动、管理劳动等)和同一的人类劳动等一系列的抽象劳动,来对社会多样化的生产活动从各个角度进行比较和核算;后者则是要把具体劳动还原为抽象的人类劳动,来确定商品交换的比例。在前者的场合,作为核算工具的"社会必要劳动时间"范畴,是在创造使用价值中具有起码经济效果的劳动时间,它用来作为组织产品生产的规范和基准;在后者的场合,社会必要劳动时间形成商品价值量,是作为调节交换的社会尺度。在前者的场合,作为核算范畴的"社会必要劳动时间",有可能采用社会最低的必要劳动时间、平均的必要劳动时间、最高的必要劳动时间等多样核算劳动时间范畴;而在后者的场合,作为形成商品价值量和作为商品交换价值的基准与规范的社会必要劳动时间,则仅仅是在具有社会平均的生产条件下与劳动力具有平均的熟练程度下,用于生产某一商品的劳动时间。可见,在社会劳动核算过程中实现的具体劳动抽象化与商品市场交换中实现的具体劳动抽象化,在性质上是有区别的。作为核算的基本范畴与基本工具的社会主义必要劳动时间,就其形态、社会性质、职能来说,也是根本不同于作为商品价值范畴的社会必要劳动时间。而核算工具理论却正是将商品经济机制中的劳动抽象化和由此产生的商品价值性,混同于产品经济中出于比较和核算生产耗费的需要而产生的劳动时间范畴。

原本的及真正的商品价值，绝不是用来计算劳动耗费作为"核算工具"的"价值"。马克思主义所指的商品价值，从来是指制约与调节商品交换的价值。恩格斯说："经济学所知道的唯一的价值就是商品的价值。"[1]马克思说："劳动产品只是在它们的交换中，才取得一种社会等同的价值对象性。"[2]"我们实际上也是从商品的交换价值或交换关系出发，才探索到隐藏在其中的商品价值。"[3]核算工具论在论述生产资料的商品性时，回避了全民所有制企业相互间的等价交换关系，大概是以为企业间既然已经是一个主人，从而就无所谓交换，而完全可以进行产品直接分配。这正是他们所以要转向企业生产中劳动耗费的核算领域，并从劳动耗费的计量中去寻找产品价值依据的原因。

核算工具论将价值仅仅作为人们创造出来的一种核算工具，否认商品的真正价值性，即交换价值范畴的客观存在。核算工具论产生于30年代的苏联，当时经济学家否认社会主义制度下还存在商品，否认企业产品具有价值"实质"，更否认等价交换的必要性。而现实经济生活中却存在商品货币关系和价值、价格等范畴，经济学家们便从社会主义企业要进行经济核算和比较劳动耗费来论证产品的价值只不过是"形式"，是作为"核算的工具"，由此否认价值是产生自现实的交换关系的客观经济范畴，从而否认具有这种"价值形式"的产品的商品性质。此后，苏联经济学家承认了社会主义制度下商品生产的客观存在，但在1951年提供讨论的苏联社会主义政治经济学教科书中，还是将劳动的计量与核算和两种公有制并存共同作为社会主义商品生产存在的原因。这种折中主义的方法在讨论会上受到了批评。斯大林

---

[1]　恩格斯：《反杜林论》，见《马克思恩格斯选集》第3卷，人民出版社，1972年，第345页。

[2]　《马克思恩格斯全集》第23卷，人民出版社，1972年，第90页。

[3]　《马克思恩格斯全集》第23卷，人民出版社，1972年，第61页。

摒弃了主观主义的核算工具论，正确地用所有制关系来论述社会主义商品生产存在的依据。尽管斯大林在理论上把生产资料作为具有外壳的商品排斥于商品范围之外，但是斯大林敏锐的现实感，使他深切地感到价值规律对生产资料生产的作用是客观存在的。既然不是商品，为什么又受到商品价值的影响？斯大林设置了这一难题，他只好又回到从核算生产资料生产中的劳动耗费来说明产品具有价值形式的原因。因此，斯大林实际上还是用核算工具论这一不科学的论点来迂回地承认了生产资料客观上存在的价值性，以及价值规律对生产资料生产的影响作用。关于社会主义制度下商品生产的理论是随着实践的发展而不断发展的，在今天，我们已经有充分的理由来认定生产资料带有商品性质而不是形式上的商品。我们在探索隐藏在生产资料中的价值性的踪迹时，也就必须着眼于生产资料的交换价值和全民所有制企业间的交换关系，归根到底要研究全民所有制关系的特点，要正视和科学地阐明现阶段社会主义全民所有制还体现产品局部占有痕迹与因素这一现实，而不能绕开这一交换关系。这种劳动核算论，是不能深入揭示全民所有制领域交换的产品是具有商品性质的。

还要看到，核算价值论往往会走向价值是计量与核算劳动耗费唯一形式的结论，即走向商品永存和价值永恒论。如有的同志从进行劳动核算的必要性来论证产品价值永恒论，而有的同志走得更远，从劳动耗费必要性来论述商品是永存的，认为即使共产主义社会也存在商品。实际上，只有在商品经济中，在交换价值范畴存在的前提下，价值才充当比较社会劳动耗费的工具，而在商品消亡后，计量与比较劳动耗费的时间形式，即使是还要借助于某种"社会必要劳动时间"范畴，这种以时间来计量的社会必要劳动量形态，也将会不同于测定商品价值量的社会必要劳动量形态。马克思在论述未来共产主义社会，人们在经济活动中为了讲求经济效果，必须核算比较各种活动的劳动时间时曾指出："时间的节约，以及劳动时间在不同的生产部门之间有计划的分配，在共同生产的基础上仍然是首要的经济规律。这甚至在更加高得多的程度上成为规律。然而，这同用劳动时间计量交换价值（劳动或劳动产品）有本质区别。"①可见，把未来产品经济形态下作为比较经济效果的工具的时间范畴等同于价值范畴——即使说它是产品价值——是不科学的。因而以这种时间范畴的存在为理由，把未来共产主义阶段的产品说成是商品，得出商品经济及商品价值形态将永恒地存在就更是难以成立了。

（三）物质利益论

持这种论点的同志，多数还是用社会主义公有制两种形式的并存来说明商品生产的存在原因，不过是以物质利益来说明全民所有制内部交换产品的商品性。他们说：由于不同的相互独立的全民所有制企业还存在物质利益的差别，它们之间交换产品时，不能无偿地进行，而必须实行等价交换，因而产品是商品。用利益关系来论述商品关系存在的原因，无疑是正确的。但是上述的论证方法的缺陷在于：

第一， 在论证社会主义经济的一定领域（如全民所有制经济与集体所有制经济之间交换的产品，以及集体所有制单位之间交换的产品）的商品生产性质时持所有制决定论，而在论证社会主义经济的另一领域（全民所有制内部）生产的商品性时，离开了所有制关系而另持物质利益论。这实际上是社会主义商品经济存在原因上的多元论，

---

① 马克思：《政治经济学批判》，见《马克思恩格斯全集》第46卷上册，人民出版社，1979年，第120页。

没有将所有制论贯彻到底。

第二，从国营企业还存在物质利益的差别来论证企业相互之间交换的产品的商品性，固然是无可非议的。但是为什么作为全民所有制国营企业还存在物质利益的差别？为什么对国营企业不能按"吃大锅饭"的方式来管理而必须承认企业间的某些经济利益差别？求得这些问题的回答就必须深入到物质利益所体现的生产关系的研究中去。马克思主义认为经济利益关系从根本上是所有制关系。恩格斯说："每一个社会的经济关系首先是作为利益表现出来。"[1]社会主义社会一旦确立，并不可能立即达到社会主义者所向往的那样的利益平等和分配"公平"的成熟的社会主义。恰恰相反，社会主义社会的一定发展阶段，在全体社会成员利益一致的基础上还存在国家利益、国营企业利益、集体企业利益、个体经济利益、个人利益等的差别。这些多层次的物质利益关系，都体现了不同的所有制关系。而国营企业的特殊的物质利益关系只不过是现阶段社会主义全民所有制生产关系的特点的体现。因此，物质利益论在理论分析上不深刻和不彻底，它未能深入地发掘与揭示国营企业的局部物质利益的深刻根源。

在论证全民所有制内部交换的商品性质时，另外一种习以为常的说法是国家所有权与企业的经营管理权分离论。这种论点认为国营经济中国家是所有者而企业是部分占有者与相对独立的经营者（严格意义上是部分占用与支配者），因为既然企业具有对生产资料的占用与支配权，它们相互间在进行产品交换时就必须采取商品交换形式。这种把国营企业的独立经营与生产的商品性归结为企业的占用支配关

---

① 恩格斯：《论住宅问题》，见《马克思恩格斯选集》第2卷，人民出版社，1972年，第537页。

系，无疑是正确的。但是必须指出：占用与支配是所有制的必要内涵，从而与所有制密切相关。对生产资料的某种占用、支配、使用方式及产品分享方式总是要体现某种所有制的特点。例如，在原始社会，土地归全氏族成员共同占有和使用而劳动成果归全体氏族成员共同分享的条件下，意味着完整的氏族公有制；而后来在土地归氏族公有前提下，一些土地归氏族家庭使用、占有，"他们对耕地或许有一定的占有权，但是更多的权利是没有的"①。尽管这种氏族成员只是对土地某种临时的占有，还未成为所有。这就是马克思所说的："私有财产的真正基础，即**占有**，**是一个事实**，**是不可解释的事实**，而不是权利。只是由于社会赋予实际占有法律的规定，实际占有才具有合法占有性质，才具有私有财产的性质。"②就现实的经济关系来看，这时已经意味着"向完全的**私有财产**的过渡"③，它表明氏族公社所有制的不完全。就社会主义国营经济的现实关系来看：一方面，国家以社会的名义实现法律上的所有与事实上的占有；另一方面，作为社会主义经营主体的企业，也事实上存在着一定的产品局部占有因素。这种企业的产品占有关系，实质上是体现了社会主义社会初始期的全民所有制的不完全和不成熟。基于上述分析，如果不在现阶段社会主义全民所有制上找原因，而仅仅是从国营企业所有与占有相分离来论述国营企业生产所带有的商品性质，在说理上似嫌不够深透。

可以看出，论证社会主义生产商品性的观点分歧，实质上反映了

---

① 恩格斯：《家庭、私有制和国家的起源》，见《马克思恩格斯选集》第4卷，人民出版社，1972年，第157页。

② 马克思：《黑格尔哲学批判》，见《马克思恩格斯全集》第1卷，人民出版社，1960年，第382页。

③ 恩格斯：《家庭、私有制和国家的起源》，见《马克思恩格斯选集》第4卷，人民出版社，1972年，第160页。

我们对什么是商品关系及其产生原因的认识不一致，反映了对马克思主义经典作家的商品理论还缺乏深入的研究。在阐明社会主义商品生产存在的依据时，我们必须从经典作家关于商品是特定的生产关系的原理出发，把经典作家关于商品经济关系是一定所有制关系体现的论述，应用于社会主义社会商品关系的分析。这样不仅能够从根本上揭示社会主义制度下商品关系存在的原因，更能有说服力地论证社会主义商品生产的客观性与历史必然性，而且，这样也就在商品存在的原因问题上，坚持了马克思主义理论的一贯性。

五、社会主义生产商品性存在的长期性[①]

社会主义生产所带有的商品性具有历史的过渡性质，它不可能是永恒的，但是它在社会主义经济的一定的发展阶段又是客观存在的，是不能任意加以废止的。社会主义生产的商品性是长期存在还是转瞬即逝，这是需要从理论上予以科学回答的另一重要问题。

对社会主义制度确立后商品关系的命运，马克思主义经典作家从成熟的、完全的社会主义公有制的本质出发，曾经提出了社会主义生产方式是与商品生产不相容的设想，他们预言社会主义生产方式一旦确立，商品关系就将被消灭。马克思在《哥达纲领批判》中，明确地将共产主义划分为低级和高级两个发展阶段，他认为社会主义社会不存在商品："在一个集体的、以共同占有生产资料为基础的社会里，生产者并不交换自己的产品；耗费在产品生产上的劳动，在这里也不

---

① 本节发表于《财经科学》1983年第3期。

表现为这些产品的**价值**。"①恩格斯也指出：在社会主义社会"一旦社会占有了生产资料，商品生产就将被消除"②。列宁也曾经说：资本主义的消灭和商品生产的消灭是结合在一起的过程③。经典作家是以具有高度生产力的成熟的社会主义为背景，在设想社会主义实现了完全的、彻底的社会公有制的前提下，来做出商品消亡的推论的。

列宁总结了苏维埃俄国社会主义革命与建设的经验，创造性地阐述了从资本主义到社会主义的过渡时期保持商品生产的理论。列宁提出了著名的新经济政策，论述了必须充分地利用商品关系和市场作用来建设社会主义，列宁晚年提出与阐述的新经济政策及其理论，包含着社会主义制度下还存在商品关系的思想。但是，列宁未曾具体地回答关于社会主义经济制度确立，"特殊的过渡时期"宣告结束后，商品关系是否还要长期存在下去的问题。而苏联在20年代以来，经济理论由于受到"左"的思潮的影响，流行着社会主义与商品生产不相容，社会主义的发展将表现为商品关系的日益缩小和削弱的社会主义自然经济论观点。斯大林晚年在《苏联社会主义经济问题》一书中，总结了苏联30年社会主义经济建设的经验和教训，特别是总结了人们对社会主义商品货币关系运用不够的教训，基于社会主义社会还存在社会主义公有制的两种形式这一经济条件，论述了商品生产还不能消亡，还要继续为社会主义建设服务。斯大林批判了苏联多年来经济学界中广泛流行的否认与贬低商品货币关系作用的社会主义产品经济论

---

① 马克思：《哥达纲领批判》，见《马克思恩格斯选集》第3卷，人民出版社，1972年，第10页。马克思这一论述与1857～1858年的《政治经济学批判大纲》的论述是一致的。

② 恩格斯：《反杜林论》，见《马克思恩格斯选集》第3卷，人民出版社，1972年，第323页。

③ 《苏维埃政权的当前任务》一文初稿，见《列宁全集》，俄文第2版，第36卷，1962年，第150～151页。

的思潮，在社会主义政治经济学中第一次较为完整地阐述了有关社会主义商品生产的理论，对马克思主义政治经济学做出了重要贡献。但是斯大林把生产资料排除在商品之外，实际上认为在全民所有制的生产资料生产这一领域内商品关系已趋于消亡；他甚至把集体所有制生产的农业原料也排除在商品之外，主张早日实现农产品从商品交换向产品交换的过渡。他对商品关系能够在长时期内为社会主义建设事业服务认识不足，实际上忽视了社会主义商品生产存在的历史长期性。而我国1958年在经济工作中出现了"左"倾错误的情况下，经济理论中更是出现了提倡立即消灭社会主义商品生产和货币交换的思潮。此后，林彪与"四人帮"更认为"商品经济必然产生资本主义"，并在"限制资产阶级法权"的口号下，大力推行削弱和消灭社会主义商品货币关系的破坏活动，给我国社会主义建设带来了灾难。

社会主义经济建设正反两方面的经验教训，向我们提出了这样的课题：不仅要深刻认识社会主义商品关系存在的必然性，而且要深刻认识社会主义商品关系存在的长期性，要看到社会主义生产带有商品性乃是社会主义社会发展中的一个"既不能跳过也不能用法令取消的自然的发展阶段"①的必然现象。

在社会主义制度下，生产资料公有制把生产的人身条件——劳动力——与某些基本物质条件排除于商品之外，使劳动者相互关系中非商品性联系日益发展，商品生产与交换不再是无所不包的。这就意味着生产资料公有制使商品关系在范围上受到限制，较之作为商品经济的最高形式的资本主义经济来说，社会主义无疑是标志着人类社会发展中商品经济时期的基本结束，开始进入了由商品生产向产品生产逐

① 《马克思恩格斯全集》第23卷，人民出版社，1972年，第11页。

步过渡的历史时期。

但是，如果说人类历史发展由产品经济时期转化为商品经济时期，经历了原始公社制瓦解以来的数以千年计的时间，从而这是一个漫长而艰难的历史进程；那么在社会主义社会，商品关系的消亡和最终转化为全面的产品经济关系，也同样是一个长期和艰巨的过程。因为，如上所述，社会主义生产的商品性是带有产品的企业局部占有性因素的社会主义所有制所决定的，是这一所有制的实现形态。在社会主义的物质技术基础尚未充分成熟，社会主义公有化进程尚未发展到使社会主义社会公有制的产品局部占有痕迹和因素归于消灭以前，社会主义生产的商品性就将继续存在。正如马克思主义所阐明的（也为社会主义建设实践所证明），社会主义公有化不可能通过一次运动一下子就实现，而是一个自然历史发展过程。人们往往要经过数十年乃至上百年的时期，才能彻底完成全社会范围内的公有化。希望很快地、一下子消灭社会主义公有制在产品分配关系中所带有的一切局部占有痕迹与残余，从而实现商品关系的消亡和向产品经济的转化，不过是一种空想。

还要看到，如同历史上商品经济的发展和在国民经济中占据统治地位和最终取代产品经济，是在经历许多曲折和反复而迂回地前进一样，社会主义生产的商品性的消亡同样要经过曲折的发展而不能直线地下降与立即"消亡"。特别是对于那些原先商品经济不发达的国家，在社会主义建设过程中，还必须经历一个社会主义商品关系多方面发展的兴盛时期，然后才能逐步地走向商品关系的衰退。只有在社会生产力发展到较高水平，社会主义公有制充分成熟后，各个领域中的社会主义商品关系才能水到渠成地转化为社会主义产品关系。可见，社会主义商品生产的存在，不是短时期的现象，而是具有历史的长期性。

社会主义商品生产存在的历史长期性决定于不成熟的社会主义所

有制存在的长期性。在社会主义制度下，作为社会主义公有制的低级形式的集体所有制在很长时期内还有生命力。苏联在实现集体化后40多年还远远说不上走上了集体所有制向全民所有制过渡的道路。特别是像我国这样的不发达社会主义国家的建设经验表明：城乡中大量公有化水平低的小集体向更大集体的过渡和由集体所有制向全民所有制的过渡，不可能轻易地在短短十几年或几十年内完成，而要经历远远超过原先人们设想的更长的历史时期。这种情况就决定了公有制的两种形式将长期存在，这是社会主义商品关系存在长期性的一个重要因素。特别是在社会主义制度下，体现产品企业局部占有痕迹与因素的不完全、不成熟的全社会公有制的存在具有长期性，我们可以设想即使在实现单一的全民所有制以后，社会主义全民所有制的产品局部占有痕迹与因素还难以很快消失，全民所有制内部的商品关系也将长期存在。此外，全民所有制企业与职工之间在让渡消费品中的商品货币关系不可能立即消灭，甚至还要长期存在下去。这些正是特殊的社会主义商品关系长期存在的重要原因。

在社会主义政治经济学理论中，几乎是一致认定在单一的全民所有制实现后，商品关系将灭亡。据此，许多同志认为发达的社会主义阶段就不存在商品货币关系。[①]对于是否要以商品关系的存在与否来作为划分社会主义的"发达"与"不发达"阶段的标志，这是一个需要继续探索的问题，本书不拟在此讨论。但需要提请注意的是：单一的全民所有制决定商品关系消亡的论点，是将商品关系的依据归于社会主义两种所有制的存在，特别是归于社会主义集体所有制的存在，而

---

① 我国不少政治经济学（社会主义部分）教科书均认为商品经济是区分发达的社会主义和不发达的社会主义的一个标志。

不是归于社会主义全民所有制的特点，即它的不成熟性。这种观点依然是社会主义商品生产存在的"外壳论"，它违反了事物性质决定于它内在本质的原理，从而是缺乏充分说服力的。

在社会主义发达阶段是否就能实现单一的全民所有制，这也是值得进一步探索的问题。我们认为社会主义所有制由低到高、由不成熟到成熟地发展，将表现为社会主义社会的所有制，由社会主义公有制与前社会主义所有制形式并存，转化为社会主义公有制的独占；由社会主义公有制的两种形式（及联合所有制形式）转化为单一的社会主义全民所有制形式或全社会公有制。但是，公有制的两种形式转化为社会主义全民所有制的单一形式，与不完全、不成熟的社会主义全民所有制转化为完全成熟的全社会公有制，是有联系但又有区别的。单一的社会主义全民所有制的实现，表明了生产资料公有化还处于较低阶段的集体所有制退出历史舞台，全社会所有这种公有制的更高形式成为社会唯一的经济基础，这意味着生产资料公有化达到更高阶段。但是应该说单一的全民所有制的实现，并不意味着不完全、不成熟的全民所有制转化为完全、成熟的全社会公有制。不完全的全民所有制的特征，是企业对产品的局部占有痕迹与局部经济利益的存在；而完全的全民所有制，则意味着企业对产品局部占有痕迹与残余的消失与企业局部经济利益融合在无差别的全民利益之中。要实现这一步，需要社会主义社会的物质技术基础与人们觉悟水平的更高发展，需要生产社会化与劳动力社会化的更高发展，需要体现有局部利益的企业联合劳动的消失并融合于全社会联合劳动之中。归根到底，它不是由人们主观意愿所决定，而是决定于社会生产力的发展水平。只要社会主义社会的物质生产力还未发展到更高水平，在社会消费财富还未达到极大丰富以至不再需要以任何产品局部占有因素来作为维系企业联合劳动的经济纽带以前，社会主义全民所有制就将依然保留着它的不完全的性质。在那时，由于单一的社会主义全民所有制企业间局部利益的差别和矛盾尚未消失，因而商品关系仍然将是企业间经济联系的必然形式，社会主义生产的商品性就还不会最终泯灭。

基于上述分析，我们完全可以有根据地说，社会主义商品关系将存在于一个很长的历史时期。它包括：（1）社会主义制度建立后，在公有制占统治地位下，多种所有制并存的发展阶段。（2）社会主义公有制的两种形式并存的发展阶段。（3）单一的不完全、不成熟的社会主义全民所有制的发展阶段。在这一历史时期中，社会主义商品关系是发展社会主义生产者之间的活动交换，增强社会经济联系，发展生产社会化的经济杠杆。商品关系将在这整个历史时期存在和发展，并卓有成效地为社会主义事业服务。只要经历了社会主义商品关系充分发展的全部进程，商品关系的消亡才会开始。我们可以设想，在那时，随着社会生产力的不断发展，全社会公有制将日益成熟，产品局部占有痕迹在消失中，企业特殊的、局部经济利益将日益融合于全社会利益之中，企业之间相互活动交换中的等价性要求将逐步被削弱，这就意味着实际开始由商品性生产向产品性生产的直接过渡。此后，社会主义社会生产力发展到更高水平，使企业不再具有任何局部利益共同体的痕迹与性质，全体社会成员都已经直接地联结于全社会公有制的纽带之上，这时，商品经济关系才将会水到渠成地过渡到产品经济关系，从而最终完成它在发展社会主义生产中的历史使命。这时，社会仍将处在社会主义发展阶段，不过，这一社会主义社会发展阶段的特征将是：产品交换和按劳分配。

归根到底，社会主义生产方式并不是商品关系的尽头，而是新型的商品生产发展的中继站与新的起点。社会主义社会在它的发展中还将经历一个存在商品关系的很长的历史时期，这是一切社会主义国家社会发展中的不可超越的阶段。特别对于像我国这样的原先生产力水平低、商品经济不发达的国家，在走上社会主义道路后，存在商品关系的历史时期还将分外地长。我们提出社会主义社会存在着实行商品生产和实行产品生产两个依次递进的历史时期，不是单纯的学究性的字义论争，而是有着现实意义的。认清社会主义制度下商品生产的长期存在，懂得它在发展社会主义生产社会化中的历史作用及其向产品生产过渡的历史必然性，具有重要的现实意义。懂得了社会主义社会发展的这一规律性，人们才能有清醒的头脑，才能在社会主义建设中避免超越经济阶段，急于去"限制"和"消灭"商品生产，或者企图人为地"缩短"商品生产的发展阶段而跳跃到产品生产的阶段；人们才能够按照社会发展的客观规律的要求，制定正确的政策和措施，毫不动摇地和自觉地去发展和利用社会主义商品关系来为社会主义建设服务；同时人们又不至于将商品关系当作超历史的永恒范畴，当作共产主义社会还要继续保持的永世长存的现象，陷入新的"商品拜物教"，从而迷失了前进的方向。

第二章

社会主义商品关系的特点

一、特殊的、崭新的商品关系

（一）社会主义商品关系的特点

社会主义社会的商品经济是特殊的、崭新的商品经济。尽管社会主义的商品经济仍然具有历史上一切商品经济的共同的特征，但是历史上任何一种商品经济，它总是与特定的生产方式相联系的，体现了某种特殊的所有制结构，从而具有由这种生产方式所规定的社会特征。在任何一种具体的商品经济形态下，商品经济的一般规律也将有其特殊的表现形式。马克思说："商品生产和商品流通是极不相同的生产方式都具有的现象，尽管它们在范围和作用方面各不相同。因此，只知道这些生产方式所共同的抽象的商品流通的范畴，还是根本不能了解这些生产方式的不同特征，也不能对这些生产方式做出判断。"[①]在认识社会主义社会的商品经济时，我们不仅应该看到它与历

---

① 《马克思恩格斯全集》第23卷，人民出版社，1972年，第133页注（73）。

史上的商品经济之间所具有的共性，而且也要认识它所具有的特性，这样才能抓住它的社会本质，才不会将社会主义的商品经济与资本主义商品经济混为一谈。

1. 社会主义商品经济是以生产资料社会主义公有制为基础

社会主义商品经济以生产资料公有制为基础，不存在人对人的剥削，体现的是劳动者之间的社会主义等量劳动互换的关系，这是社会主义商品生产区别于一切商品经济的本质特征。

商品生产与交换关系本身是一定的所有制关系的产物，又是这种所有制关系的表现。马克思说："交换的深度、广度和方式都是由生产的发展和结构决定的。"[①]因此，商品经济的性质、特点，均是取决于所有制的性质。从历史上看，除了原始氏族公社末期出现的萌芽性的商品是以公有制为基础的而外，截至社会主义社会诞生以前的商品经济，都是以生产资料私有制为基础的。在以私有制为基础的商品经济中，以个体所有制为基础的个体农民和手工业者的商品经济，是一种私有劳动主体之间平等的分工和协作的组织形式。此外，其他的以私有制为基础的商品经济形式，如古代的以奴隶主占有生产资料和生产者为基础的奴隶社会的商品经济，中古的商业资本家从事的商品经营，近代的以资本家私有制为基础的商品经济，均是以劳动者被剥夺了生产资料所有权，所有者压榨劳动者剩余劳动为特征的。特别是资本主义商品经济，体现了资本家对雇佣劳动者"最精巧"的剥削。而社会主义的商品经济，则是在生产资料社会主义公有制的基础上产生的，体现的是在社会分工中处在不同地位的社会主义联合劳动者相互

---

① 马克思：《〈政治经济学批判〉导言》，见《马克思恩格斯选集》第2卷，人民出版社，1972年，第102页。

之间的产品交换关系，即组织在企业中的联合劳动者之间的等量劳动互换关系。"四人帮"炮制的《社会主义政治经济学教科书》说社会主义的集体经济与国营经济具有"私人性"，从而社会主义商品与私有制的商品"一样"。这完全是蓄意歪曲社会主义在所有制上完成的深刻质变，从而抹杀了社会主义商品生产的最根本的特征。

在社会主义社会，社会劳动分工中全民所有制企业之间不再存在私有制条件下那种固有的利益对抗。生产资料全社会公有制把那些具有相对独立性的企业紧密地联系起来，每一个企业都是社会主义统一的经济结构的有机组成部分，它们在代表社会整体利益的国家的指导下，为生产社会产品这一共同目标而自觉地协调它们的活动，互相支持，彼此为满足对方的需要而生产。这就表明，社会主义全民所有制企业之间的劳动分工与协作，尽管还不是劳动联系的共产主义形式，但它具有新的性质，体现了社会主义的互助与合作的关系。全民所有制企业之间的互换劳动采取以等价为基础的商品交换的形式，并不改变企业间的互相支援、互相服务的性质。恰恰相反，商品交换正是实现企业间这种崭新的社会主义协作关系的有效的经济形式。因为在商品生产的形式下，企业之间的"互相交换活动"采取等价交换来进行。（1）使劳动者得到的劳动报酬与它们的联合劳动的成果相适应，就可以在消费品分配中更充分地贯彻按劳分配，避免企业之间在收益分配上的平均主义所带来的不问经营好坏、效果大小，统统实行劳动报酬一律的不合理现象。（2）这样就能使那些有更高劳动生产率，有更大经济效果，创造和实现了更大价值的企业通过自留利润而获得应有的物质鼓励，又使那些劳动生产率低、经济效果差、创造和实现产值少的企业受到适当的经济惩罚，避免企业之间"吃大锅饭"，从而有效地调动企业和广大职工的生产积极性。（3）等价交换这一经济机制可以自动促使各个条件不同的企业按照社会必要劳动来进行生产，促使企业进一步开展比、学、赶、帮、超，推动生产技术与经营管理落后的企业向先进看齐，促使它们在生产中的劳动耗费达到社会平均水准。这样也就能够避免在"吃大锅饭"条件下，先进落后一个样带来的某些企业工作疲沓、甘居落后、经营管理不善、技术进步缓慢的现象。总之，全民所有制企业间的互换劳动采取以等价为基础的商品交换形式，有利于实现与完善劳动者在个人消费品分配中的社会主义按劳分配关系，有利于实现与完善企业间在剩余产品分配中的物质利益关系，有利于促使企业在生产中共同进步，最有效地互相支援、互相服务。归根到底，有利于劳动者之间的社会主义关系的发展和完善。因此，在公有制条件下，社会主义企业之间的商品关系体现了根本上摆脱了剥削并已联合起来的劳动者之间的互相支援、互相服务的社会主义互助合作关系。这种社会主义的互助合作关系，正是社会主义商品关系独自具有的，是它与历史上的旧商品经济形态的本质差别之所在。

2. 以满足社会全体成员不断增长的物质与文化生活需要为目的

社会主义商品生产者摆脱了历史上的私有商品生产者占有劳动者剩余劳动的贪欲和狭隘的私人利益的动机，以最大限度地满足全体劳动者不断增长的物质与文化生活需要为根本目的，这是社会主义商品生产的根本特征，也是与历史上一切商品生产的根本差别之所在。

历史上的各种类型的商品经济形式各自体现了特殊的生产目的与动机，这一目的决定于特定的生产方式。在奴隶制生产方式中，工商奴隶主经营商品经济的目的是为了保证奴隶主更有效地攫取更多的、供他们寄生享受的消费财富。存在于各个社会形态的小商品经济的目的，是为了满足个体生产者自身及其家庭的消费需要。资本主义商品经济的目的，是为了榨取最大限度的利润。而社会主义的商品生产的根本目的，则是为了最大限度地满足全体社会成员不断增长的物质与文化生活需要。这一目的表明，社会主义商品生产业已彻底摆脱了历史上以私有制为基础的主要商品生产形式的剥削动机，又克服了小商品生产者私人利益的狭隘性。在这里，联合起来的社会主义生产者所从事的商品生产与经营不是为了剥削其他劳动者，不是单纯地为了小集体自身的狭隘利益，也不是某种无目的的为生产而生产，而是从属于全体劳动者的利益，为人民谋福利。这种崭新的生产目的是由社会主义生产方式本身所决定的，它集中体现了以生产资料公有制为基础的社会主义商品生产的本质特征，表明了社会主义商品生产是迄今历史上所未有过的崭新的商品生产形式。

既然社会主义生产仍然带有商品性，企业的生产成果就不只是表现在使用价值形态上，而且还要表现在产品价值上。企业生产与经营的直接目的，就不只是为了争取生产出最多的使用价值量，而且是要生产和实现尽可能多的价值增量，特别是要争取尽可能多的利润。利润是企业的批发价格与完全成本的差额，它是企业一定生产周期（年、月）所实现的货币形式的经济利益。一定的生产资金所实现的利润越多，赢利率越高（假定价格制度是完善的，即以价值为基础），这就意味着企业以最少的生产耗费取得更大的经济效果，提供了更多的用于满足社会需要的剩余产品。社会主义全民所有制企业的利润通过上缴，主要归全民支配。即使是企业自留利润也主要用于发展社会主义公有制的生产，小部分作为本企业职工的补充劳动报酬和增加职工的福利。可见，社会主义商品生产中的利润，总是在很大程度上直接地或间接地体现了满足劳动者的需要这一社会主义生产的根本目的，即使是微观上的企业部分的利润动机与直接目的，也是同宏观上的社会主义生产的根本目的一致的。社会主义利润在全民所有制企业划分为主要部分归社会直接分配的上缴利润和少部分归企业直接支配的自留利润，企业创造的新价值的这种分配关系表明，在社会主义经济中存在着企业利益与社会利益的一致。因此，为了更有效地实现宏观的社会主义生产的目的，必须保证企业在服从国家计划的直接调节下，有效地运用价值规律，通过创造尽可能多的社会使用价值来实现更大的企业利润。因为离开了各个企业的赢利，所谓总体的社会主义国民经济的赢利就是一句空话。但是，也必须看到，由于社会主义全民所有制企业还存在着一定的局部利益，企业在进行自主的商品生产与经营中，还可能单纯地从局部利益着眼，从而做出某些与社会整体利益相违反的经济决策，还可能在生产、交换与分配中脱离国家计划的指导而自行其是，因而社会主义联合的商品生产者的直接动机与社会生产的根本目的的不一致是会经常发生的。这种社会主义商品生产中不可避免的微观的企业生产的直接动机与宏观的社会生产目的的矛盾，要求国家对企业活动进行集中管理与有计划的调节，以保证企业的自主经营活动与国家计划的要求相一致，从而实现企业的生产目的与社会生产的根本目的相一致。

社会主义集体所有制经济决定了它在生产中更加从属于局部利益的考虑，集体经济的直接动机与社会生产根本目的矛盾将会更加经常发生、更加显著。但是，社会主义制度下的集体所有制经济是与全民所有制经济密切联系的，它受到全民所有制的多方面扶持与渗透。因而，社会主义集体所有制经济是一个新的范畴，它已不同于资本主义社会的合作经济。社会主义集体经济在生产目的上已经突破了资本主义经济所固有的狭隘的私人利益动机，只要坚持国家的计划管理与自觉运用价值规律的调节作用，人们同样能够有效地保证集体经济的直接生产动机与社会主义生产的根本目的相一致。

社会主义经济理论中曾经存在把社会主义企业的利润与资本主义企业的动机混为一谈的观点。这种观点认为企业在服从国家的计划指导下的任何争取更多的利润都是为了个人"赚钱""发财"，是贪得无厌的资本主义道德。国内外经济理论上的极左思潮，都曾经致力于宣扬这种观点，从而否认社会主义企业的任何争取赢利的努力的合理性。"四人帮"更是挥舞"利润挂帅"的大棒，将企业争取赢利说成是"价值追逐狂"，是修正主义的"利润挂帅"。在"四人帮"的极左理论影响下，人们甚至讳言"利润"而代之以"积累"。一些人将"利润"视为妖魔，恨不得将它从经济生活中驱逐出去。特别是他们把实现企业利润与社会主义生产目的对立起来，在为"革命"而生产的高调下，压制与取消企业一切的利润动机。列宁指出："利润也是满足'社会'需要的。应该说：在这种条件下，剩余产品不归私有者阶级，而归全体劳动者，而且只归他们。"①列宁在这里指出了利润的社会主义性质，企业争取赢利和满足社会需要的一致性。实践表明，只要社会主义商品生产存在，体现全面经济核算关系的利润范畴就是一个客观存在，并且不以人们意志为转移表现为企业的生产动机。尽管在现阶段的、以商品关系为基础的经营管理形式下，企业活动动机与社会主义生产的根本目的之间还存在差别和矛盾，但是人们完全可以通过各种经济手段以及必要的行政手段与法律手段，有效地对企业自留利润进行调节，使它保持在合理的界限内，使社会主义商品生产者经济活动的直接动机与社会主义生产的根本目的相一致。

---

① 列宁：《对布哈林〈过渡时期的经济〉一书的评论》，人民出版社，1976年，第40页。

3. 社会主义商品关系是社会主义国家管理与调节下的有计划的商品关系

历史上的商品经济，从来是一种自发的与盲目的经济。原始公社解体时期的萌芽性的商品生产的出现，它的内因在于氏族共同体某些生产活动中出现剩余产品，它的外因在于这些拥有剩余产品的氏族成员间的发生接触。由于社会生产力还处在很低水平，原始共同体经常还处在度日艰难之中，它所能提供的剩余产品很少，氏族之间的交往也很少，因而上述的两方面的因素的具备乃是一种偶然性，这就决定了产品转化为商品，是一种共同体自身所不能控制的自发的与盲目的进程。在以私有制为基础的商品形态下，尽管不同的商品生产者在社会分工体系中是互相依赖的，但生产资料私有制把它们分开，使它们各自进行独立的、分散的生产与经营。私有商品生产者的生产活动唯一从属于私有者的利益与意志，在私有制为基础的商品经济形态中，充满无数商品生产者的私人利益的冲突，生产的自发性与盲目性、宏观的生产无政府状态是这种商品经济的自始至终所固有的特征，以致商品生产者本身也受着这种商品经济的自发运动的摆布。恩格斯深刻地指出，以商品的交换来实现社会联系的私有生产者社会的特征是"生产者丧失了对他们自己的社会关系的支配权"[①]，指出在那里是"产品支配着生产者"[②]。社会生产的自发性与盲目性在资本主义商品生产中达到了最突出最尖锐的程度，从而使生产的比例失调与周期性的经济危机成为这种商品经济的必然伴侣。在当代，垄断资产阶级通过国家干预经济，采用各种对国民经济的"计划调节"方法以缓和日

---

① 恩格斯：《反杜林论》，见《马克思恩格斯选集》第3卷，人民出版社，1972年，第312页。
② 恩格斯：《反杜林论》，见《马克思恩格斯选集》第3卷，人民出版社，1972年，第312页。

益尖锐的资本主义基本矛盾。但是，资本主义私人资本的狭隘利益同国家对国民经济实行集中的调节的矛盾是不可克服的。因而，尽管在资本主义生产方式条件下，可以实行某些局部性的和暂时性的"计划调节"，但是却不可能实行全社会范围的计划调节，更不可能实现有计划的商品生产。在资本主义私有制下，无论代表垄断资本利益的国家采取怎样细致而详尽的计划及干预国民经济活动的措施，都不能改变资本主义商品生产固有的、自发的、盲目的本性。

全面的计划性，是社会主义商品关系的本质特征。因为，一方面，社会主义社会生产的高度社会化，社会生产分工与协作的高度发展，使企业彼此间依赖愈加紧密，这些分散于各地区、各部门的具有不同程度的相对独立性的商品生产者要有效地进行符合社会主义生产目的的生产，越来越需要彼此相互之间经济活动的协调一致；另一方面，社会主义全民所有制企业经济利益的一致，使它们的经济活动能够服从体现全社会利益的国家统一计划的指导与调节。恩格斯说：在社会主义制度下，"无产阶级使生产资料摆脱了它们迄今具有的资本属性，给它们的社会性以充分发展的自由。从此按照预定计划进行的社会生产就成为可能的了。"[①]正因为如此，社会主义商品生产，是社会自觉地调节下的有计划的商品生产，是没有资本主义商品经济中那种生产无政府与周期性经济危机的商品生产。这种商品生产的有计划性质，正是社会主义制度优越性的鲜明体现，是社会主义经济持续地、按比例地和高速度地发展的重要原因。

恩格斯曾经预料，在社会主义条件下，过去历史上商品经济中

---

① 恩格斯：《社会主义从空想到科学的发展》，见《马克思恩格斯选集》第3卷，人民出版社，1972年，第443页。

的那种产品对生产者的统治不再存在，"社会生产内部的无政府状态将为有计划的自觉的组织所代替。……人们周围的、至今统治着人们的生活条件，现在却受到人们的支配和控制，人们第一次成为自然界的自觉的和真正的主人，因为他们已经成为与自己的社会结合的主人了"①。固然马克思和恩格斯所论述的是有计划的社会主义产品经济，但是由于他们是从社会主义公有制的本质来阐述经济的有计划性的，因而，他们阐述的社会主义生产的有计划性质也完全适合于社会主义的商品关系。

社会主义有计划的商品生产不可能自发地实现。它只能在社会主义国家按照经济规律的要求，采取一系列措施，充分运用经济手段及必要的行政手段，对整个国民经济进行集中管理与有计划的调节来实现。社会主义企业是具有一定的自身经济利益、生产自主权和具有相对独立性的商品生产者。无论是全民所有制的企业或是集体所有制的企业，它们都有着发挥生产与经营的积极性、主动性与首创精神的充分场所，在这种情况下，客观存在着企业的自主活动与国民经济有计划发展之间的矛盾。特别是市场作用的存在，企业生产与交换活动在一定范围内适应价值规律作用的自动调整仍然是难以避免的。在某些领域中，企业的自主活动与市场作用下的企业活动的自动调整，要表现为经济活动中的一定的自发性。特别是在集体所有制经济和个体所有制经济在国民经济中有更大发展的条件下，经济活动的自发性将有更多的表现。看不见社会主义商品关系中包孕的自发性因素，否认和取消国家的计划管理，听任市场调节，将导致企业经济活动背离社会

---

① 恩格斯：《社会主义从空想到科学的发展》，见《马克思恩格斯选集》第3卷，人民出版社，1972年，第441页。

主义的轨道，同时会带来宏观经济的比例失调。为此，社会主义国家必须坚持对国民经济的集中管理与计划调节，切实地避免与有效地克服社会主义商品关系一定领域中的自发因素，并把它限制在合理的即不影响宏观的国民经济发展的计划性范围内。要把分散的、相对独立的企业的生产与经营活动纳入社会统一计划轨道，以保持宏观的社会主义国民经济有计划按比例的发展。正如列宁所说："经常的、自觉地保持的平衡，实际上就是计划性。"①

政治经济学理论中曾经长期流行着社会主义商品生产与计划经济互相排斥犹如水火不容的观点。这种观点，一方面认定资本主义商品经济是绝对地排斥即使是某种范围与程度内的计划性的；另一方面，又认定社会主义计划经济是绝对排斥商品生产和市场作用的。这种观点，认为坚持计划性就必须在各个方面限制与削弱商品货币关系，极力地缩小企业的自主权，把企业正常活动所必需的人、财、物、产、供、销的微观决策权都集中于中央和上级管理部门。"四人帮"更是大肆宣扬社会主义制度下利用商品关系就是"资本主义自由化"，就必然要引起资本主义的"自由倾向"与生产无政府状态，并最终导致资本主义复辟。这种"左"的思潮，把计划管理中对商品关系和市场作用的运用，不加分析地斥为"修正主义"，将更多地利用商品关系与市场机制的社会主义国家说成是资本主义国家。这些"左"的思潮与模糊观念的共同点，在于站在形而上学的立场，对社会主义经济作了绝对化的理解。事实上，社会主义经济在很大程度上是国家有意识地管理、控制（通过计划化）与调节下的商品生产、交换与分配。在坚持计划管理与一定范

---

① 《非批判的批判》，见《列宁全集》第3卷，人民出版社，1959年，第566页。

围内的市场调节结合起来的条件下，人们完全能够保证这种商品关系的计划性，避免经济活动的盲目性与无政府性。

我们也要看到社会主义经济的不成熟，同样地要表现为实行商品制度下计划性的某些不完全性，表现为在某些经济领域内一定的市场机制所带来的经济活动的自发性因素的存在。特别是在社会主义的初始阶段，集体所有制与个体所有制商品关系的存在，更加强化了这种商品关系中的自发性因素。可见，如像任何事物都是对立的统一一样，社会主义经济中的一定的自发性因素的存在也是难以避免的。绝对的计划性"从来是一种形而上学的空想"。限制在一定范围内的商品市场作用的存在，不仅不会削弱社会主义经济总体的计划性，恰恰相反，人们完全可以利用它来加强企业经营的灵活性和对社会需求的适应性，最大限度地调动生产单位的积极性，做到"统而不死，活而不乱"，保证社会主义经济更加生气勃勃、充满活力地向前发展。当然，随着社会主义经济的成熟，经济发展中的某些自发因素将日益为自觉性所取代，而在未来的社会主义产品经济中，将实现经济发展的更加完全的计划性。只要人们在分析问题时立足于社会主义的现实经济条件，而不是从某种主观的尽善尽美的理想出发，人们对于社会主义商品生产存在条件下计划性的某些不完全就不会感到奇怪。有了这样的认识，人们就可以避免在国民经济计划管理中采用那种追求绝对计划性的一切统死的方法，人们也就能更加自觉地去坚持正确的计划管理体制与方法，并有效地利用市场的作用，从而使社会主义商品生产的优越性得到最充分发挥。

（二）社会主义商品经济不会产生资本主义

在社会主义经济理论中，存在着把商品货币关系当作是资本主义的错误观点。这一观点曾经在许多社会主义国家广为流行，而且迄今它的影响尚未消除。

在我国，"四人帮"一伙曾大肆宣扬"商品生产是复辟资本主义的经济基础"。"四人帮"炮制的《社会主义政治经济学教科书》就鼓吹什么"商品经济毕竟是资本主义的旧土壤"，"社会主义商品社会交换，无论从它的形式和实质来看，都是产生资本主义和资产阶级的土壤，跟旧社会没有多大差别"。这种"无差别论"，说什么实行社会主义商品生产，企业在生产与经营中还要计算成本与利润，还要讲求赢利，就是与资本主义企业的利润追逐狂一样；如果企业在生产与交换中还要利用一定的市场作用，还要允许一定程度的竞争，那就更是与资本主义一模一样了。"四人帮"也正是由此来论证臭名远扬的社会主义生产关系包孕资本主义的"二因素论"。但是，这种理论，完全违反马克思主义关于商品经济的历史性的原理和经典作家关于社会主义商品关系性质的科学论断。众所周知，马克思主义阐明了商品关系并不是资本主义生产方式所特有的，而是存在于自原始公社解体以来的所有生产方式（包括社会主义生产方式）中，并具有不同的社会性质。斯大林说："不能把商品生产和资本主义生产混为一谈。"[1]我们也不能把前资本主义社会的小商品生产和资本主义的商品生产混为一谈。正如毛泽东所指出：我国现在的情况是，已经把生产资料的资本主义所有制变成了全民所有制，已经把资本家从商品生产和商品流通中排挤出去，现在商品生产和商品流通领域中占统治地位的是国家和人民公社，这同资本主义的商品生产和商品流通是有本质差别的。固然，社会主义商品生产关系中还存在成本、利润等杠杆，

---

① 斯大林：《苏联社会主义经济问题》，人民出版社，1961年，第10页。

还在一定范围与一定程度上存在市场作用与竞争，从而乍一看来，似乎存在着与资本主义商品经济"极为相似的事情"。但是，如同在事物发展变化过程中，新成长起来的内容，往往借助与依附于原有的旧形式而存在一样，只要懂得政治经济学ＡＢＣ的人，就会知道这种与资本主义商品经济具有某些共同性的经济形式业已体现了具有不同质的社会主义内容。将企业讲求赢利等同于资本主义，从而把社会主义商品关系混同于资本主义，是将事物的现象当成本质，看不见这些旧概念所反映的新内容。

"四人帮"的理论家们特别致力于宣扬社会主义商品生产是资本主义复辟的土壤与温床的理论，认为"只要它仍然存在商品流通，即Ｗ—Ｇ—Ｗ就会产生资本主义和资产阶级"。他们完全混同了能导致资本主义商品关系和特殊的社会主义商品关系的界限，不懂得并不是商品生产都要导向资本主义，不懂得商品货币关系转化为资本主义必须以具备充分的经济和社会条件为前提。

资本主义商品生产是剥削雇佣劳动的历史形式，它的实质是资本家对无产者所创造的、凝结在商品中的剩余价值的占有。资本主义商品经济生产的根本条件是生产资料的私人垄断，特别是劳动力作为商品而存在。正如斯大林所说："**只有**存在着生产资料的私有制，只有劳动力作为商品出现于市场而资本家能够购买并在生产过程中加以剥削，就是说，**只有**国内存在着资本家剥削雇佣工人的制度，商品生产才会引导到资本主义。"[①]在不具备上述条件时，商品货币关系并不能引导到资本主义。恩格斯深刻地阐述了货币转化为资本，"绝不是自

---

① 斯大林：《苏联社会主义经济问题》，人民出版社，1961年，第10～11页。

然史上的关系，也不是一切历史时期所共有的关系"①。在封建社会解体时期，正由于这些条件的存在，特别是由于劳动力作为商品而出现在市场上，因而从当时的小商品生产与交换中产生了近代资本主义。但是在缺乏这些条件的场合，在劳动力不能作为商品而自由售卖，在资本家还不能从市场上自由地购得劳动力并利用它来进行商品生产的场合，商品经济关系却只不过是不结实的花，它从来也不曾结出资本主义的果。如自原始公社开始解体以来的几千年历史中就已经有了商品交换，但是这种偶然出现的、萌芽性的商品交换，谈不上引向资本主义。在古希腊罗马奴隶制下，曾经出现过较为发达的商品关系，但它却不曾引导到资本主义。马克思指出，古代社会由于自由农民土地的被剥夺，存在劳动者与生产资料的分离，但"罗马的无产者并没有变成雇佣工人"。马克思还说："极为相似的事情，但在不同的历史环境中出现就引起了完全的不同的结果。"②在东方（例如中国）的封建制下，很早就出现过较为发达的中古城市商品经济与国内市场，由于农民被束缚于土地，劳动力不能成为商品，因此就没有引导到资本主义。在社会主义社会，生产资料私有制已经消灭了，劳动者已经是社会和生产的主人，并且共同占有生产资料和劳动产品，雇佣劳动也从此退出历史舞台。在这种完全不同的经济条件下，说什么社会主义的国营企业或集体企业从事的商品生产是产生资本主义的经济基础，完全是毫无根据的。

"四人帮"的理论家们还大肆宣扬商品生产要引起生产者的"两极分化"，从而"瓦解"公有制经济，如像近代资本主义发生期小商

① 恩格斯：《反杜林论》，见《马克思恩格斯选集》第3卷，人民出版社，1972年，第245页。
② 马克思：《给〈祖国纪事〉杂志编辑部的信》，见《马克思恩格斯全集》第19卷，人民出版社，1963年，第131页。

品生产的两极分化那样。他们的这种"理论"，是将小商品生产以及资本主义生产的经济规律强加于社会主义的商品生产之上。如上所述，社会主义的商品生产是以生产资料公有制为基础，各个企业（包括全民所有制企业和集体所有制企业）尽管由于局部占有因素关系的存在而具有各自的特殊利益，但是它们又被公有制这一强大纽带联结起来，并具有共同利益。特别是全民所有制的社会公共占有关系，决定了企业利益的基本一致，从而使它们之间处在平等的地位。企业在社会分工中所处的地位有不同，它们彼此的生产技术条件、经营管理水平不一样，从而经营效果有大有小，盈利有多有少，并要由此引起职工劳动报酬上的某些差别。但是，社会主义全民所有制企业对产品的局部占有毕竟只是一种痕迹与因素，从而企业的局部利益的差别被限制在社会主义生产关系所容许的范围内，而不能听任局部利益任意膨胀，以致超过界限损害社会整体利益。生产资料的全社会公有制决定了企业间的相互关系是在生产中互相促进，共同发展，在分配中利益平等的分享。在这里根本不存在资本主义企业间那种相互排挤、利害冲突与弱肉强食。社会主义商品关系体系中，尽管在一定范围内还存在着具有某些自发性和市场机制，但是这种市场机制受到生产资料公有制的限制并且直接受到社会主义国家的管理、控制与调节，它不像资本主义市场机制那样表现为人们难以驾驭的盲目的自发的力量。社会主义全民所有制企业之间还存在一定的竞争现象，但是这种竞争在范围与程度上是有限制的，它是作为促进企业改善经营管理的经济杠杆而被自觉地利用，不像资本主义竞争那样要引起层出不穷的企业破产和给劳动者带来灾难。即使在社会主义竞争中出现被淘汰的企业，也由国家有组织地进行转产。可见，社会主义商品关系的机制要不断地在各个企业间产生出盈利与亏损以及盈利大小，从而使企业产生局部利益的差别，但是这种经济差别，一般说来只是体现了全民所有制企业先进和落后的差别，而且这种差别又进一步起着推动落后企业赶先进，从而达到共同发展的作用。将社会主义公有制经济在企业局部经济利益上的合理差别说成是私有商品生产者的贫富差别与"两极分化"，完全是无稽之谈。

"四人帮"的理论家们振振有词地谈论商品生产注定要引起集体所有制经济"两极分化"和复辟资本主义。这种把商品生产与集体所有制的巩固和发展对立起来的观点同样是十分荒谬的。社会主义集体所有制经济是较为完整的利益共同体，具有更完全的经营独立性和自主权。集体所有制经济的性质，使它较之全民所有制经济在更大程度上受到价值规律的调节，因而它在生产上还存在较多的自发性因素。但是只要国家加强对国民经济的管理，特别是在计划管理中更自觉地与正确地运用价值规律，集体经济就完全能被有效地纳入国民经济有计划、按比例发展的轨道。集体所有制企业之间以及集体单位与国营单位之间还存在着一定的竞争，而且竞争性较之全民所有制经济更强。但是这种竞争毕竟是有限制的，它被调节与控制在适合于各个集体单位共同发展的限度内，而不允许进行你死我活的竞争和尔虞我诈的互相排挤。农村集体所有制的各个生产单位存在生产技术条件、经营管理条件，特别是自然条件的差别，在实行商品制度下，那些拥有较优良的土地与交通条件的集体单位会由此得到级差收入，因而集体经济组织之间的经济差别是不可避免的。但是，在社会主义制度下，国家能够采取必要的措施，把一部分级差收益收归国家，从而使集体单位之间的经济差别限制在合理的限界内，从而使它只是体现集体性联合劳动者在走向共同富裕道路上的差别，它与私有制经济中农村贫富的两极分化具有根本不同的性质。正如恩格斯在论述实现社会主义时期的联合时说的："……事情必须这样来处理，使社会（即首先是国家）保持对生产资料的所有权，这样合作社的特殊利益就不可能压过全社会的整个利益。"①总之，在社会主义商品关系体系中的集体所有制企业，不是孤立存在和彼此对立与相互排挤地发展。在全民所有制经济的扶持和在国家的集中管理与计划调节下，完全能保证集体单位与全民所有制单位之间以及集体单位之间经济活动的协调一致，促使这些社会主义联合生产者在生产上互相促进。可见，在实行商品制度的条件下，集体经济中同样不存在属于资本主义经济中的"两极分化"的状况，根本说不上由此复辟资本主义。

宣扬商品生产必然复辟资本主义的极左派理论家，不顾时间、地点、条件的变化，引述列宁针对俄国十月革命后资本主义向社会主义过渡这一特殊历史条件下的个体经济而提出的关于小商品生产每日每时地产生资本主义的命题，用以论证社会主义制度确立之后的个体所有制经济的资本主义"本性"，并把它说成是与社会主义经济水火不相容。这种脱离具体的历史条件来摘引经典作家论述的方法，本身就不是马克思主义的。众所周知，社会主义改造的胜利与社会主义经济制度的确立，使社会经济生活发生了翻天覆地的变化，社会主义公有制经济占据统治地位，全体劳动者成为社会和生产的主人。在社会主义制度下的个体所有制经济，如农村社员的自留地生产、家庭副业是集体所有制经济的补充，不是完整的、独立的小商品经济。城市的个体经济也将越来越依附于或联结于社会主义公有制经济，这种个体经济活动也由此越来越受到社会主义经济的调节和限制。因而，尽管个

---

① 恩格斯：《致奥·倍倍尔的信（1886年1月20日～23日）》，见《马克思恩格斯全集》第36卷，人民出版社，1974年，第416～417页。

体经济在一定场合还要表现出某种自发的和资本主义的倾向，但是在国家的管理与调节下，人们完全能够避免它的消极作用而充分发挥它的积极作用，以达到使其卓有成效地为社会主义服务的目的。显然，这种社会主义公有制体系所包孕和处于附属地位的个体所有制的商品生产，已经不再属于每日每时地产生资本主义的范畴，不再是资本主义的温床，而是社会主义经济的助手和补充。

划清社会主义商品生产与资本主义商品生产之间的原则界线，弄清楚发展社会主义商品关系对于社会主义经济建设的积极作用，无疑是当前理论战线上的重要任务。这对于肃清社会主义制度下商品生产理论上的"左"的流毒，有着重要的意义。但是，在论述社会主义商品存在的历史必然性与合理性时，要有科学的态度，要坚持一分为二的思想方法。在看到社会主义商品关系积极作用的同时，还要看到它有一定的消极影响，而不能将商品关系当作是十全十美的。

首先，作为社会主义商品关系的本质特征的等价交换，它体现等量劳动相交换的社会主义关系。在这里，进行交换的双方都是联合的社会主义劳动者，他们在交换中换得的劳动量等于他付出的劳动量，他不占有他人的劳动，因而等量劳动相交换的原则已经是一个社会主义的原则。但是，社会主义的商品市场作用中，仍然存在"等价物的交换只存在于平均数中"[①]的那种情况，在价格与价值不相一致的场合，某些联合生产者（企业）通过商品交换而领回更多的劳动量，从而享有某些特殊的经济利益的情形是会经常发生的。可见，社会主义商品关系中，等量劳动相交换还不可能在每一个场合得到实现，在领

---

① 马克思：《哥达纲领批判》，见《马克思恩格斯选集》第3卷，人民出版社，1972年，第11页。

取收入中，不同的企业还不可能任何时候都处在完全平等的地位，在把劳动者的报酬与企业劳动成果相联系的体制下，不同企业职工的同样劳动，在报酬上就会有高低的差别。在市场发挥更大作用的情况下，不同企业间职工劳动报酬的更大差距也会出现。这种情况表明，在实行社会主义商品制度的条件下，按劳分配表现得还不完全，从而使个人消费品在按劳分配中所体现的资产阶级的权利还会进一步强化。如果人们不采取必要的调节措施，听任企业间劳动报酬差别的扩大，就会产生消极的作用。从这里，也就表明了社会主义商品关系本身还体现了某些旧商品关系的痕迹与烙印，表明了社会主义商品关系还是初生期的不成熟与不完全的社会主义生产关系。

社会主义商品关系中存在的某些消极的因素，还表现在商品生产者的相对独立经营与市场作用，总是会带来某些微观经济活动的自发性。这种生产、交换与分配中的自发性与市场作用的程度往往是成正比的。固然，社会主义制度下，人们根据客观经济规律的要求，通过国家完善的、全面的计划调节措施，能够有效地保证社会主义国民经济有计划、按比例地发展，但是也要看到，在社会主义商品生产的运转中，某些领域与环节的一定的自发性总是难以避免的，并成为社会主义计划经济制度的制约因素。这一方面，在后面第四章将进一步加以论述。

社会主义商品关系中的消极因素还表现在初级阶段的社会主义社会的商品经济结构（社会主义社会商品关系的总和）中还包括某些非社会主义的、前社会主义时期的商品经济因素。如像任何初生期的新事物中都不可避免地孕有旧的残余一样，初生期的社会主义，无论是在上层建筑领域或是在经济结构中都不可能是纯而又纯，在商品生产活动的某些领域中出现一些资产阶级自发势力的活动是难以避免的。对这一点，一方面人们必须要有清醒的头脑，但另一方面也无须大惊小怪。基于社会主义商品关系的上述性质，人们就既要看见实行社会主义商品制度的积极作用，又要看见它存在的某些消极因素。在发展社会主义商品关系中，人们既不能只强调发展而忽视管理，同时又不能在出现某些消极因素时因噎废食，采取削弱和禁锢社会主义社会商品货币关系的措施。正确的态度与做法是：在大力发展社会主义商品生产中不断地发展和完善社会主义商品关系的同时，要加强国家对国民经济和市场的管理，尽可能地堵塞商品生产和交换关系中的缝隙和漏洞，而不必担心商品关系中会包孕着一个资本主义的魔怪和隐藏着"资本主义复辟"的危险。

二、过渡性的商品关系

如前所述，人类社会经济的发展如果以劳动生产物是否具有商品性来划分，它表现为从产品经济时期，经过商品经济时期，发展到更高的产品经济时期。在原始公社制解体以来，开始了商品生产和交换从原始的产品经济中逐步萌芽和艰难发展的时期；经历了中世纪商品关系与自然经济的此长彼消、迂回曲折发展的时期；此后在现代资本主义生产方式下，经历了商品经济高度发达、登峰造极的时期；然后又在社会主义生产方式下，商品关系在发展中逐步地走向消亡和向社会主义和共产主义的高级的产品经济形态过渡。

商品经济的萌芽、发展、走向全盛和逐步消亡的过程，有下列三方面的表现：

第一，它是商品生产取代产品生产，不断扩大它的范围，达到商品生产无所不包的全盛时期，然后走向由产品逐步排挤商品，并最终取代商品，实现无所不包的产品生产的过程。

第二，它表现为劳动生产物所带有的价值性的逐步发展，表现得日益完全和充分，以及此后的逐步褪色并终于泯灭的过程。马克思说："商品形式的发展是同价值形式的发展相一致的。"[1]与最初偶然的、范围狭小的不发达的交换相适应的，是简单的社会必要劳动范畴，它表现为在市场上出现不多的交换者的具体劳动的比较，它是不发达的具体劳动大体的抽象化与均一化，而且主要是体力劳动范围内的抽象化。而后来经常的、大范围的、发达的交换，则产生和发展了社会必要劳动范畴，它表现为市场上众多的交换者具体劳动的比较，它是发达的、多样具体劳动更充分的抽象化与均一化，它不仅是体力劳动范围的抽象化，而且包括脑力劳动的抽象化，它把创造出成千上万、五光十色的商品世界的众多商品生产者的劳动换算、还原为抽象的、无差别的、一般人类劳动，从而形成最发达、最完全的社会必要劳动范畴。这就是马克思所说的："在社会平均的劳动熟练程度和劳动强度下制造某种使用价值所需要的劳动时间。"[2]随着商品关系的消亡和向产品经济过渡，等价交换的衰亡，劳动生产物所体现的价值性将日益褪色和逐步泯灭。

第三，它表现在价值规律的作用的初步显示、充分发挥和此后逐步地失去其活力并最终地退出历史舞台。在不发达的交换过程中，调节生产的是某种大致的社会必要劳动量，而且价值规律的调节作用，仅限于人们交换活动的有限领域，即市场交换领域。在发达的商品经济中，调节生产的是社会平均必要劳动量，而且价值规律的调节范围

---

[1] 《马克思恩格斯全集》第23卷，人民出版社，1972年，第76页。

[2] 《马克思恩格斯全集》第23卷，人民出版社，1972年，第52页。

与程度也进一步扩大；它不仅决定人们的市场行为，而且是直接地决定人们的生产行为；它不仅调节流通，而且调节生产，成为商品经济中生产、交换、分配、消费等一切经济活动的万能的、最高的调节者。随着商品经济向产品经济的过渡，价值规律调节的范围与程度将逐步地缩小，并最终为摆脱了等价原则的产品直接生产与直接分配所代替。

在社会主义社会，由于生产资料公有制的确立，它使在分工中处于不同地位、在社会生产中彼此密切依赖的各个企业之间不再存在利益的根本对立与冲突，特别是社会主义全民所有制内部的各个企业，存在着利益的根本一致。尽管社会主义公有制还不曾发展到摆脱产品的企业局部占有的痕迹与因素的成熟程度，但是公有制利益一致的本性，毕竟表明在人类社会所有制发展过程中，开始了商品经济消亡和向产品经济逐步过渡的新时期。

在社会主义社会的一定发展阶段，作为由商品经济到产品经济的过渡时期，它首先表现在商品关系的范围受到限制上。众所周知，资本主义生产方式使商品生产与交换成为无所不包的、人们交换活动的唯一经济形式。资本主义生产方式不仅使一切物质生产成为商品生产，而且把人们的一切社会政治活动与含情脉脉的婚姻爱情关系纳入商品关系之中，把科学思想、艺术创造、宗教礼赞等都变成了金钱关系。而社会主义社会却不是商品的自由王国，公有制确立了劳动人民当家作主的主人翁地位，从而把劳动力排除于商品交换的范围之外。此外，土地、自然森林、矿藏、河流、国营经济的重要固定基金，是属于全社会公共财产，而不是自由买卖的对象。同时，社会主义社会，还使人们间的一部分劳动联系，如义务劳动、义务服务、义务教育、义务医疗、义务演出等，摆脱了有偿的等价商品交换形式，而显示出它的无偿的互助协作性质。可见，公有制对商品关系起着重大制约作用，使它保持在必要的范围内，而不可能在社会生活的一切领域自由泛滥，因而，商品生产就不再是无所不在和无所不包的，商品关系也不是社会主义生产关系的唯一的构成要素。其次，商品的不完全的性质，是过渡性的社会主义商品关系的表现。社会主义商品，严格说来是处在由商品向产品逐步转化的历史阶段的、具有过渡性质的商品。如像任何过渡性的事物是既包含着原本的旧质又包含着新质因素一样，在社会主义制度下，具有过渡性的商品表现为企业生产物在具有固有的商品性质的同时，又具有某些产品性质，从而与私有制经济中表现为最完全形态的商品有所不同。

社会主义的商品，视其价值性的完全程度不同，而存在着在完整性程度上有所不同的一系列阶梯。

全民所有制内部流转的商品，是社会主义商品的主体。由于这种产品带有某些产品局部占有的痕迹与因素，从而是在具有局部利益的矛盾的全民所有制企业之间进行，因而这种交换关系赋予劳动产品以价值对象性，并决定这种交换要以等价为基础，由此也决定这种生产活动要受到社会必要劳动量的规制，即在一定程度上从属于价值规律的调节。这种情况表明这一领域流转的产品具有商品的性质。但是，社会主义全民所有制内部的商品生产与交换关系，已经具有不同于私有制商品经济中的某些新的特征。因为，生产资料全社会公有制的纽带把各个企业联系在一起，使它们具有共同的利益。这种利益的共同性，使企业的经济活动主要地从属于社会有计划的调节，并由此赋予组织在企业中的劳动以不同程度的直接社会性，它与商品经济中必须通过市场交换才能表现其社会性的私人劳动毕竟存在重大差别。这样，全民所有制企业的这种带有直接社会性的生产物就带有一定的产品性质。尽管全民所有制企业间的劳动产品交换还要采取商品等价交换形式，但是这种等价性已经不是私有制商品经济中商品生产者追逐私人最大利益的结果，而只不过按照社会主义原则对相对独立的公有制单位的利益差别的适当调节。正是如此，价值规律已经不是调节企业的经济活动的最高主宰，在这里，由体现社会共同利益的社会需要来直接调节的产品生产与产品分配关系的因素已经萌芽，这也意味着商品经济中所固有的价值规律的调节作用，受到一定程度的削弱。

国内外社会主义政治经济学理论界存在的全民所有制内部交换的"生产资料"的商品"外壳"论，否认社会主义公有制经济内部交换的生产物的商品性质，而认为它只是具有商品之形，而缺乏商品之实，从而在本质上是产品。这种生产资料商品"有形无实"论，将现阶段社会主义商品中包孕的萌芽性的产品因素人为地加以夸大，说成是事物的本质。这种观点是片面的，绝对化的。但是，如果我们从理论上来分析全民所有制内部交换的劳动产品的商品性质时，完全否认它所包孕的某些产品因素，就会忽视社会主义公有制内部的交换所固有的崭新特征，就会由一种片面性走向另一种片面性。

全民所有制和集体所有制之间流转的商品，是社会主义商品的另一主要内容。这一领域内的商品，较之全民所有制内部流转的商品，具有更为完整的商品性。因为，这种交换不仅体现了社会整体利益与部分劳动者局部利益的矛盾，而且还体现了具有产品局部占有因素的国营企业与作为完整的所有者集体企业的矛盾。在这种交换中相对立的当事人双方之间不仅存在"大公有制"与"小公有制"之间的界限，而且也还存在平等的独立的经营者之间的"你我"界限。因而，这种交换如果不采用以等价为基础的商品交换形式，不仅是集体所有制企业一方所不能接受的，而且也是全民所有制企业一方所难以实行的。这种情况决定了这种交换双方的更加鲜明的独立的商品生产者地位和用以交换的产品更加完全的商品性质。而价值规律对这一交换领域以及在这些商品的生产领域，较之全民所有制内部的交换与生产领域将表现出更为充分的调节作用。但是另一方面也要看到，由于全民所有制企业所体现的社会整体利益，毕竟还包孕有某些集体利益（它表现在国家对农村各项生产建设事业以及对农业集体单位的各种形式的支援中），这种全民所有制企业与集体所有制企业的利益一致，决定了它们之间活动交换的商品性的某些退减与一定的产品性因素的存在。

集体所有制企业之间流转的商品，是社会主义商品的另一主要方面。这一领域内的商品，较之全民所有制与集体所有制之间交换的商品，具有更为完整的商品性质。因为集体所有制是部分劳动人民的独立的利益共同体，它们各自实行独立核算、自负盈亏。集体企业的更完全的独立经营的性质，决定了它们是独立的商品生产者，并且要在等价的商品交换的基础上来互换产品。由于小集体利益的局限性使它们在交换活动中往往要表现出更多的局部利益的狭窄动机与鲜明的你我之间的界限。因而，这就决定了价值规律对于这一交换领域和生产领域，较之两种所有制之间的商品生产和交换领域，具有更充分的调节作用。

个体所有制单位生产的商品，是社会主义社会商品世界起补充作用的部分。由于这种生产与交换在不同程度上还带有小私有者的商品生产与交换残余的性质，从而这种商品基本上是完整的商品。由于个体生产者完全的独立经营、自负盈亏的性质，产品的市场交换条件与生产者物质利益息息相关，因而他们在出售产品时首先要考虑价格的高低，计较它的利害得失。显然，在这一真正的、完整的商品生产与交换领域，价值规律是以主要调节者的身份而起作用。

根据以上论述，我们看见，社会主义社会的商品，尽管都是商品，从表面上看，都是组成统一的商品世界的细胞，都具有使用价值与价值二重性，并从属于价值规律的作用。但是由于它们所体现的所有制性质与状况的不同，因而社会主义社会商品总体，却仍然存在着商品完整性程度有所不同的一系列的层次与阶梯。全民所有制内部交换的商品属于最低的层次，它一方面具有商品性质——价值对象性，但又具有某些产品性质，体现了过渡性商品的特点。两种公有制间交换的商品、集体所有制间交换的商品属于中间层次。最高层次则是个体所有制与外部交换的商品，这种商品显示出更多的旧商品经济中那种完整的商品特性。社会主义社会商品总体的这种多层次性与复杂结构，正是社会主义公有制具有成熟程度不同的多种层次所决定的，是社会主义社会所有制多样性与复合结构的表现。

社会主义社会的商品总体从低到高的诸层次，也是产品价值性的完全程度由低到高的诸层次，也是价值规律调节作用程度与范围由小到大的诸层次。这种情况表明，社会主义商品的完整程度是与商品价值的完全程度以及价值规律作用程度成正比的，是与社会主义公有化程度成反比的。我们可以看出：社会主义社会过渡性的商品关系的发展过程，将是以经济利益的矛盾为基础的商品价值性及市场作用逐步消亡的过程；同时，也将是以全社会利益一致为基础的产品直接计划机制的扩大和实现全面计划调节的过程。这一发展的顶点，将是作为交换价值的社会必要劳动制约生产与交换活动的世界历史的终结；而另一方面，作为核算范畴的社会必要劳动范畴将在社会经济各个领域获得更加充分的作用场所。应该说，这种由商品价值范畴向核算劳动范畴的转变，在社会主义全民所有制领域已经悄悄地开始。

可见，根据互相交换劳动产品的所有制性质，来分析社会主义商品的多层次性，绝不是空洞的理论游戏。这种分析，使我们得以看见社会主义公有制在商品关系上所带来的深刻变化，使我们能够认识由于社会生产力发展不平衡而引起的商品关系发展变化的不平衡，使我们得以窥见社会主义商品通过价值性的逐步衰退而向未来社会主义产品转化的远景。

在对社会主义社会的劳动产品的性质，特别是对全民所有制内部劳动产品性质的理论分析中存在两种观点：一种是否认它的商品性质，把它当成是产品；另一种则是否认它的产品性，把它当成是纯商品。而社会主义产品经济论更是长期流行和占支配地位的观点，这种理论以马克思、恩格斯关于社会主义社会不存在商品关系的论述为根据，似乎是有理有据，难以辩驳的。

的确，马克思主义经典作家曾经指出，在全部生产资料转归社会公有以后，商品交换将为产品直接分配所取代，商品将转化为产品而价值也将消亡。但这一论述是立足于生产资料的成熟的全社会公有制之上的。这一成熟的、完全的生产资料公有制，排除了企业特殊的、局部的利益，从而企业之间产品将由社会进行直接分配，而不需要进行以等价为基础的商品交换。同时，在这成熟的、完全的社会公有制之下，组织在这些企业中的联合劳动一开始将成为直接的社会劳动，而不需要采取"价值"这种迂回形式来表现它的社会性。马克思说："在一个集体的、以共同占有生产资料为基础的社会里，生产者并不交换自己的产品；耗费在产品生产上的劳动，在这里也不表现为这些产品的**价值**，不表现为它们所具有的某种物的属性，因为这时和资本主义社会相反，个人的劳动不再经过迂回曲折的道路，而是直接地作为总劳动的构成部分存在着。"①

恩格斯也说：在公有制条件下，"直接的社会生产以及直接的分配排除一切商品交换，因而也排除产品向商品的转化（至少在公社内部）和随之而来的产品向价值的转化。"②但是，这种生产资料公有化的高级形式不可能随着生产资料所有制领域社会主义改造的胜利而立即实现，这是世界社会主义国家的实践经验业已证明了的。特别是对于那些原先经济落后的国家，实现成熟的社会主义公有制要经历一个更加漫长的过程，在这过程完结以前，社会主义全民所有制还将继续保持它的不成熟的特征。在这种情况下，社会经济舞台上商品将不会立即消亡，产品将不会立即登场。事实表明，经典作家关于社会主义社会确立后商品消亡并为产品所代替的论点只不过是一种未曾实现的预言。可见，在论述现阶段全民所有制内部交换的产品性质时，我们应该从社会主义国家的现实经济条件出发进行新的分析，而不应该固守着经典作家在19世纪提出的社会主义生产物是产品的命题。但是，经典作家关于区分商品与产品的理论，以及将生产资料社会公有制与生产物的产品性质联系起来的分析方法，却具有重要的理论意义。根据这一研究方法，结合当前社会主义国家的具体条件，我们完全有理由得出这样的论断：全民所有制企业间交换的商品是过渡性的商品，它既保留着商品性质，又带有某些产品因素。商品转化为产品，必须经历一个商品中产品因素的逐步积累，与商品因素的逐步衰亡的量变到质变的发展过程。这一过程是社会主义全民所有制不断完善和不断

---

① 马克思：《哥达纲领批判》，见《马克思恩格斯选集》第3卷，人民出版社，1972年，第10页。

② 恩格斯：《反杜林论》，见《马克思恩格斯选集》第3卷，人民出版社，1972年，第347~348页。

成熟的过程，是企业的特殊局部利益逐步消失与融合于全社会利益中的过程。在社会主义的初期阶段，特别是在社会主义的不发达阶段，全民所有制企业的不成熟性更为鲜明，产品的商品性就更显著。只有随着社会生产力水平的提高，全民所有制发展成为更成熟的形式，商品性因素才开始衰亡，产品性因素才会有所增长。而在社会主义社会生产力达到高度发展，物质产品大大丰富，人们的觉悟大大提高，企业特殊的局部利益最终消亡，并且完全融合于全社会利益中时，就将实现由商品向产品的过渡，交换价值才最终退出历史舞台。这一过程不可能是很短暂的，而是包括社会主义社会的很长历史时期。可见，商品向产品的转化有其不以人们意志为转移的客观规律。在当前，我国还处在社会主义社会发展的初始阶段，人们更不能为所欲为地用产品生产去取代商品生产，也不能任意抹杀现阶段全民所有制企业间交换的生产物的商品性质和将社会主义公有制发展的高级阶段生产物的完整的产品性质强加于社会主义现阶段的生产品之上，从而混淆商品与产品的区别。那种否认生产资料的商品性的理论，正是忽视了社会主义发展现阶段所有制的不成熟性，从而无视社会主义现阶段劳动生产物所具有的价值本性。

值得一提的是，关于生产资料价值范畴只是核算工具的理论，也是无视现阶段社会主义生产的商品本性。价值只是核算工具这一理论，否认全民所有制内部客观存在交换价值的范畴，这种论点从生产资料已经是产品出发，认为企业间交换产品已经不存在等价交换的必然性。显然这种核算价值论，没有从全民所有制企业还是具有某些特殊局部利益的相对独立的经营单位这一客观事实出发，没有看见价值范畴绝不只是起生产劳动耗费的核算作用，而首先是作为交换价值，它制约着企业间的产品交换，并调节交换当事人之间的利益关系。这种核算价值论认为交换价值不存在了，价值只不过是作为比较劳动耗费与经济效果的核算范畴，实质上是认为作为产品经济中制约生产与分配的直接劳动时间的范畴业已取代了商品价值范畴。这种理论实质上取消了过渡性的社会主义商品关系的历史发展阶段，混同了全民所有制内部的萌芽性的核算价值范畴与作为主体的现实交换价值范畴。这是一方面。但是，另一方面，我们在肯定社会主义生产的商品性时，如果看不见它们所带有的某些产品性因素，完全否认社会主义商品带有某些产品性质的萌芽，这也是一种理论上的片面性。这种要么是完全的商品，要么是完全的产品的绝对论断，不符合辩证法的分析方法。这种观点否认社会主义公有制经济中商品的过渡性，将社会主义生产的商品性绝对化，从而割断了商品与产品之间的内在联系。按照这种观点，也就根本否认了社会主义生产方式将实现由商品生产向产品生产的过渡，从而会导致商品经济永世长存的错误结论，并且会模糊共产党人为实现消灭一切商品货币关系的最美好的共产主义制度而奋斗的伟大理想。

第三章

社会主义商品经济发展的形式与途径

一、社会主义商品关系与生产社会化

社会主义国民经济的发展，是沿着自给自足的方向还是沿着交换化的方向发展？这是社会主义政治经济学中的重要理论问题，也是关系到社会主义经济建设是否能够顺利地向前发展的重大实践问题。特别是对于像我国这样原来经济落后，城乡商品经济很不发达，国民经济很大程度上带有自给自足性质的半殖民地半封建国家，在走上社会主义道路后，在理论与实践上正确地解决与处理这一问题，更有着重要的意义。

发达的社会主义经济是以生产社会化的高度发展为物质前提的。现代的生产社会化表现在：一是生产资料社会化，即作为生产单位的企业拥有大规模的先进物质技术手段，实行技术密集和资金密集。二是劳动过程的社会化。它在微观上表现为企业劳动力的积聚，即拥有较大数量的劳动者与企业内部分工的发展，它在宏观上表现为社会劳动的专业化，即企业之间劳动分工的发展与生产协作化。三是产品的社会化。它表现在企业生产的产品用于满足自身需要的比例的减低与用于满足其他企业与社会需要的比重增大。这种生产社会化的进程，是资本主义社会物质生产力发展的必然结果。

社会主义经济不是由一个个内部生产门类俱全、万事不求人，排除了外部交换的自给自足的单位所组成的联合体，而是由生产高度专业化的彼此依赖日益密切的、众多的企业所组成的有机体。就生产社会化的发达，与各个单位、地区、部门经济活动结合的紧密程度来说，它是比过去历史上一切社会经济组织更为复杂、更为高级的社会生产机体。[①]作为社会基本生产单位的企业，彼此之间的密切联系与相互依存，决定了它们各自的生产活动不能孤立地进行，而必须以彼此之间发达的活动交换为前提。而在社会主义社会的一定发展阶段，由于社会主义公有制的特点，决定了企业之间的活动交换不可能在产品生产与产品交换的基础上建立与发展起来，而必须依赖商品关系这一纽带。这一点本书第一章业已从理论上加以论述。

如上章所述，社会主义社会乃是由历史上最发达的商品经济转向更高的产品经济形态的过渡时期。既然是向产品经济的过渡时期，那么，似乎社会主义经济理所当然地应该是开始了商品货币交换关系的削弱与衰退和产品交换与直接分配关系的兴起，如像经典作家所预言的从发达的资本主义商品经济基础上建立起来的社会主义那样，但是，我们在这里所要探讨的是从原先经济落后，商品经济极不发达，在很大程度上还是自给自足的或半自给自足的经济基础上建立与发展起来的社会主义经济。那么，正如国际和我国社会主义经济建设的实

---

① 马克思称社会经济机构为"社会生产机体"。见《马克思恩格斯全集》第23卷，人民出版社，1972年，第96页。

践表明，对这样的国家，在社会主义社会的很长发展阶段，生产社会化的发展要表现为国民经济的自给性经济因素的缩减与交换因素的发展，要表现为实物性交换的缩减与商品性交换的发展。归结起来，将表现为商品关系的进一步发展。

社会主义政治经济学理论中，曾经流行着轻视社会主义制度下交换关系的作用的倾向。马克思和恩格斯所预见的社会主义是以商品经济的消亡为特征的。因此，他们是将社会主义社会生产者之间的交换活动看作是直接的产品交换。普列汉诺夫、拉法格、倍倍尔等也是宣称社会主义只是产品经济，而不存在商品交换。普列汉诺夫就曾说："社会主义商业——这是荒唐之极"，是"四轮马车上的第五个轮子"。倍倍尔说：在新社会没有"商品"，所以没有货币。①列宁在十月革命后也曾经一度设想和试图推行用直接的产品交换来代替货币交换。他说："从货币过渡到不使用货币的产品交换是不容争辩的。"②此后，列宁及时总结了苏维埃俄国的社会主义革命与建设的经验，论述了必须利用商品关系、货币交换来建设社会主义，否定了社会主义是排除货币交换的自然经济的观点。但是，在一个社会经济的自给自足性质表现得极为鲜明的小农国家，根深蒂固的小生产者的自然经济思想传统，总是要在社会主义经济理论中表现出来，总是要表现为理论中的轻视货币交换、崇拜直接产品分配的自然经济倾向。即使是《苏联社会主义经济问题》这一著作中，斯大林在给社会主义政治经济学研究对象所下的定义中，也未曾明确地把生产品的交换关系作为生产关系的必要内涵。50年代以来的社会主义政治经济学的教科书中

---

① 倍倍尔：《妇女与社会主义》，生活·读书·新知三联书店，1955年，第404页。
② 《1920年11月30日给取消货币税委员会的信》，见《列宁文集》，1942年俄文版，第384页。

也存在着只重视生产理论与分配理论，忽视流通理论的状况。在这种自然经济思潮影响下，一些国家在社会主义建设的实践中都曾经出现过经济联系实物化与生产自给化的倾向，这种倾向妨碍了社会主义商品货币关系的正常发展，对生产的社会化进程带来了很大障碍。

商品交换是商品经济条件下再生产过程的重要环节，是生产与消费（生产的消费与个人的消费）的重要中介。因为，生产资料的商品交换，实现生产资料的更新和扩大再生产，从而它本身是生产的要素。消费品的商品交换使生活资料归个人消费，从而实现劳动力的再生产。如果没有生产，就没有可用于市场交换的物质对象，但是如果没有商品交换，生产者就没有用以进行再生产的物质资料与人身材料。商品交换与商品生产是互为条件、互相依存、相互促进的。商品生产的发展促进商品交换的扩大，而商品交换的顺利实现又促进商品生产的进一步发展。可见，商品交换从来不是消极的，它在商品经济中是实现社会再生产的积极动因。

商品交换是以社会分工的存在为前提，同时又是推动社会分工进一步发展，促进生产社会化的强大杠杆。

在人们相互间的交换活动还不发达，在生产单位间只存在偶然的交换，在商品货币关系还处在萌芽状态的自给自足的自然经济中，生产者不能不依靠个人的力量或家庭和共同体的结合劳动力，来生产维持他们的生存所必需的、为数不多的物质资料。在这种情况下，生产单位可能有某些生产分工，但是不可能有发达的社会分工，因而劳动社会化处在很低的水平。在人类历史上，无论是原始共同体中以自然发生的分工为基础的原始共产主义经济，还是中世纪的马尔克共同体经济、封建领主的庄园经济和中世纪个体农民经济，由于缺乏同外部的发达的商品交换，因而都是以缺乏发达的社会分工为特征。在这种情况下，有限的劳动力用于提供人们衣、食、住及再生产所需要的物品，妨碍了劳动的专业化与劳动生产率的提高，因而自给自足的自然经济，注定了生产工具的简陋、技术进步的缓慢，以及人们劳动经验积累的薄弱，决定了自给自足经济的简单再生产特征，使那些处在这种自然经济中的民族，甚至经过千百年来的发展尚停留在原先的极其低下的生产力水平上。

而一旦商品交换得到持续的发展，情况就根本不同了。由于产品采取了商品形式，按等价原则进行交换，从而有效地调节了生产当事人双方的经济利益的矛盾。这样，商品关系就成为把不同地区、不同部门、不同生产单位中分散的、独立的生产者联系起来的纽带，使他们相互提供产品，以满足双方生产上与生活上的需要。这样，由于生产者可以从市场交换中取得他在生产上与生活上需要的各种各样的产品，他们就不再由自己去进行多种职能的活动，而能够专门从事于某一种生产，使生产专业化，从而就促使了社会分工的进一步发展。社会分工促使生产工具的专门化，加速了技术进步，在劳动专业化的基础上促进了生产者的劳动技能与熟练程度的提高。这样，生产者不再是孤立的生产者而成了社会劳动分工体系中的组成部分，生产者的劳动不再是私人的劳动而成为社会的劳动，生产也不再是孤立的、个人的生产，而具有某种程度的社会性。在这种情况下，生产力也就由个人劳动生产力逐步转变为社会劳动生产力，这就意味着社会生产力取得更高的、进一步的发展。可见商品关系正是通过促进社会劳动分工的发展而成为促进生产社会化与社会生产力发展的经济杠杆。

在古代与中世纪历史上，我们看到商品关系的发展，总是使具有内在的巩固性并长期延续下来的自给自足的共同体归于解体，它打破自给自足社会经济发展的停滞不前与技术上的墨守成规，推动工农业之间、城乡之间分工的发展。而一旦商品关系遭到破坏、市场萎缩，原先发展起来的社会分工又归于消失，社会就又复归到自给自足的落后状态。马克思指出，在中世纪，"由于农民家庭不依赖市场和它以外那部分社会的生产运动和历史运动，而形成几乎完全自给自足的生活"，正是由于缺乏商品交换，而使封建社会成为"静止的社会状态"①。资本主义生产方式是在发达的市场商品关系中孕育、成熟和向前发展的。近代资本主义开始了商品经济发展的新时期，发达的商品关系，使锁闭性的封建自给自足的自然经济彻底解体，同时，又促使资本主义社会的社会分工与生产社会化飞速地向前发展。

资本主义生产是社会化大生产，一方面，企业与企业之间存在发达的专业化协作，另一方面，企业内部具有高度发达的劳动分工。发达的国内与国际市场的存在，有力地促使原先从事多种产品生产的企业不断地分化为从事更加专业化生产的企业，使企业内部的分工不断地转化为不同企业、部门之间的社会分工。列宁指出："商品经济的发展使各个独立的工业部门的数量增加了；这种发展的趋势是：不仅把每一种产品的生产，甚至把产品的每一部分的生产都变成专门的工业部门；——不仅把产品的生产，甚至把产品制成消费品的各个工序都变成专门的工业部门。"②资本主义的历史作用表现在，它在商品经济的基础上，在商品经济规律的作用下，在这种自发性的经济规律所固有的社会劳动浪费和周期性经济危机的破坏性后果下，把社会分工与生产社会化发展到很高的水平。固然，资本主义的国民经济商品化对生产社会化的促进作用越来越受到资本主义私有制的阻碍，但是商

---

① 《马克思恩格斯全集》第25卷，人民出版社，1974年，第897页。

② 《俄国资本主义的发展》，见《列宁选集》第1卷，人民出版社，1960年，第161页。

品经济在促进社会生产力向前发展中的作用，在当前发达资本主义国家中尚未消失。如在当前，垄断资本主义统治的北美、西欧、日本等国家，在商品经济向更大的广度与深度发展的基础上，业已将生产专业化发展到前所未有的程度，使参与每项完成品的制造的企业越来越众多，往往达到成千上万家，从而把生产社会化提升到新的高度。

商品关系的发展绝不是牧歌一样美好的历史。在阶级社会中，商品关系实际上是实现剥削阶级对劳动者剩余劳动的压榨的经济形式。商品货币关系在它引起生产力进步的同时，也引起对劳动人民的剥削加深和阶级对抗的深化。在人类历史上，商品经济的产生总是伴随着原始公社共同体的解体与奴隶制的产生。较发达的商品交换总是引起更为苛重、更加暴虐的剥削形式的产生，如在希腊罗马的发达的奴隶制下出现过"骇人听闻"[①]的过度劳动。在近代多瑙河诸国曾经出现再版的农奴制。在商品经济最高形式的资本主义社会则出现了对雇佣劳动的"文明"的和最精巧的剥削制度。在当前国际垄断资本带来的资本主义商品经济的更高发展中，资本对劳动者的剩余价值的剥削不仅进一步加深，而且超越了帝国主义国家的国界，扩大到资本主义世界更广泛的领域。对于商品经济我们必须进行全面的与历史的考察，一方面，我们要结合历史上的对抗性的社会形态，看到商品经济在那里所体现的阶级剥削关系，另一方面也要看到商品经济曾经起到的推动生产社会化的作用。在人类历史的一定发展阶段，这种作用可以说是商品经济这一社会生产组织形式的"合理的内核"。

---

① 马克思说："在古代，只有在谋取具有独立的货币形式的交换价值的地方，即在金银的生产上，才有骇人听闻的过度劳动。"（《马克思恩格斯全集》第23卷，人民出版社，1972年，第263页）

二、社会主义制度下的商品关系仍然是促进生产社会化的经济杠杆

在社会主义制度下，生产资料公有制把各个生产单位联结在一起，使各个企业之间的分工与生产专业化服从于国家的计划调节。但是，在社会主义社会，商品关系仍然是发展社会主义社会分工与促进生产社会化的重要经济杠杆。

社会主义全民所有制的特点，决定了在生产中相互紧密依存的企业在交换活动中必须遵循等价原则，以保证企业在生产中的劳动耗费得到弥补，并通过自留利润的形式实现合理的企业局部利益。在这种情况下，只有通过商品价值形式才能卓有成效地实现和加强生产者之间的社会联系，才能调动企业持续地专门从事某种特殊产品生产的积极性，才有利于巩固和发展企业间的分工与劳动协作，才有利于进一步发展企业内部的劳动分工与协作。商品生产的机制，为社会分工的发展提供了有效的经济刺激与物质动力，它促使企业更加积极主动地、灵活地发展和调节自身的专业化生产，以服从国家的计划调节和适应市场的需要。如果在企业间实行产品的直接分配，取消等价交换，不承认企业对产品的局部占有因素和局部经济利益，一句话，不借助商品关系来组织生产，而是按照产品经济的方法来组织生产，这就必定要影响企业发展生产专业化与协作化的积极性。在这种情况下，企业在生产组织上大搞"大而全""小而全"、万事不求人的自给化倾向就是不可避免的。

社会主义国家发展商品关系是大力发展农业领域的社会分工，促进农业生产社会化的重要经济杠杆。这是因为社会主义时期农业所有制的主要形式是集体所有制，工业与农业之间的社会分工所决定的

工业品与农业产品之间的交换，必须适应全民和集体所有制企业的特点，特别是后者的特点。具体地说，必须采取商品交换，按照等价原则，以适应交换双方维护自身物质利益的需要。尤其是为了适应集体所有制经济的完全的自负盈亏的性质，更加要求通过商品生产的机制来保证集体单位在生产中的劳动消耗得到补偿，并且能够实现合理的社会主义经济利益。这样，才能促使集体经济组织自觉地因地制宜地发展企业内部农林牧副渔各业的分工和集体经济之间的分工，促使农业生产沿着专业化协作的方向发展，进一步提高农业生产社会化的程度。如果不借助商品关系来组织农业生产，不认真地承认与维护农业集体所有制单位的经营独立与商品生产者的地位，如像在生产中不给集体所有制单位以自主权，特别是在交换中对农产品实行调拨，限制社队的交换自主权，在农产品价格的制定上，违反价值规律的要求，在销售中堵塞农产品的交换渠道等。这样，就意味着集体所有制单位的商品生产遭受破坏，其结果就会打击集体经济发展与外部交换关系的积极性，阻碍农村生产专业化与区域化。显然地，如果集体单位不能从交换中实现集体经济利益，甚至还要蒙受损失，它就会与其去从事用于交换的商品生产，毋宁去从事直接满足自身消费的自给性生产。集体经济在从事商品生产与交换中，如果花费很大代价，却缺乏经济效益，甚至还要发生亏损，它就会与其辛辛苦苦去增加积累、扩大生产投资，发展与外单位的商品交换和提高农产品商品率，毋宁舒舒服服地去扩大当前消费，保持和扩大经济的自给自足性质。可见，商品关系的遭受破坏，必定要通过破坏集体所有制企业的物质利益，打击集体单位从事商品生产与交换的积极性，就会带来与加深农业经济的自给自足的倾向，引起农业生产中技术停滞不前和经济发展缓慢，从而堵塞了农业生产社会化的道路。

　　总之，在社会主义社会，一方面产生了促使企业间的分工与协作化发展的崭新的直接计划机制，但是另一方面，商品生产的机制仍然起着重要作用，它是发展生产社会化的不可缺少的经济杠杆。只要社会主义公有制两种形式仍然存在，只要社会主义全民所有制仍然具有不完全和不成熟的性质，那么就只有在商品生产与交换基础上才能最有效地实现全民所有制企业之间的经济联系，从而顺利地发展全民所有制工业企业之间的有计划的社会分工，促使工业生产社会化。同样地，也只有在商品生产与交换的基础上才能巩固实现集体所有制经济与全民所有制经济之间，各个集体经济单位之间的经济联系，从而发展农业与工业之间以及农业内部有计划的社会分工，促使社会主义农业生产的社会化。在现阶段社会主义社会的物质生产力与现阶段的社会主义所有制的条件下，一切摒弃商品关系而在非等价的实物交换或无偿的活动交换基础上建立普遍的社会劳动的联系的做法，都是不成功的。可见，无产阶级在夺取政权后，人们一方面要消灭资本主义商品经济制度，改造小商品经济的局限性与消极性；但是另一方面人们还必须根据生产力发展的要求建立和发展社会主义的商品关系，来促使生产社会化。人们不能在消灭资本主义剥削制度时，将商品关系这一形式也加以废弃。

　　如果说，一切走上社会主义道路的国家，都必须利用商品货币关系这一杠杆来推动社会主义生产的发展，那么对于像我国这样的原先经济落后，生产力水平低，特别是农业中很大程度上保存着自给自足状态的不发达的社会主义国家，发展商品关系就分外地重要。这是由于下述原因：（1）不发达的社会主义国家，城市和乡村之间、工业与农业之间的商品交换很不发达，社会主义工业化与社会主义文化科学事业的发展，迫切地要求工业与农业之间以及城市与乡村之间进行更大规模的商品交换，这样才能满足工业城市及一切上层建筑部门对农产品和农村对各种工业品的不断增长的需要。（2）不发达的社会主义国家，农业劳动生产率和农业的商品率很低，而农业的商品率是社会主义国家经济发展的基础，这就迫切地要求社会主义农业适应社会经济条件与自然条件，实行生产专业化与区域化，从而最迅速地提高农业劳动生产率，创造更多的农副业剩余产品，以满足社会对各种农副产品日益增长的需要。（3）不发达的社会主义国家，工业生产的专业化协作水平很低，工业生产社会化除了要求拥有先进的技术装备而外，还必须充分利用社会分工与劳动协作所创造的社会劳动的生产力，这就要求通过商品关系来实现企业之间越来越发展的活动交换关系，以发展专业化协作。（4）不发达的社会主义国家，生活服务事业很不发达，人们的家庭生活劳务带有很大的自给自足性质，而生产社会化要求家务劳动社会化，这就主要地要借助于发展各种商品性生活服务事业才能够实现。（5）社会主义所有制的特点要求对那些条件具备的科学技术单位实行企业化，特别是在不发达的社会主义国家还存在着集体所有制的科学、技术、医卫、文教单位，这就要求通过商品交换来发展这些单位与生产单位之间以及它们与居民之间日益发展的活动交换。（6）不发达的社会主义国家在经济建设中，要求通过商品关系来发展与社会主义兄弟国家、第三世界国家以及发达的资本主义国家间的经济联系，而不能闭关自守。以上各方面表明，对于那些社会分工与生产专业化发展程度低的不发达社会主义国家，存在着商品关系更广阔的发展余地。

商品经济是在社会一定生产力水平下产生，又在生产力一定发展水平下归于消亡。生产关系一定要适合生产力性质的规律决定了商品关系不可能在物质生产力成熟以前产生，也不可能在它容许生产力发展的余地尚未耗竭以前退出历史舞台。

商品经济自从原始公社解体以后就开始萌芽，然后以不同的发展程度和规模，存在于各个社会经济形态，从而表现为保证人类社会生产力发展的一个必要社会形式。因而，它的存在既具有历史的必然性，又具有现实的合理性。商品经济的萌芽形式曾经是实现共同体之间的或私有的生产者之间的经济联系，克服生产的孤立性，发展劳动的社会性的经济形式。作为商品经济的最高发展形式的商品资本主义形态，在它所固有的对雇佣劳动的剥削的特殊历史形式下，实现了高度的社会分工与高度的生产社会化。但是，资本主义制度的消灭，并不意味着商品关系末日的到来与商品关系对发展生产社会化的积极作用的消失。对丁那些原先经济落后的国家来说，在社会主义社会的很长历史阶段，人们还必须在生产资料社会主义公有制基础上继续保持和发展商品关系，只有通过商品关系的进一步发展，摆脱自给化，才能进一步发展生产社会化。特别是对于像我国这样在革命胜利前未经历完全的资本主义商品经济化，从而在许多领域还带有很大自给自足性质的国家来说，社会主义经济建设的发展进程更加要表现为一个社会主义商品关系进一步发展的过程。这个社会主义商品关系的发展可以说是一身二任的：一方面，它带有补课的性质，即通过它去完成国民经济资本主义商品经济化所理应完成的推动社会分工与生产社会化的使命；另一方面，它又是进一步推动社会主义社会化大生产向前发展所必需的。在商品关系作为巩固和发展劳动者之间的社会联系，促使生产专业化与协作化进一步发展的经济杠杆的历史使命尚未完成以前，社会主义商品关系就不会退出历史舞台。因此，人们只能自觉地运用社会主义商品关系来发展生产社会化，而不能过早地废除商品生产与交换而代之以产品经济。这是不以人们的意志为转移的客观规律。

对于经济不发达的社会主义国家进一步发展和利用社会主义商品货币关系的意义和作用，人们在长时期内缺乏充分的认识。在社会主义国家的经济建设中，我们看见人们往往自觉或不自觉地去设置种种障碍，去阻止和堵塞社会主义商品关系的发展和人为地发展经济活动的实物化与自给化。因此，在一些无产阶级取得革命胜利，走上了社会主义道路的国家（包括我国在内），社会主义商品关系进一步发展的进程往往不能一帆风顺地实现。在社会主义经济建设的某些时期都程度不同地出现过经济自给化和实物化的趋势。当然，有些是特殊历史条件所造成。在苏维埃俄国的战时共产主义时期，由于帝国主义武装干涉与国内反革命的破坏，以及由于战时共产主义的政策，出现了国民经济的普遍实物化与自给化。在当时实行了余粮征集制，用无偿方式强制征收农民剩余的粮食，对职工的劳动报酬主要用实物支付，国营企业则是实行实物供给制。此后，在卫国战争时期资源不足与经济困难的条件下，苏联经济实物化倾向又复出现。我国的社会主义商品生产发展的进程也曾受到"左"的思潮和"四人帮"的倒行逆施的干扰和破坏。1958年陈伯达和康生就大肆宣扬取消人民公社的商品货币关系，在"共产主义公社"名义下，提倡社队自给自足，企图将人民公社集体所有制的社会主义商品生产与交换倒退为中世纪的自给自足的庄园经济。新中国成立后至1976年，我国国民经济的每一次逆退，都是伴随着商品性联系的削弱与实物性联系的增长，企业的商品交换的削弱与自给自足性的增长的。

特别是在"四人帮"的胡作非为下，国民经济的实物化与自给化达到了恶性发展的程度。"四人帮"歪曲地推行"以粮为纲"，禁止广大社队从事商品率高的经济作物生产与副业生产，只许搞单一的基本上是自给性的粮食生产。他们这些倒行逆施，使广大社队原先从事的集体的商品性生产转化为自给性生产，使我国农村人民公社商品率一度进一步降低，只达到15％左右。由于关闭集市和取缔个人副业，社员个人副业生产也在很大程度上失去商品性质。这一切使农村人民公社集体经济越来越自给自足，闭关自守，使农业生产的商品率越来越低，农作物商品量越来越下降。如甘肃省1977年供销社收购的棉花、大麻、胡麻、黑瓜子、红枣、核桃、花椒、小茴香、椒干、蜂蜡、黄花、木耳、晒烟、棕片、生漆、苇席、蜂蜜等18种农副产品，除了苇席一种超过了历史上最好水平，蜂蜜持平外，其余16种均低于历史上最好水平，棉花、大麻收购数为1958年的1/2，木耳、生漆收购数分别为1956年与1957年的1/3，有的如黑瓜子、椒干甚至仅及历史上最好水平的1/8 和1/10。多种经营水平很低，1972年至1977年，林、牧、副、渔业的收入仅占全省农业总收入的1/4。由于现金收入少，全省很大一部分社队社员扣除粮食等折款后基本上没有现金收入。甘肃省这种状况正是在"四人帮"长期破坏下，从宏观经济来看的我国经济实物化的写照。另外，重庆郊区石马生产队有土地231亩，社员283人，人平土地8分，多年来由于忽视发展商品性经济作物，片面强调"自力更生，丰衣足食"，致使该队年年种水稻、小麦、高粱、苞谷、黄豆、茉莉花、桃子、蘑菇、甘蔗、各类蔬菜等28种作物。每样作物占地很少，加以间杂点种，未连成一片，无法搞机械化，1978年队里买过一台拖拉机，由于不能使用只好又卖了。队里粮食、蔬菜基本自给，由于劳动日值只有0.38元，社员分配收入粮食、蔬菜折款占85％，分得现金很少，购买力低，对社会的依赖性很少，生产队很大程度上保持着自给自足的自然经济状态。这个生产队正是在"四人帮"破坏下，从微观经济来看的我国农村经济自给化的写照。

　　社会主义国家出现的经济实物化与自给化的倾向，有着客观的与主观的原因。从客观条件看，由于农业劳动生产率很低，剩余产品较少，能用于市场交换的产品很少，加上交通、运输条件的限制，因而农村集体经济不能不在很大程度上是自给自足性的经济。就是全民所有制企业，在与国计民生有关的物资出现严重匮乏的情况下——不论它是由于战争的破坏或者是自然灾害和生产的发展不足所引起——企业为了保证它们所必需的物资的持续供应，往往也会放弃外部的商品经济联系，而去自行生产它们迫切必需的物质资料，从而产生了生产的自给化。此外，就国家组织消费品与生产资料的供应来说，在消费品不足的情况下，为了保证人们基本生活需要得到满足，只有放弃基本消费品的自由的市场流通，而采取实物配给制，即所谓"计划供应"；在物资不足的条件下，为了保证企业基本的生产资料的供应，只有放弃基本生产资料的贸易而采取物资分配，即"计划调拨"。总之，物资的匮乏与供应不足，是限制商品货币关系发展的重要客观条件，只要这种条件还存在，社会主义商品关系的发展就会受到限制，甚至还会引起某些领域内的经济联系的实物化和自给化。

但是，引起经济关系实物化与自给化更主要的原因是主观方面的，即由于采取了不适当的阻碍商品关系发展的措施与方法。社会主义经济建设是新的事物，人们还缺乏成熟的经验，在理论上人们对于社会主义生产所带有的商品性缺乏认识，往往会产生崇尚产品经济，忽视商品关系的自然经济思潮。自然经济论者将社会主义经济发生困难时被迫采用的某些临时的应急手段当成经济生活的常规，将暂时的现象当成是社会主义生产关系的本质，将实物性联系当成社会主义社会经济联系的一般形式。他们提倡在社会主义的生产、交换、分配、消费方面全面地推行实物性的联系形式；在消费品分配中，将在革命战争条件下不得不采用的基本生活资料免费配给的紧急措施奉为常规，误认为在社会主义经济正常发展下也要实行吃饭不要钱，主张用供给制来取代工资制；在消费品流通中，将社会主义国家在某些基本生活必需品（如粮、棉、油等产品）供不应求的条件下采取的计划供应的措施当成社会主义有计划的商品流通的正常形式，并将这种受限制的、不完全的消费品商品交换说成是最完美、最优越的，主张将这种消费品半实物配给制全面加以推行；在生产资料流通中，将由于生产资料的生产供不应求的情况下对某些基本生产资料采取的统一分配，即实物配给制，说成是生产资料"产品"本性固有的要求，说成是全部生产资料"流通"不可改变的常规。总之，"产品经济"论者是提倡用生产资料和消费品的全面的实物配给制来代替商品流通。

"产品经济"论者甚至主张立即取消货币，而代之以劳动券。归根到底，他们认为实物性联系是社会主义国家与企业之间、企业与企业之间、企业与个人之间的经济联系的一般形式，并且主张用种种实物性联系形式来取代商品价值形式。显然，"产品经济"论者的关于社会主义经济关系实物化的理论在立足点上就是错误的。因为，既然社会主义生产仍然带有商品性，物质生产企业用于交换的劳动产品就必然表现为商品，服务性企业中的劳务就必然表现为商品性劳务。可见，企业劳动成果总是要带有商品形式。因而，社会主义生产过程中企业与企业之间、国家与企业之间、企业与职工之间，归根到底，社会生产中人们之间的活动交换，就不能不主要地采取以等价为基础的商品交换形式。而商品价值形式就成为社会主义社会人们的经济联系的一般形式。只有在商品关系消亡了，人们之间经济联系的形式才脱去了等价交换的外衣和消除商品价值的内容。在那时，生产过程中人们的社会联系才能采取实物联系形式。在初始的社会主义阶段，在经济生活中，提倡普遍推行这种实物联系形式和取消商品价值形式只能是超越社会发展阶段的空想；强行推行这种实物化，只能给国民经济带来破坏性的结果。

"产品经济"论者反对经济生活交换化，他们必然宣扬社会主义自然经济论。这一理论反对企业生产与社会生活中的商品关系的扩大，提倡社会生产的基本单位实行"大而全"或"小而全"，实际上是提倡企业在生产上奉行"万事不求人"的自给自足原则。

自然经济论在社会主义农业经济理论中有明显的表现。某些空想的社会主义者，把社会主义的基层单位——公社，当作是包括工业与农业、生活服务、文教事业样样俱全的"小社会"。他们对社会主义社会实现城乡差别的消灭和工业活动与农业活动的结合，一方面提出了有价值的思想，但另一方面他们却往往认为作为社会主义社会基层单位的公社中，每一个社会成员都既务农又做工和从事其他经济活动，不存在分工和对外的活动交换，实际上是把社会主义当作是"万事不求人"的自给自足社会。在我国1958年出现的"左"的思潮下，经济理论中就曾经把农村人民公社的自给性生产与产品直接分配当成是共产主义因素来加以论述，并认为社队的自给性生产项目越多、越齐全越好，甚至认为经济生活的交换关系的发展将导致资本主义。在这种农业自然经济论的影响下，在很长的时间内，我们的一些同志对农业中的"自力更生""全面发展""综合经营"的方针，不能作全面的、正确的理解，认为所有的生产单位不管条件是否适合都必须一概地搞农林牧副渔齐头并进，各种行业样样齐全，忽视农业生产专业化，事实上提倡农业企业实行生产上的需要与社员生活上的需要自给自足。

社会主义农业企业（包括国营农场和人民公社集体所有制单位），在生产力水平低、农业生产的专业化和区域化不发达的情况下，企业的生产除了商品性生产而外还必须保存为满足企业再生产需要与成员生活需要的自给性生产。在这里，生产的自给性程度是与社会生产力水平成反比的。我国农村人民公社生产的自给性状态，正是农村以及整个国民经济中社会分工与劳动协作不发达，广大社队与外部社会经济联系薄弱，生产活动带有很大孤立性的表现，也正是社会生产力水平低下的必然结果。显然，随着农业现代化的发展，农业生产的越加专业化，农业企业再生产所必需的生产资料与人们生活所必需的消费品将越来越依靠工业或其他农业企业来提供，农业企业的商品性生产将越来越发展和占显著地位，作为农业生产的基层单位的企业就不可能是向着全门类的经济组织发展，而是日益趋向专业化和区域化。它的经济活动不是越来越自给自足，而是越来越依存于社会范围的劳动协作，依存于与其他企业之间更发达的商品交换。可见，社会主义农业经济中商品关系的发展，正是农业生产中社会分工与生产社会化发展的必然趋势。

社会主义自然经济论的思潮还表现在工业企业组织与管理中的自给自足倾向上：如不是致力于去组织和发展工业企业生产的专业化与劳动协作，不是去推进企业之间的活动交换化，而是提倡把生产的基层单位——企业办成在生产上"大而全"或"小而全"的全能企业，在生活上包括衣食住行及其他生产福利兼有的自给自足的小社会。事实上，在社会主义工业生产力水平低，生产专业化与协作化尚未充分发展起来的情况下，企业生产所必需的重要原材料、零部件的加工制造，以及动力和设备维修往往集中于企业之中，从而使企业在生产上保持着"大而全"或"小而全"的面貌。在这种情况下，工业企业生产某些过程与环节将依靠企业内部在生产门类上的面面俱到，而不是依靠外部的交换活动，企业的经济活动由此在一定程度上具有"自给自足"性质。在这里，与农业生产领域一样，工业企业生产活动中的自给自足程度与工业生产力水平是成反比的。随着工业现代化的发展，企业生产需要的零部件的自制部分将为商品性加工所代替，企业在生产上所需要的物资将越来越依靠与其他企业的商品交换，而不是依靠自己生产，企业生产设备的维修将越来越依靠来自其他企业的生产性服务，而不是依靠内部的辅助车间，因而生产基本单位的经济不是自给化而是商品交换化。这是社会主义社会一定历史时期工业内部社会分工与生产社会化发展的必然趋势。

总之，"产品经济"论歪曲了社会主义经济的性质，夸大了社会主义生产的产品性，把社会主义经济当成是生产单位自给性经济，赞美与提倡企业在生产与生活上奉行自给自足、闭关自守，反对企业生产与社会经济生活中商品关系的扩大和发展。其实，这种理论只不过是小生产者的自然经济观的反映。在不发达的社会主义国家，如果在这种错误理论的影响下，就必定会产生削弱商品货币关系的措施与做法，从而会带来国民经济联系进一步实物化和经济自给化的恶果。这种情况已经为国内外社会主义经济建设的正反两方面的经验教训所证明。特别要着重提出的是，在这方面取消与破坏商品生产的"左"的政策与做法带有更大的破坏性。我们清楚地看到，正是在十年动乱中，"四人帮"推行的全面压制、削弱和破坏社会主义商品关系的种种倒行逆施，使我国60年代中叶以来出现了国民经济某些领域的实物化与自给化的趋势。这一经济发展的逆转，正是造成我国国民经济一度严重灾难的重要原因之一。

综上所述，对于一个原先经济落后的社会主义国家来说，在它的生产社会化的初级发展阶段，企业生产活动与社会经济生活广大领域商品关系的扩大与发展是不可避免的。它是社会主义所有制条件下，社会生产分工与劳动协作发展规律的要求。在这种广泛的经济领域中还带有浓厚的自给自足性的社会主义国家，生产社会化的发展总是要表现为经济活动交换化取代自给化，表现为商品性经济联系取代实物性经济联系，归根到底，要表现为国民经济商品关系的发展。事实表明，在社会主义社会，经济的实物化和自给化也仍然是与生产的逆退、生产力的遭受破坏相伴随的。因此，在社会主义经济建设过程中，人们就必须按照上述商品关系扩大和发展的客观规律办事。人们不仅不能限制、削弱和排挤商品生产而代之以产品生产，不能急于用产品交换与直接分配来代替商品交换，不能在农村人民公社和工业企业搞事事不求人的"大而全""小而全"，提倡生产的自给化；而应该充分利用社会主义制度所包容的商品关系的存在和发展的广阔余地，保证商品生产与交换获得应有的、充分的发展，以促进生产社会化的进程。特别是像我国这样的原先经济落后、商品经济未获得充分发展的国家，只有大力发展商品生产与商品交换，充分运用商品关系这一经济杠杆来推动生产的社会化，才能加速我国四个现代化的步伐，促使我国社会主义强大的物质基础早日奠定。

三、社会主义商品关系在广度上与深度上的发展

社会主义商品关系具有不同的发展形式，区分和研究这些形式的特点和实现这些发展形式的条件，就可以在经济建设中自觉地运用这些形式来进一步发展社会主义商品生产。

社会主义商品关系可以区分为向广度和深度发展两种形式。在广度上，它表现为商品性生产在规模上的扩大；在深度上，它表现为商品性生产在程度上的提高。前者表现为随着原有企业生产规模的扩大

与新的企业的投产，企业生产的各种商品产值绝对量的增长；后者表现为国民经济中原先的自给性生产转化为商品性生产，商品产值在国民总产值中比重的提高。

社会主义商品关系在广度上发展，是通过持续的、高速度的扩大社会再生产来实现的。为此就要在社会主义积累不断增长的基础上，适当地建立新的企业，同时通过挖潜革新改造充分发掘原有企业的潜力，来保证工农业商品总产值不断地、持续地增长。最根本的是要在使用先进技术的基础上大幅度地提高劳动生产率，来促使社会主义生产不断发展。

扩大商品生产规模还有另一个方面，即商品生产的不断完善的方面。这就是要保证这样一种经济机制，使所有企业能积极主动地关心和保证它们各自的产品具有充分的社会使用价值，并由此去实现国民经济各行各业的商品产值（包括商品性服务产值）的真正的而不是表面上的迅速增长。这一方面往往为人所忽视。

社会主义企业作为商品性生产单位，它的生产状况是通过商品产值来衡量的。企业生产规模扩大的程度要通过商品净产值（以不变价格计算）的增长幅度来计量。使用价值是商品价值的物质承担者，如果企业生产的产品品质低劣，缺乏足以满足社会需要的必要的效用，它在生产中的劳动耗费就不能充分地为社会所承认，就不能有效地形成商品价值实体。社会主义企业如果不讲求产品质量，不努力增加花色品种，提高与更新产品品级，不保证产品适销对路，即使产品量有巨大增大，但是由于缺乏充分的社会使用价值，从而会没有销路，只能成为积压物资，而不能成为真正的政治经济学意义上的商品。由于生产物不具有必要的使用价值，它只不过是一堆无用的废品或是次品，生产中耗费的社会劳动就完全地或者大部分成为无效劳动，不能形成真正的价值。即使国家采取统购包销的措施，也只能使生产企业的产品积压变成商业或物资部门的产品积压，或者将中间产品形态上的废品与次品，变成最终消费品形态上的废品与次品。总之，国家凭借行政权力对这些产品采取强制性的分配措施，也并不能赋予这些缺乏使用价值的产品以商品的性质，不能将生产这些产品的无效劳动转化为生产劳动，并使其形成价值。即使国家将这些统购统配的产品计算价值，并列入国民总产值数字中，但是从理论上来看，这种商品产值是虚假的，因为对于这些缺乏真正的社会使用价值，从而缺乏销售市场的产品来说，它们在生产中耗费的劳动就不是真正的社会必要劳动，产品的"价值"也不是真正的社会价值，而只不过是计划机关强行赋予的虚假的社会价值。这种情况，正如马克思所说的："如果物没有用，那末其中包含的劳动也就没有用，不能算作劳动，因此不形成价值。"[①]如果社会主义经济中出现的是这种性质的增产，那么它只能是账面上的增产，而不是真正的现实经济意义的增产。可见，社会主义生产所带有的商品性，决定了企业只有真正生产出更多的具有社会使用价值和价值的商品，这种生产的扩大才是真正的商品生产的发展。

如何保证企业的生产品具有商品所固有的使用价值与价值二因素，从而使商品生产规模真正地、扎扎实实地扩大，这一问题在社会主义经济理论与实践上往往为人们所忽视。在我国50年代以来采用的过于集中的国民经济管理体制中，由于对企业实行单一的国家计划，对产品实行全面的统购统配，企业不担心产品销路，从而不关心产品的使用价值。产品一经通过企业生产过程，不论质量是好是坏，是否具有满足生产消费需要和个人消费需要的能力，均按照统一计划价格

---

① 《马克思恩格斯全集》第23卷，人民出版社，1972年，第54页。

纳入国民总产值内。在这种情况下，国民总产值的增长就往往是"渗水"的，用总产值增长来表现的商品生产规模的扩大带有某些虚假的因素。特别是在"四人帮"的干扰破坏下，使人们划不清企业正当的讲求利润与资本主义经营思想的界限，因而不少企业不重视产品的使用价值，造成普遍的产品规格不齐、花色陈旧、升级换代慢，不少产品"20年一贯制"，甚至产生一些企业以次充好，不顾产品已经大量积压，依然继续盲目生产。这种情况既造成了社会财富的很大浪费，影响与削弱了社会主义商品生产的正常发展，其结果，使我国计划统计中的国民总产值不能如实地与准确地反映生产的实际状况。

我国经济建设的经验教训表明，社会主义企业（包括原有企业与新建企业）商品生产规模的进一步扩大，不是表现为随便什么样的"商品"的增长，而必须是具有足以满足社会需要的充分的社会使用价值，从而具有实在的、而不是账面价值的真正的商品的增长。为此，就必须使商品关系不断完善，特别是要改善国民经济管理体制，在坚持计划经济前提下，有效地利用市场调节的辅助作用，保证企业具有相对独立的、不完全的商品生产者的地位，使企业从经济利益上自动地关心商品的使用价值，并由此去增大商品产值，从而保证社会主义商品生产在广度上扎扎实实地发展。

社会主义商品关系的发展还表现为向深度发展的形式。这是社会主义商品关系发展的重要形式，它表现为国民经济中商品关系的扩大，表现为原先的自给性生产转化为商品性生产和商品产值在国民生产总值中比重的提高。这种发展形式意味着社会主义宏观的经济机体中商品货币联系范围的扩大。

社会主义经济关系体系中包括商品性关系与产品性关系。在社会主义国民经济总机体中，某些经济联系被排除于商品关系之外，这是无疑的。但是，并不存在社会主义经济的发展中商品关系越来越受限制，它的活动范围也越来越狭小的规律。斯大林在《苏联社会主义经济问题》中，一方面将全民所有制内部交换的生产资料排除于真正的商品范围之外，并且认为在两种公有制之间交换的农业原料也不受价值规律的调节，即不具有完整的商品资格；另一方面，又过早地主张实行集体农庄出售的农产品向产品交换的过渡。因而，他实际上低估了社会主义生产机体发展与成长过程中商品关系范围的扩大。显然，斯大林的观点，给社会主义商品关系规定了一个狭窄的界限，无视社会主义经济发展中商品关系进一步发展的余地。

由于受到"产品经济"论以及斯大林的这种观点的影响，人们往往认为社会主义经济中商品关系的范围只能是越来越窄而不能有所扩大，商品性生产只能转化为自给性生产，而不能由自给性生产转化为商品生产。如1958年陈伯达就大肆鼓吹人民公社社队立即实行由商品性生产转化为自给性生产，提倡用消费品平均主义的实物配给制（"包干制"）来取代工资制。"四人帮"更是在"消灭资本主义复辟的土壤""割资本主义尾巴"的口号下，致力于削弱与缩小我国本来就极不发达的社会主义商品关系。极左理论的鼓吹者出于对产品经济的顶礼膜拜，他们不懂得和不承认不发达的社会主义国家还存在进一步扩大商品关系在社会主义国民经济体系中的地位的必然趋势。

对于经济不发达的社会主义国家来说，社会主义国民经济体系中商品关系的扩大，是在深度上发展社会主义商品关系的形式。因为，商品关系上广度的发展，即生产规模的扩大是任何一个商品生产企业在增加生产资料与劳动力因素的基础上就能实现的；商品关系在深度上的发展，即企业在生产活动中自给性因素的降低与商品性因素的增长，却只能是生产专业化与社会分工进一步发展的结果，是作为生产单位的企业在生产过程中越来越摆脱狭隘的自给自足的性质，而建立在劳动的社会协作和企业间发达的活动交换之上的结果。这种商品关系的扩大乃是社会主义公有制还未彻底成熟以前生产社会化的要求，是与社会分工更高发展阶段与社会劳动生产力更高发展阶段相适应的商品关系向纵深发展的表现。

农业经济中的商品关系的扩大是这种社会主义商品关系的纵深发展形式的鲜明表现。社会主义国家在农村集体经济的生产力水平很低的情况下，集体经济扩大再生产与社员生活的需要，不能不依赖集体单位自身来满足，因而集体所有制企业的生产必然是自给性生产与商品性生产的统一。社会主义大农业越发展，农业生产专业化、区域化的发展，商品性生产将越来越增强。不仅更多的农产品将成为商品来生产和进入商品交换渠道，而且现代化农业的再生产将越来越依靠通过市场交换取得工业提供的生产资料，农民的多方面生活需要的满足也将依赖于从市场交换取得的消费品，因而集体经济的商品性生产比重将越来越提高。当前我国农村社队生产水平很低，商品率低，现金收入占社队总收入的比重较小，但是随着集体经济的进一步强大，商品经济会日趋发达，现金收入在集体经济总收入中的比重将日益增大。可见，自给性生产的缩减和越来越为商品性生产所取代以及农村社会主义商品关系的扩大，是不发达的社会主义国家现代化大农业发展的必然趋势。

工业领域中各个企业生产活动联系的更加紧密和商品交换化，是社会主义商品关系向纵深发展的另一方面的表现。随着工业生产的进一步社会化，工业企业内部的零件、配件等的自行加工将越来越为厂外加工所代替，企业间越来越发达和细微的分工，使众多专门化的生产企业与服务企业独立出来，它们共同组成为越来越复杂的社会商品生产网络中的局部环节。而现代化的社会主义大工业生产机体的活动，就将是立足于这种企业之间的高度发达的千头万绪的和灵活通畅的商品交换之上。

商品流通与货币流通的发达是社会主义商品关系向纵深发展的另一表现。商品生产的发展还将引起流通的社会化。原先由企业统一经营的商品流通活动将与生产活动相分离，将有更多的专门从事商品流通的商业企业独立出来，如有的企业经营生产资料的购销，有的经营消费品的购销，有的从事于批发、零售以及其他各式各样的商品购销形式。这些企业组成复杂而畅通的社会主义商业流通网络的局部环节。货币流通也将从商品流通中日益独立出来成为专业性金融机构的专门职能。这表现在由各种专业不同的银行与信贷机构组成的完备的金融信贷体系的形成和发展。而货币流通与资金流通将日益发展，越来越渗透到社会主义生产、交换、分配和消费的一切领域，这种发达的货币流通与资金流通，不仅是社会主义经济机体运转的条件，而且是国家用以管理、控制和调节社会主义国民经济大机器的最灵敏的经络系统和强大的经济杠杆。

社会主义商品关系向纵深发展，还将表现在各种形式的生产资料和消费资料的租赁事业以及信托事业的大发展上。随着生产的社会化，私人性的家务劳动也将逐步社会化，千百年来由家庭成员自己动手做饭、做衣等家庭自给性劳务将越来越为商品性的社会服务事业所代替。它们包括：一般生活服务（饮食、旅馆、理发、浴室、洗染、缝纫、托儿所），特殊生活服务（代购、代写、代运等）以及旅游、家庭绿化、房屋粉刷维修等服务性的企业的兴起。这一切，就意味着社会主义经济体系中商品关系的进一步发展与完善，它不仅包括物质资料的生产与交换领域，而且日益扩大到社会消费领域。

可见，在原先商品经济发展不足的社会主义国家，在进行社会主义现代化建设中，商品关系的发展，不仅将包括工农业交通等生产领域，而且将包括个人家庭消费生活领域，以及某些其他生活领域。这就意味着在社会生活的广泛领域内商品关系范围的扩大，它使社会主义的生产有机体活动更大的（不是一切的）范围越来越建立在社会主义商品联系之上。商品关系范围的扩大，是社会主义公有制的特点所决定了的。它是职能部门的日益分化，生产单位日益增多，结构日益细致和复杂的社会主义生产机构，实现其内部各个系统与器官的联系性和维持其生命活动的统一性的需要。因而这种商品关系在范围上的扩大，不仅不是生产关系背离了社会主义的轨道，而恰恰是社会主义生产关系的完善。

当然，也必须看到，就人类社会商品经济的发生、发展和消亡的整个历史进程来说，生产资料社会主义公有制的确立，意味着商品经济的鼎盛时代结束，开始了商品关系逐步消亡和向社会主义产品经济逐步过渡的新时期。因而，社会主义经济不是商品关系的一统天下，商品关系已经不再像资本主义经济中那样具有无所不包的性质。正如斯大林说："在我国，商品生产没有象在资本主义条件下那样漫无限制和包罗一切地扩展着，它由于生产资料公有制的建立、雇佣劳动制度的消灭和剥削制度的消灭这样一些决定性的经济条件而受到严格的限制。"[①]因为，既然生产资料为全体社会成员共同所有，因而在生产中劳动者就是以主人翁的身份与生产资料相结合，这就意味着劳动者的劳动能力不再被售卖，劳动力不再是商品。同时，国营企业生产资料为全体社会成员共同所有，企业对这种关键性固定资产不具有所有

---

① 斯大林：《苏联社会主义经济问题》，人民出版社，1961年，第11页。

权，从而不能对基本的固定资产实行自由转让，因而关键性的固定资产也不再是商品。此外，土地、森林、河流、矿藏等自然资源不是自由售卖的对象。社会主义的集体福利事业的发展，公费医疗、保健、托儿和其他免费的生活服务的发展，将会有越来越大的一部分社会产品不再通过等价交换形式而直接分配给劳动人民，这就意味着社会消费品的分配与消费的某些领域商品关系的削弱与产品性的分配关系的增长。更重要的是，在劳动人民革命觉悟的不断增长的基础上，社会生活的广泛领域会有摆脱等价交换原则的共产主义劳动互助与协作关系的萌芽产生。尽管在社会主义阶段，这种摆脱商品经济形式的人们的相互联系只能处在局部的地位，但是它却是方兴未艾，有很强大的生命力，是公有化程度更高的社会主义的相互联系形式的开端，是社会主义社会初始阶段社会关系中萌发的极其宝贵的共产主义幼芽。

可见，生产资料社会主义公有制，（1）它把关键性的生产条件，作为人身条件的劳动力与关键性物质生产条件，排除于商品范围之外；（2）它使一部分商品变得不完全，部分地丧失商品性质；（3）它使社会生活领域内的某些人相互联系失去商品性联系的性质。这三个方面表明社会主义经济条件本身确实对商品生产的范围课加了"极严格的限制"，使它不再是"无所不包的"。这也标志着社会主义制度的确立，在人们经济生活与社会生活中发生的意义深远的深刻变化。因此，人们不能够不区别具体条件与领域，在社会生产的一切方面无限制地发展商品关系，更不能把人们的社会交往、家庭生活与精神活动均纳入商品关系之中。

但是，我们不能将斯大林论述的社会主义经济条件本身对商品生产课加的"限制"，理解为人们可以不顾社会主义的现实经济条件而为所欲为地去"限制"社会主义商品生产，去"缩小"城乡商品关系

的范围，任意地用产品生产去代替商品生产，用物质配给去代替商品
交换，用供给制去代替工资制，等等，如像"四人帮"曾经竭力宣扬
和强制推行的那样。同样地，我们不能认为社会主义所有制在本性上
是排挤商品关系的，不能将公有制视为是束缚商品货币关系发展的枷
锁，更不能根据社会主义制度下商品关系在某些范围内的缩小和某些
生产因素退出商品流通的事实，得出商品关系在范围上将全面缩小、
不断遭受削弱和立即为产品经济所代替的结论。恰恰相反，在社会主
义制度下，商品生产在某些范围内受到"限制"和被排挤与在其他范
围内的扩大和发展是同时存在的。社会主义社会不成熟的全社会公有
制本身包含着商品生产进一步发展的广阔余地，特别是对于像我国这
样的生产力水平低，革命前未经历完全的资本主义商品经济的发展阶
段，经济中很大程度上还保存着自给性面貌的不发达社会主义国家，
在国民经济的广大范围内进一步扩大商品货币关系，更是生产力发展
的迫切要求。因而，在谈论社会主义商品关系的范围时，就不能只强
调它受限制的一面，否认它在某些范围内扩大的一面，看不见商品关
系在深度上发展的广阔余地。那种否认社会主义经济发展中客观存在
的某些原先属于自给性经济活动领域的商品交换化趋势的观点，过于
强调与夸大社会主义生产的产品性的特征，忽视它客观上所带有的商
品性质；不懂得在现阶段社会主义所有制条件下，经济发展中存在既
限制商品关系又扩大和发展商品关系的复杂机制，由此片面地做出商
品范围不断缩小的论点。显然，这种论点既不符合辩证法，又脱离了
社会主义建设的客观实际，这种错误的论断，往往成为人为的"限
制"，成为削弱和破坏社会主义商品生产的错误做法的理论根据，从
而造成很大的危害。正是因此，从理论上阐明社会主义制度下商品关
系扩大的可能性及其界限，便有着重要的意义。

四、社会主义商品生产规模的扩大与经济联合化

（一）由小规模的社会主义商品生产到大规模的社会主义商品生产的发展

在商品经济的扩大再生产中，生产与经营的基本单位——企业，一般说来要经历一个由小到大的发展过程。这一发展过程表现为企业的物质技术基础将日益先进与强大，劳动生产率将不断提高，企业的商品生产能力与规模将日益扩大。这就意味着小规模的商品生产变成大规模的商品生产。

商品经济有个体的小商品经济与大规模的商品经济。个体小商品经济是以个体所有制为经济基础，以手工工具为技术基础，依靠个人劳动或家庭劳动来进行的小规模的商品生产。这种个体小商品经济，如个体农民与个体手工业者的商品经济，由于它在经济上的薄弱与技术上的落后，以及劳动协作规模的狭小，从而是以劳动生产率及商品率的低下为特征的。即使是在当代资本主义经济发达的国家，在某些领域内的个体所有制经济，如农业中的家庭农户，由于采用了现代技术而提高了生产效率，并成为一种大型的商品生产，但是这种个体经济，毕竟在使用生产资料与使用劳动力上受到双重的限制，从而成为商品生产进一步发展的障碍。大规模的商品经济，首先是在资本家所有制的基础上得到实现的。正是由于资本主义经济的发达，出现了以资本家私有制为经济基础，以自动化的机器大工业为技术基础，以充分利用企业内部与外部的劳动协作为特征的大规模商品生产。由于私人资本具有相当的规模，因而"每一个资本，都是生产资料的或大或

小的积聚，并且相应地指挥着一支或大或小的劳动军"①。在这种情况下，资本主义企业"才能组织劳动的分工和结合，才能使生产资料由于大规模积聚而得到节约，才能产生那些按其物质属性来说只适于共同使用的劳动资料，如机器体系等等，才能使巨大的自然力为生产服务，才能使生产过程变为科学在工艺上的应用"②。因而，这种资本主义企业，显示出它在生产商品中的强大能力。正如马克思所说："商品生产的地基只有在资本主义的形式上才能担负起大规模的生产。"③

资本主义商品经济规律的作用，使大规模商品生产取得更高的发展。在资本家对剩余价值的无厌的贪欲下，私人资本一方面借资本积聚，另一方面借资本集中而不断增大。特别是你死我活的资本主义竞争，使大资本打败与剥夺小资本，从而加速了资本的集中，加之信用与股份公司使个别资本形成联合资本。这一切使资本主义企业的资本规模与商品生产规模不断地扩大。

资本主义大商品生产，就其技术构成的状况来划分，可以区分为劳动密集型商品生产与技术密集型商品生产两种类型。劳动密集型商品生产是资本主义生产社会化初期阶段的特征，它表现在资本家企业有机构成还不高，资本中使用了机器设备的部分还不很多，企业生产还不是主要地依靠技术生产力而是主要地依靠劳动的社会结合，即依靠直接组织在企业内部的劳动力的数量，依靠更多劳动者在企业内部的分工与协作。这种劳动密集型的商品生产，是与资本主义组织发展初期的物质技术的较低水平和资本积聚和集中的不发达相适应的。技术密集型商品生产，是资本主义生产社会化高级阶段的特征，它表现

---

① 《马克思恩格斯全集》第23卷，人民出版社，1972年，第685页。

② 《马克思恩格斯全集》第23卷，人民出版社，1972年，第684页。

③ 《马克思恩格斯全集》第23卷，人民出版社，1972年，第684页。

在资本家企业的有机构成发展成为高位构成（即不变资本占据主要部分），资本中使用于机器设备的部分越来越大，企业生产不再是主要依靠劳动力的数量而是更主要地依靠技术生产力与科学生产力。这种技术密集型的商品生产，表现为企业资本密集，即企业的资本达到巨大的规模，这种巨型的商品生产是资本主义经济物质技术水平进一步提高、资本的积聚特别是集中的高度发达条件下的产物。

社会主义商品生产的发展，仍然要遵循由小规模的商品生产向大规模的商品生产发展、由劳动密集型的商品生产向技术密集型的商品生产发展这一路线前进。

第一，向大规模商品生产发展是社会主义社会生产社会化固有的要求。社会主义公有制是资本主义生产社会化的产儿，社会主义公有制经济的发展，又进一步推动生产社会化的进一步发展，社会主义企业将拥有越发先进、越加庞大的物质技术装备，企业的技术构成将日益提高，日益成为资金与技术密集型的大规模商品生产。

对于像我国这样人口多、底子薄的社会主义国家，要实现大规模的商品生产，当前必须大力发展劳动密集型商品生产，然后，创造条件向技术密集型商品生产的阶段发展。因为，资金或技术密集的大生产，是社会主义大商品生产的高级形式。只有在企业资金与生产资料规模扩大的基础上，才能保证企业生产过程有必要的规模，以至足以充分利用企业内劳动的分工与协作，才能利用生产资料积聚而得到节约，才能把科学研究与物质生产内在地、有机地结合在一起，充分地利用科学这一直接生产力的因素。归根到底，才能进一步发展生产的社会化。

第二，向大规模商品生产发展，才能进一步实现社会主义基本经济规律的要求。社会主义大规模商品生产，无论是凭借劳动密集或是依靠技术密集，它总是打破了小生产使用物质技术条件与人力条件上的局限性，把生产力推向前进，创造出更多的剩余产品，从而不仅具有更强大的扩大再生产的能力，而且拥有生产商品的高度效率与强大能力，能够提供出大批量的、物美价廉的、品种繁多的商品以满足全体社会成员不断增长的物质与文化生活需要。在大规模商品生产的基础上，增强企业的积累能力与商品生产的能力，对于像我国这样的不发达的社会主义国家，具有更重要的意义。在我国国营企业中多数是技术构成不高，机械化还处在初步阶段的劳动密集型的生产。在轻工业与手工业领域中，还存在众多的资金少、技术简陋的小型生产。在农业集体经济中，主要还是以手工工具与手工劳动为基础，农村的生产队，就其所使用的土地的规模来说也是很狭小的，就其内部的劳动分工与协作来说是不发达的，因而是商品率很低的半自给性的小型生产组织。马克思在论述手工业与小农业时说："这是完全**不可能积累**或者只能有很少**积累**的形式；这种形式只容许少量剩余产品，而且其中很大一部分要被**消费掉**。"[①]显然，即使是社会主义的联合商品生产者，如果停留在手工工具的技术基础上，那么它的剩余产品也是不多的，它提供的可供社会其他成员消费和用于积累的新价值也是有限的。因而，企业在逐步地实行技术革新和适当地扩大集体劳动范围的基础上，扩大商品生产的规模，便成为最有效地实现社会主义基本经济规律的要求的必要条件。

第三，向大规模的商品生产发展，为社会主义国家更有效地实行计划管理创造了经济条件。社会主义的商品生产组织，是由许许多

---

① 马克思：《政治经济学批判》，见《马克思恩格斯全集》第46卷上册，人民出版社，1979年，第509页。

多具有相对独立性的联合生产者组成的。这种众多的具有经营自主性的生产者，在商品生产所固有的价值规律的作用下，它们的生产与经营活动不能不具有一定的自发性，从而与社会主义经济有计划按比例发展的要求不相适应。企业的资金量与生产规模越小，具有相对独立性的生产单位越多，不仅有生产不同产品的众多企业，而且生产同一产品也有众多企业，这就意味着生产具有分散性。固然这种生产的适当分散，也是发挥商品生产者的经营灵活性与对市场的适应性的必要条件，但是另一方面，具有相对独立性与局部利益的生产单位的分散经营，就往往要进一步增强企业经济活动的自发性。可以说，从事商品生产的企业在规模上越小，在数量上越多，生产的分散性程度就越高，特别是在通过市场的价值规律的调节作用，企业经济活动的自发性因素往往会使社会主义经济在"活"起来以后却又带来某些"乱"。我国有40万个国营企业，几百万个生产队，有数量众多的城镇集体所有制单位，个体商品生产者更是难以计数。为了有利于社会主义国家对国民经济进行集中的管理与有计划的调节，为了把社会主义经济的计划性与商品生产者自主经营的积极性结合起来，做到"活而不乱""统而不死"，就有必要把由大量的小企业组成的经济结构逐步改组成为由大型的或较大的企业组成的经济结构。为此，有必要创造条件，逐步地实行必要的生产集中，把小企业变成大企业，把小规模的商品生产变成大规模的商品生产。

第四，企业实行大规模的商品生产，是社会主义制度下的价值规律作用的必然结果。在资本主义商品经济中，企业的技术进步与生产资料的积聚与集中，是在通过资本主义竞争而起作用的价值规律的强制下实现的。马克思说："竞争斗争是通过使商品便宜来进行的。在其他条件不变时，商品的便宜取决于劳动生产率，而劳动生产率又取决于生产规模。因此，较大的资本战胜较小的资本。"①在社会主义制度下，价值规律的作用程度与状况，尽管已不同于资本主义经济，但是它仍然是推动企业去大力扩大生产规模，以实现技术进步和提高劳动生产率的经济杠杆。在社会主义商品生产中，一方面，技术先进、劳动生产率高、成本低的企业就能获得更多盈利和分享较多的物质利益；另一方面，社会主义竞争所形成的对缺乏经济效果的企业的压力，同样成为推动企业去千方百计地降低生产成本以增强它们的商品的竞争能力。可见，价值规律的作用总是要促使企业由小规模的商品生产走向大规模的商品生产。在社会主义商品生产的发展过程中，商品生产单位逐步地扩大它的资金与生产资料规模，逐步地由进行小规模的商品生产的企业发展成为进行大规模的商品生产的经济联合体，是社会主义生产社会化的规律、社会主义基本经济规律、社会主义国民经济有计划按比例发展规律和价值规律等的要求，因而是一个必然的发展趋势。

（二）社会主义资金积聚与社会主义资金集中

社会主义企业商品生产规模的扩大，是在社会主义商品生产条件下社会扩大再生产的重要表现。这种企业商品生产规模的扩大是以生产资料的聚集和劳动力的一定聚集为前提的。实现这种生产条件（生产资料和劳动力）的聚集有两个途径：一是社会主义资金积聚；二是社会主义资金集中。以上两个方面都是社会主义积累过程，即剩余产品的资金化的必然表现。

社会主义积聚，首先表现为企业将自身获得的剩余产品价值的一

---

① 《马克思恩格斯全集》第23卷，人民出版社，1972年，第686～687页。

部分用以增加资金总额。由于在生产资料公有制条件下，企业的剩余产品主要部分是通过上缴利润成为国家集中的积累，国家将集中的积累有计划地分配给各个需要发展的企业，这种国家统一分配与调度的资金就成为企业资金积聚的主要来源，因而用国家统一分配的资金来扩大企业资金的规模，就成为以公有制为基础的社会主义企业资金积聚的另一种形式。社会主义资金积聚是扩大社会主义商品生产规模的基础。就微观（企业）角度来说，企业商品生产规模的扩大，总是与企业的新资金的增加或企业资金积聚规模相适应的。就宏观（社会商品生产总规模）来说，它总是与社会资金积聚增加相适应的。因此在社会主义社会，首先要保证国民收入的迅速增长，其次要正确处理国民收入年增量中积累增量与消费增量的关系，保证国民收入年增量尽可能地用于扩大企业自主积聚与国家集中进行的积聚。这样，就能使企业资金积聚量，从而生产资料积聚量有更大的增长，并由此做到尽可能地扩大商品生产的规模。

为了最有成效地进行社会主义的资金积聚，要充分发挥企业自主积聚的作用。企业是社会主义经济机体的细胞，企业能够从收入中提取一定数量的自有资金来扩大它拥有的资金规模，即企业具有从事自主的资金积聚能力，企业就能成为具有自我扩张能力的生机勃勃的经济细胞，就能够使每一个企业的商品生产规模不断地和持续地扩大。为此，就必须保证企业有对原有资金的占用权，而且必须拥有一定的利润提留权。如果国家和上级机关可以任意调用企业的资金，从而取消企业的资金占用权，同时在财政上对企业实行全收全支，没有利润留成权，那么，企业就不具有自主的资金积聚的能力，企业的资金就不仅不能自行地和不断地增大，而且还会处在连老本也难以维持的困难局面，这样就会影响和削弱社会主义扩大再生产的基础。

在社会主义资金积聚中，国家直接控制的资金积聚起着特别重要的作用。社会主义国家通过财政渠道集中了各个企业的上缴利润，并从中形成用于扩大再生产的资金，并且按照国民经济有计划按比例发展规律的要求，有计划地分配给各个生产单位，用以补充和增大原有企业的自主的资金积聚，或形成新的资金，以建立新的企业。国家控制的资金积聚具有如下特点：首先它具有计划性。分散地进行的企业自主资金积聚总是难免会带有某些自发性，甚至会出现重复生产、盲目发展等现象，而国家控制的资金积聚则是集中进行的，因而是有计划的，它能按照按比例分配社会劳动规律的要求，或是将资金较均衡地分配于各个生产单位，或是重点地使用于某些生产单位；其次它具有集中性。由于国家把来自许许多多企业的上缴利润和税金集中起来，就形成大规模的生产资金，并可以重点使用于某些耗资巨大的企业。我们看见，资本主义商品经济中，私人企业的积聚只是或主要是采取企业积聚这一形式，它是在各个企业中分散地进行的。这种分散的企业积聚，不仅要受到私人资本的积累量（它是剩余价值的资本化）的限制，而且因为原资本分化为新的独立资本而受到分割。正如马克思所说："所以，积累和伴随积累的积聚不仅分散在许多点上，而且执行职能的资本的增长还受到新资本的形成和旧资本的分裂的阻碍。"[①]这就决定了私人资本积聚规模的局限性和分散性。而在社会主义经济中，公有的社会资金由于采取了国家集中控制的积聚形式，就克服了分散的企业自主积聚的局限性，使个别企业的资金积聚能够达到巨大的规模，由此来实现更大规模的生产资料的聚集和更大（合理的）范围的劳动力的聚集。通过国家集中与分配资金以保证资金在个

---

① 《马克思恩格斯全集》第23卷，人民出版社，1972年，第686页。

别企业中的巨大集结，这正是社会主义资金积聚的特点，也是社会主义资金积聚的优点。社会主义国家之所以能迅速筹集起巨大规模的建设资金并用来建设许多关键性的大型现代化的建设项目，加快经济增长的速度和促进落后地区经济的发展，正是在于自觉地运用了社会主义资金积聚的这一优越性。因此，在社会主义建设中，国家控制的资金积聚不仅不能削弱，而且要为它的顺利进行创造充分的条件，如要保证国民经济管理体制的必要而适当的集中性质，要维护国营企业的全民所有制性质，企业利润大部分必须上缴国家；要完善财政体制，健全税收制度，并有效地利用价格杠杆，以保证国家积累达到应有的规模。特别对于像我国这样底子薄的社会主义国家，强大而充实的国家积累更具有重要的意义。

社会主义资金集中，在于把原先分散在若干个企业的资金集中在一个企业中，尽管它不是社会总资金的实际增长，而只不过是改变了社会资金在各个企业之间的分配与量的组合，但是由于它通过积少成多，从而在社会资金总量不变的基础上实现生产资料的大规模集结，因而它是实现生产规模扩大的另一重要途径。

社会主义的资金集中是通过企业的联合化来实现的。社会主义联合化是公有制企业的有计划的自愿合并。它通过社会公共的资金的联合与合并来实现生产资料的集中和劳动力在必要范围内的集中。它在微观上，通过改造单个的小企业以形成具有强大商品生产能力的经济联合体；在宏观上，它使社会主义商品生产组织结构合理化和经济效益进一步提高。

联合化早就出现在资本主义经济中，如股份公司就是私人资本的联合。在帝国主义时代，垄断资本更是采取各种各样的垄断的联合形式。社会主义的联合，根本不同于资本主义的联合。（1）社会主义联合的目的是为了在大规模的商品生产的基础上，生产出更多的物质财富来满足全体社会成员的需要，而资本主义联合的目的则是旨在追求最大限度的资本主义利润；（2）社会主义的联合是以公有制为基础的劳动者联合体的进一步扩大，参加联合的各个企业存在着根本利益的一致，联合起来的生产者不丧失它们对生产资料的主人翁的地位，因而实现联合就成为这些有关企业的共同要求与自愿行动，它在社会主义经济中有着广阔的活动场所，能够超越各个不同部门和不同地区、不同所有制的界限，把各种有关的企业联合起来，实现最合理的经济联合化。而资本主义的联合则是贯穿着私人利益的冲突，垄断联合更是大鱼吃小鱼，以"资本家剥夺资本家"为内容，因而它必然要遭到资本小的一方的激烈抵抗。可见，私有制给经济联合化设置了障碍；（3）社会主义联合化是有计划的。社会主义国家能够有计划地指导与调节经济联合化进程：首先，有利于企业在生产专业化基础上最充分地发挥企业的技术密集的生产力和劳动密集的生产力；其次，有利于在企业间生产协作化的基础上最充分地发挥劳动的社会结合所产生的、不费代价的生产力，即马克思所说的"社会劳动的自然力"；再次，有利于使企业在供产销上衔接起来和实现供求平衡；最后，有利于大中小企业的最优结合，充分利用各层次的生产力。这样，国家按照客观规律的要求，根据各行各业、各地区的特点，来科学地规划企业联合的范围与规模，寻求一个最优的宏观联合体的结构，并采取必要的行政手段，实行自上而下的指导与调节，有步骤地来实现这一联合，从而建立一个能以最少劳动耗费求得最大经济效果的合理的经济组织结构。而资本主义联合则是在资本主义竞争中自发地与盲目地进行的，它通过"较大的资本战胜较小的资本"，造成了垄断组织的暴虐统治，而在垄断竞争中，垄断联合愈加沿着控制市场与控制原料的方向发展，它加深了社会经济结构的畸形化。

总之，社会主义制度下，开拓了经济联合化这一实现生产资料集中与大规模商品生产的宽阔的道路。正如马克思所说，社会主义是"联合的生产方式"①。联合化是一条迅速地发展社会生产力的必由之路，也是一条进一步完善社会主义有计划的商品生产的必由之路。特别对于像我国这样的底子薄、劳动生产率低、资金积聚规模有限的国家，只要我们能够最充分地运用与发挥社会主义经济联合化的优越性，就可以在不增加或少增加社会资金总量的前提下，凭借最大限度地利用生产资料集结与劳动力集结形成的社会生产力，来加快我国现代化事业的发展。

（三）社会主义联合化与经济规律

1. 联合化必须适应生产力的水平与状况

社会主义联合化是通过对独立的企业联合与合并，实行生产资料和劳动力的结合，以推进生产的专业化和劳动的协作化。因而经济联合化必须适应于现有生产力状况所决定的生产专业化与劳动协作化的要求。

联合并不增加生产资料的总量，但它通过按专业化的协作原则来改组企业的生产组织，如将经营分散的"全能厂"变成集中生产的专业车间，实行产品专业化、零部件专业化、维修专业化。这样凭借改变生产资料的使用方法，就能够充分发挥企业所拥有的物质技术生产力的作用。这种情况，业已为近年来我国许多经济联合体所取得的成效所证明。这些经济联合，一旦实现了生产改组，发展了生产专业化，就使产

① 《马克思恩格斯全集》第25卷，人民出版社，1974年，第498页。

量大幅度地增长，质量也进一步改善，品种增加，原材料消耗与能源消耗得到节约，成本进一步降低。因此，在社会主义经济中，联合化必然要引起与促进生产专业化，它既直接地发展经济联合体内部的专业化协作关系，提高与发挥微观的即联合体的物质技术生产力，又促进各个经济联合体之间的专业化协作关系，提高和发挥宏观的即社会整体的物质技术生产力和社会劳动生产力。在社会主义经济中，评价联合的效果与经济意义，要以企业的和社会拥有的物质技术条件的生产力发挥状况为标志。如果联合化并不能使联合体内部生产资料使用更合理，不能实现生产资料的更大效率与节约，不能引起企业劳动生产率的提高，那么这种联合就没有经济意义。如果联合化通过联合体内部的合理分工，使生产资料使用合理和具有更大效率，但却并未与社会主义国民经济整体的生产分工和生产力的合理布局同步，甚至打乱了整体的生产分工，它就不能带来社会劳动生产率的提高，甚至局部领域生产力的提高影响了全局领域生产力的提高。如某些技术设备落后的联合体，因为占据了原料来源，从而影响了技术先进的企业的生产发展，那么这种联合化同样是没有经济意义的。正是如此，在推进社会主义联合化中，人们必须有全局的观点，既要从联合企业内部生产资料的合理使用着眼，又要从社会整体的生产资料的合理使用着眼；不仅要以个别企业生产力的提高状况，而且要以各个行业和国民经济整体生产力的提高状况来考察和评价联合化合理性。

联合一方面促进生产专业化，另一方面又是生产专业化发展的产物，从而要受到物质生产力的发展水平与状况的制约。

经济联合具有多样形式，如果按照企业经济活动联系的紧密性的标志来区分，可分为：（1）以长期合同固定起来的外部的联合。企业通过合同建立起一定时期的企业外部的专业化协作关系，但企业在生产上保持着独立性。这是联合的初级形式。（2）用合同固定起来的以定点加工为内容的联合。如由主要企业向协作单位发给原料，收购产品，或者租借设备和在技术上进行指导。这种联合不仅是通过购销关系来发展企业间的分工劳动协作关系，而且带有企业内部分工与劳动协作的性质。（3）商品供销个别环节上的联合。与企业在某些原材料采购与商品推销上进行联合，类似辛迪加，这是企业内部的局部经济活动的联合。它能够实行流通手段的集中和直接地在流通活动中组织分工与协作关系。（4）全面经济联合。参与企业在生产、流通上的全面联合，实行统一经营，共同分享利润，原有企业在很大程度上失去生产与经营独立性，但是在所有制与分配关系上不变。全面性的经济联合也可以仅仅包括生产与流通的主要方面，与企业在个别领域内经济活动保持独立，这时，这种联合还带有不完全性与松散性。一旦参与企业的一切经济活动，均实行集中统一，企业完全失去独立，成为联合公司的一个分厂或车间，这时，联合才具有紧密的联合的性质，这将是联合化的更高发展阶段。全面性的经济联合，能实行生产资料与流通手段的全面集中和直接在联合体范围内的经济活动中组织专业化生产，它是分工与劳动协作化的更高阶段。

　　社会主义联合化不能搞一刀切，采取哪一种具体的联合形式，要根据参与联合的企业的经济条件状况和经济发展的需要而定。但是，发展企业间的生产分工与劳动协作，一般说来，总是先由企业外部的分工协作关系，进入企业内部的分工协作关系；先由联合企业内局部范围的分工协作关系，扩大到联合企业全面性的分工协作关系；先由企业间暂时性的、松散的分工协作关系，发展到联合企业内部长期的、紧密的分工协作关系。而这一联合体内部的分工与协作关系的由低到高的发展，归根到底，取决于参与企业的物质技术基础的发展与扩大，因为企业越是拥有更大规模的先进物质设备的集结，它越能进行企业内部专业化分工，越能实行与发展大规模的产品、零部件专业化，越是要求克服单个企业物质技术与资金上的局限性和实行联合化，越是要求进一步地扩大企业间的联合范围和提高联合的程度。可见，从本质上来看，社会主义联合化的状况取决于企业物质技术基础的状况，而不能听随人意。

在发展社会主义联合化中，根据各部门、各地区、各企业的具体条件，确定与规划发展联合的方向、范围、形式、步骤，使经济联合化与企业的物质技术基础相适应，具有重要意义。就联合体的规模来说，联合既要有适当的规模，以保证能够有效发挥生产资料与资金集中的效果，形成新的生产能力，但又不能是规模越大越好。超越了一定限度的过大范围的联合，或者会使集中的劳动手段的生产能力超出了当地原材料的供应能力，从而增加了原材料的运输费用，或者会因为产品生产量超过了当地企业的需要和市场的需要，增加产品的运输费用，如大型的钢铁联合体就可能出现这种情况。特别是密切依存于市场的消费品的生产，规模过大往往使转产困难，削弱生产的灵活性和对市场的适应性，从而使联合体臃肿不灵，不具有经济合理性。因此，必须根据企业的特点、物质技术条件的状况、经营管理水平、外部经济条件（如市场、运输等）以及是实行生产资料密集还是劳动力密集等因素，来确定经济联合体的最优规模，以保证发挥联合起来的社会资金的最大效果。特别是在经济现代化的初始阶段，在主要是实行劳动密集而不是技术密集的时期，一方面，在企业内部还难以普遍实行以现代化先进技术为基础（它要求大规模的资金集中）的生产专业化；另一方面，在实行较多劳动力的集结为特点的劳动密集型生产的条件下，为了有利于管理和有利于发挥生产与经营的灵活性和对市场的适应性，不宜采取过大的联合规模。

特别是对于那些主要依靠手工技巧与个人熟练的一些手工业企业、服务业企业，不一定需要实行联合，或者较大的联合。就农业来说，在专业化生产的基础上发展农业内部的横向一体化和发展农业与工业、商业之间的纵向一体化，有着广阔的场所。但是，也必须看到农工商一体化的大企业的巩固和发展，毕竟是要以机械化大生产与农业的专业化和区域化为物质基础的。在手工工具与手工劳动的条件下，在人们的经营管理水平还跟不上的情况下，还不宜建立规模过大的以农业为主的综合经营的联合体。

同样地，就联合的形式来说，要根据参与企业的具体条件来加以确定，而不能盲目追求高级联合化。如果参与的企业较多，它们的技术基础薄弱，资金少，还不具备进行较大的生产改组以实行生产专业化的物质条件与经济条件，在这种情况下，保持企业的独立性，采取通过企业外部的、松散的联合形式就更为适宜。此外，参与的企业由于技术上的或经济上的原因，还不能实行包括生产与流通领域的全面联合化，在这种情况下，实行局部的联合化，如购销活动联合化，或单项产品生产联合化，或主要产品生产联合化等，某些经济活动领域让企业独立自主，将更有利于参与企业生产能力的充分发挥。也就是说，有必要使联合化适应参与企业的物质技术基础与经济基础的壮大，而由低级形式到高级形式，由外部的表层的联合到内部的、里层的联合，由松散的联合到紧密的联合，逐步地向前发展。采取这种逐步登楼的方式，将使每一步联合经受社会需要与市场作用的检验，证明它的经济合理性，并不断地发展和完善，就能使联合化扎扎实实地、健康地发展，避免因实行没有经济根据的匆促的企业生产改组所带来的消极作用甚至生产力的破坏。

总之，社会主义联合化，作为企业生产组织的变革，即小规模的商品生产组织扩大为大规模的商品生产组织，它必须受生产社会化规律的制约；同时，它作为公有制范围的扩大，即由较小的全民所有制企业或集体所有制企业扩大为较大型的全民所有制企业或集体所有制企业（或联合所有制的企业），它又必须受生产关系一定要适合生产力性质规律的制约。因而，人们必须从我国现实情况出发，从各个有关企业的经济条件和特点出发，深入地研究客观经济规律的要求，来决定企业实行联合的范围、形式和步骤，以保证经济联合化充分地适合生产力发展的要求。要切实地防止在联合中不比较和不讲求经济效果而一味地追求"大"范围（跨地区、跨大步）和一哄而起。正如实践经验所证明：那种超越了生产力所要求的限度的联合，由于不可能经济合理，不具有生命力，从而是不可能持久的，迟早会重新分解的。

2. 联合化要适应价值规律与国民经济有计划按比例规律的要求

社会主义联合化是社会主义企业的生产集中过程和资金集中过程，因而它必然要从属于社会主义商品生产的客观规律的作用，从而具有下列特征：

第一，商品生产者的自主联合。实行联合的各单位，不论是集体企业还是国营企业，都是相对独立的或独立的商品生产者与法人。它们对本企业的生产、扩大再生产和联合不但享有经济利益，而且也要为之承担经济责任。特别是实行盈亏责任制的全民所有制企业，更要从经济利益与责任上来关心企业的扩大和联合。因此，社会主义联合就必须是企业的行动，而不能是一切听命于上级，完全自上而下地实行合并。只有充分调动与充分依靠企业的自主联合的积极性，才能使分散在各企业中的社会资金（生产资料与货币）具有相互吸引的力量，促使其凝聚与集结，从而打开生气勃勃的企业联合化与社会主义生产组织合理化的局面。反之，如果压制企业的自主联合的积极性，或者单纯地由上级机关来推动和制造联合，那么必然会由于挫伤了企业自主联合的积极性，欲速则不达，反而抑制社会主义联合化的发展。

第二，价值规律作用下的经济联合。在商品生产条件下，企业的经济联合化，还要在一定程度上从属于价值规律的调节。这一调节作用表现在企业从经济利益这一内在动力出发，又在社会主义竞争的外在压力下，积极主动地去进行联合，以改变"大而全""小而全"的状况，进行专业化分工，以提高劳动生产率，降低成本，增强市场竞争能力。我们看到，在社会主义经济建设中，如果人们采取种种压制、削弱价值规律的措施，取消竞争的作用，即使是上级机关大力倡导联合，但企业却因缺乏积极性而行动迟缓，联合的步子老是迈不开。而一旦在社会主义经济机体中有效地运用市场作用，运用一定程度的竞争，就会出现企业自动地搞联合的趋势。可见，自觉地运用价值规律的作用，人们就能促使社会主义联合化顺利地发展。此外，在市场的作用下，那些不合理的联合体就会出现盈利减少，甚至亏损，因而，价值规律既促进具有经济效果的联合化，又自行抑制那些缺乏经济效果的联合化。因而，自觉地与正确地运用市场的作用，将进一步促进社会主义联合化的顺利发展。

第三，国民经济有计划按比例发展规律作用下的经济联合。社会主义社会的商品生产是有计划的商品生产，它要从属国民经济有计划按比例发展规律的作用，因而社会主义联合化就必然表现为有计划的联合化。它表现为社会主义国家按照客观规律的要求，自觉地指导和调节各个行业、各个地区的企业联合活动。因而，在国家计划管理与指导下的有计划的、有条不紊的经济联合，便成为社会主义联合化的特征，它与资本主义商品经济中的私人资本联合化的盲目性与无政府状态形成鲜明的对比。由于联合化中企业的自主的积极性的发挥，特别是在市场的作用下，企业的自主联合还不能不带有某些自发性，如企业在暂时性的市场因素下，在供不应求与有利的价格下，盲目扩大联合范围，形成某些产品的过大生产能力，或是盲目地搞跨地区联合，超出了合理的运输半径，或是着眼于暂时的经济效果来进行联合，而不是根据企业长远的与全面的经济效果来进行联合，等等。固然，价值规律的作用是推动联合发展的有效杠杆，也是推动企业在联合基础上实现某些产品供求平衡的杠杆，但是价值规律作用下实现的平衡，却有其固有的局限性，往往是一时性的平衡。因为它扩大联合体的生产能力满足某些一时性的供不应求，却可能造成或加深以后的供过于求。譬如市场上的电风扇大量缺货时，许多企业因此联合起来生产电风扇，从而使生产能力过度扩大，造成一定时期后电风扇生产能力过剩。价值规律自发调节下的均衡往往是局部性的均衡，它通过扩大或压缩联合体生产能力，在某些地区实现供求的均衡，但却因此造成其他地区或全面的供求不均衡。如因为纸烟供不应求，某些企业通过与原料生产企业相联合而在某一些地区收到缓和供求矛盾的效果，却增加了其他地区的企业的原料不足，影响了纸烟生产能力的扩大，造成全面的供求不均衡。可见，价值规律作用下的联合化与国民经济有计划按比例发展规律的要求的矛盾是客观存在的。正是如此，社会主义联合化离不开国家的计划管理与调节，国家要根据国民经济有计划按比例发展的要求来推动、指导与调节各行各业的经济联合，以保证在联合化基础上实现生产能力的最大增长和保证国民经济比例关系的协调，使联合化能进一步加强国民经济计划化。国家要通过各种经济杠杆和采取必要的行政手段来推动与扶持有经济依据的经济联合，也要限制甚至禁止那些削弱国民经济全局生产能力和带来国民经济比例失调的盲目的联合。特别是社会主义商品生产的构成越多样，例如集体所有制企业与个体所有制企业数量越多，经济机体中市场的作用越是显著，对联合化的国家自上而下的计划指导与调节作用就越是要加强。

总之，在社会主义联合化中，要把发挥企业的自主性与国家的计划管理结合起来，把自下而上自觉自愿联合与自上而下的调节与控制结合起来，把利用经济杠杆与利用行政手段结合起来，既避免联合中的"官办"与长官意志，又防止自流与盲目性，这样就能使社会主义联合化成为推动社会主义商品生产迅速地和有计划地发展的强大杠杆。

3. 社会主义联合化必须适应社会主义公有制的发展和完善的要求

社会主义经济联合，通过对原有企业的合并，把分散使用的生产资料与资金集中起来，归新的联合企业支配使用，原先各自直接支配较小规模的生产资料的联合劳动者，现在成为更大联合体中的平等的一方，它们共同支配与使用集中起来的生产资料，并且平等地参与企业收入的分配，因而社会主义联合就表现为公有制企业的扩大，是公有的小企业变为公有的大企业，是联合劳动者在拥有较小规模的生产资料的企业内的结合变成联合劳动者在拥有较大规模的生产资料的企业内的结合。社会主义联合不过是改变了劳动者使用生产资料的方式，不会改变劳动者作为生产资料主人的地位，而且由于联合劳动者现在支配着一个更大规模的生产资料，并且平等地分享一个更大的新生产能力的更丰饶的成果，因而这就意味着生产和分配社会化的进一步发展。可见，社会主义联合化，是在生产资料集中化的基础上，实现生产资料进一步的公有化与人们相互间的社会主义互助合作关系进一步的完善化。这正是社会主义联合化的重要特征，它与资本主义联合化通过大鱼吃小鱼，形成私人资本的垄断和加强了资本家对无产者的剥削，形成鲜明的对比。

联合化必须使社会主义公有制不断巩固和更加完善，这是组织社会主义联合化的重大原则。人们如果能够找到联合化的适当的形式和规模，正确处理联合企业内部的各种经济关系，促使公有制的巩固与更加完善，更加适应于提高了的生产力的要求，这样，联合化就能带来良好的经济效果，成为促进社会主义经济迅速发展的动因。

在联合体内部各单位间进行的生产资料、资金、技术、劳动力等的统一调度中，坚持等价原则和联合体收入在各单位间贯彻平等、互利原则，是保证经济联合体公有制的巩固与发展的关键。社会主义公有制企业还存在着全民所有制与集体所有制的区别，全民所有制企业也仍然是具有相对独立性的生产单位，它们拥有对生产资料与资金的一定的、相对稳定的占用权，它们也正是以相对独立的法人身份平等地来参与联合的。社会主义联合化就必须从参与企业的这一相对独立的经营者或所有者（集体单位）的基础出发，正确地处理它们之间的利益关系，要使联合化不削弱原有的联合劳动者对生产资料与产品的占用或占有权利。为此，在联合化的初始阶段要实行参与企业独立核算，原有的所有制关系不变。这就要求联合体在内部各独立核算单位之间在统一调度土地、机器设备、资金、技术、劳动力时，必须贯彻等价原则。如果联合体中各单位在进行生产改组中、在交换劳动条件与产品中，违反等价原则，如对一方的物资与劳动作价过高，对另一方的物资与劳动作价过低，就会发生一方侵犯另一方的经济利益，或侵占和并吞另一方的财产的情况。采用这种无偿的调度，即平调方式来进行生产资料的集中，是同社会主义企业的所有制的性质与特点相违背的。这种平调如果发生在国营单位与集体单位之间，它就会产生或者削弱全民所有制或者削弱集体所有制的情况；如果发生在集体单位之间，就会引起一方"共"另一方的"产"的情况；如果发生在国营单位之间，也会损害某些全民所有制单位的局部利益。归根到底，在进行劳动条件的调度中违反等价原则，只会削弱与破坏社会主义所有制。特别是在参与企业实行独立核算、依靠自身的收入来扩大再生产与发放职工的工资的情况下，联合体无偿地或不等价地调度参与单位的生产条件，就会引起联合体内部一些单位占有另一些单位的劳动成果的情况，从而削弱企业之间在社会劳动成果分配中的社会主义关系。

在联合体收入分配中，必须坚持互利、平等原则，在收入分配中既要使参与者利益均沾，又要贯彻按劳分配。这是巩固和发展经济联合体的重要条件。这就是说，一方面要使对联合体提供了生产资料、资金和劳动的各单位能够利益均沾，根据它们在新生产能力形成中的作用给予适当的报偿，以贯彻社会主义的企业物质利益原则，这是巩固与发展社会主义商品生产者联合的重要前提。如果在联合体收入分配中实行提供生产资料与劳动多少一个样，搞平均主义，就会取消进行自主联合的动力，也会削弱用以维系联合体的经济纽带。但是另一方面，这种分配中的互利也必须立足于联合体内部各单位职工劳动报酬与他们的劳动成果相适应的基础之上，尽可能地避免同一联合体内部同等劳动间的过大劳动报酬差别。如果联合体内部一些企业依靠它原先的生产资料和资金的优势，而在收入分配中享有过大的份额（不论它是采取按股份分红、分配产品或其他方式），另一些单位则享有过小的份额，这就形成了某些单位在收入分配中的实际上的特权地位，引起联合体内部各单位间在分配与占用扩大再生产资金与消费基金上的不适当的差别，甚至还会出现一些单位的劳动者占有其他单位的劳动成果的现象，违反了社会主义按劳分配的原则，使经济联合的发展离开社会主义的轨道。在这种情况下，不仅不可能调动联合体内部各单位和广大职工的积极性，而且联合体也难以巩固，甚至还会产生离心的趋势和使联合体归于解体。

可见，在组织经济联合中，只有切实地按照客观经济规律的要求办事，才能使社会主义联合化与社会主义公有化进程相适应，从而才能推动社会主义所有制的向前发展。具体地说，要根据等价交换原则与物质利益原则来正确处理组成联合各方面的利益关系，维护社会主义联合的互利性与平等性，决不能采用大并小、强凌弱、一方损害另一方和占有另一方劳动的资本主义联合的方式。只有在互利、平等的基础上才能使参加联合的各个独立核算单位切身地感觉到参加联合的好处，它们的经济实力才能日益增强，促使它们自主地去推动联合向纵深、全面的方向发展。在联合各方面的经济力量不断增强的基础上，在联合体内部专业化劳动协作更加发展、各个单位在经济上与技术上的联系越来越紧密、越来越要服从于严格的集中管理的情况下，由原先的独立核算单位向联合公司统一核算的过渡就将成熟，全民所有制的联合企业就将形成统一核算的全民所有制大公司，集体所有制的联合就将形成统一核算的集体所有制的大企业，全民所有制与集体所有制的联合企业就将日益融合形成统一核算的经济联合体。这就标志着一种新型的、更高的社会主义公有制形式的产生。但必须看到，这一过程绝不是短时期内所能完成，而要经历一个很长的发展阶段。

综上所述，社会主义扩大再生产表现为社会主义生产积聚与社会主义生产集中，而后者是采取社会主义联合化的形式的。因而，在发展社会主义商品生产中，必须充分地运用社会主义生产积聚与社会主义联合化这两种形式，特别是要充分利用社会主义联合化这一扩大社会主义再生产的有效形式。这是因为社会主义联合化，能够在不增加社会主义生产资料与劳动力总量的条件下，通过生产资料的集中与劳动力的适当集中，在微观上增强社会主义商品生产企业的生产能力，又能在客观上改善社会主义生产机体的结构与活动机制，增强整个社会主义国民经济机构的生产力。但是，发展社会主义联合化，必须按照客观经济规律的要求办事，必须从我国的国情出发，认真研究生产力发展的规律、价值规律、国民经济有计划按比例发展规律、社会主义所有制发展的规律及其他有关规律的要求，必须严格地按照客观规律的要求办事。这样，才能卓有成效地促进社会主义大规模商品生产的发展，并在此基础上实现社会主义国民经济这一架大机器的组织结构与生产技术结构的合理化，从而把社会生产力提升到新的高度。

第四章

社会主义制度下的价值规律

一、价值规律及其作用机制

价值规律是商品生产的客观规律。在商品生产中，产品的生产过程表现为价值的创造，产品的交换过程表现为等价交换。正是由此，在商品经济中价值规律支配着生产与交换，并制约着社会财富的分配与消费，制约着商品经济的一切重要方面与重要过程。正如恩格斯所说："价值规律正是商品生产的基本规律。"[①]

社会主义社会在很长历史阶段内仍然存在商品生产，因而价值规律在很长时期内仍将对社会主义的生产、交换、分配和消费过程发生制约作用。在这一历史阶段内，为了保证社会主义商品生产有计划地、生气勃勃地发展和顺利地实现产品交换与分配，就必须按照价值规律的要求办事。在经济工作中，如果违反了价值规律的要求，人们就会受到惩罚，这已经为国内外社会主义经济建设中的许多经验教训

---

① 恩格斯：《反杜林论》，见《马克思恩格斯选集》第3卷，人民出版社，1972年，第351页。

所证明。因此，深入地研究价值规律在社会主义制度下的作用的性质与形式，阐明它由以发生作用的机制，找到最有效地运用价值规律以促进社会主义商品生产发展的方法和条件，便成为马克思主义社会主义政治经济学的重大课题。

（一）什么是价值规律

什么是价值规律？在社会主义制度下价值规律起什么作用？国内外经济学界对此争论最多、分歧较大。孙冶方说："什么是价值？什么是价值规律？仅仅解放以后十年间，我们经济学者就这两个题目所写的论文和专著，就何止数百万言。……但是经济学者们对于这两个概念的认识仍旧很不一致。"[①]孙冶方正确地指出对于价值与价值规律存在着"基本概念的认识上的混乱状态"[②]。就50年代以来我国出版的政治经济学社会主义部分教科书来说，许多版本不仅未曾给价值范畴和价值规律以应有的地位，习惯和满足于简单地给价值规律下定义，往往不是联系商品生产与交换的过程来分析它起作用的客观经济机制，而是从概念出发孤立地谈论价值规律的"调节"或"影响"作用。在1958年以来的"左"的思潮干扰下，一些论者往往在否认价值规律的"调节"作用下，着意贬低价值规律的作用程度，主观地限定价值规律的作用范围，竭力把它规定为顺从人意的"经济工具"，否认或忽视它的客观性质。"四人帮"的御用理论家们，更大肆宣扬价值规律是"资本主义规律"，诬陷尊重价值规律就是提倡"产值挂帅"。他们更在"限制资产阶级法权"的口号下，提倡人为地"消

---

① 孙冶方：《社会主义经济的若干理论问题》，人民出版社，1979年，第83页。

② 孙冶方：《社会主义经济的若干理论问题》，人民出版社，1979年，第83页。

灭"价值规律，要强制地将价值规律驱逐出社会主义经济活动的领域，企图实行他们美其名为"共产主义"的"不计成本""不讲报酬"的产品经济秩序。"四人帮"的极左理论，更加加深了社会主义经济理论研究中存在的自然经济论的传统偏见。孙冶方说得好："自然经济论使我们政治经济学的发展推迟了30年～40年，还停留在卢森堡、布哈林当时的经济学水平上，即自然经济的水平上。"[1]基于上述情况，联系社会主义社会的实际，更深入地来研究有关价值规律的基本理论，是具有重要意义的事。

为了更清楚地阐明价值规律在社会主义商品生产中的作用，有必要对社会主义社会以前商品生产中的价值规律加以说明。

马克思主义科学的劳动价值论，阐明了价值规律是商品的价值决定与交换比例决定的规律。它表现在生产领域中由社会必要劳动时间决定商品价值大小，在交换领域中由社会必要劳动时间决定商品交换的比例关系。价值规律正是社会必要劳动时间这一价值范畴规范生产与交换和制约商品生产总过程的运动的规律，这是个不以商品生产者意志为转移的客观必然性。不论生产者是机敏或是愚钝，它在生产与交换中都不能不这样办，不能不受这个经济必然性的支配。正如马克思所说，对于商品生产者，"不是他们控制这一运动，而是他们受这一运动控制"[2]。马克思在阐明价值规律时，从来不是采用简单的下定义的方法，而是通过商品生产与商品交换不断变动的经济过程来揭示价值规律的作用。首先，马克思阐述与揭示了价值规律作为价值决定规律的内涵：商品价值量不是取决于条件（工具与生产设备的状况、

① 孙冶方：《社会主义经济的若干理论问题》，人民出版社，1979年，第191页。
② 《马克思恩格斯全集》第23卷，人民出版社，1972年，第91页。

劳动力的熟练程度等）各不相同的生产者的个别劳动时间，而是取决于社会必要劳动时间。马克思说："只是社会必要劳动量，或生产使用价值的社会必要劳动时间，决定该使用价值的价值量。"①与此同时，马克思又把交换比例决定的规律作为价值规律内涵的另一方面，论述了市场上不断变化的商品交换比例要受价值量的制约和决定，要回到商品价值量的水准上来，尽管商品的交换中价格经常地高于或低于价值（社会必要劳动时间），但是等价交换，即价值规定这一交换比例却是必然的不可更易的趋势。马克思说："商品交换就其纯粹形态来说是等价物的交换。"②列宁说："价格是价值规律的表现。价值是价格的规律，即价格现象的概括表现。"③价值决定规律，体现了商品内在价值实体形成过程的规律性——即个别的劳动时间转化为社会必要劳动时间的必然性；而交换比例决定规律，却体现商品交换过程的规律性——即按照社会必要劳动量来进行交换的必然性。总括起来，价值规律就是商品价值实体决定与商品交换比例关系决定的规律的统一。

价值规律的上述两方面，是相互联系、不能加以割裂的。在价值实体决定与交换价值决定二者的关系中，价值实体的决定是基础，如像必须有商品的生产才有商品的交换一样，必须有价值的决定才能有交换比例关系的决定。只有在价值决定即社会必要劳动时间成为商品内在价值实体的基础上，才有商品交换比例关系的决定，即社会必要劳动时间在交换关系中的贯彻和实现。马克思主义关于价值规律的科学理论之不同于资产阶级经济学关于价值规律理论的地方，正在于马

---

① 《马克思恩格斯全集》第23卷，人民出版社，1972年，第52页。
② 《马克思恩格斯全集》第23卷，人民出版社，1972年，第180～181页。
③ 《又一次消灭社会主义》，见《列宁全集》第20卷，人民出版社，1958年，第194页。

克思主义不仅阐明了交换价值的决定，而且把商品交换价值归结为价值实体，归结为凝结在商品中的抽象的人类劳动，归结为生产中耗费的社会必要劳动时间。另一方面，价值决定本身又是离不开交换过程的。商品经济的价值量的规定，不是人们主观的虚构，不是人们对生产商品劳动耗费的头脑中的数学计算，而是无数商品生产者自发的市场交换行为的结果，是在一个不以人们意志为转移的客观经济过程中实现的。社会必要劳动时间决定商品价值的规律性，正是通过商品市场交换的具体比例关系以价值为中心而不断波动表现出来的。马克思说："但作为自然形成的社会分工部分而互相全面依赖的私人劳动，不断地被化为它们的社会的比例尺度，这是因为在私人劳动产品的偶然的不断变动的交换关系中，生产这些产品的社会必要劳动时间作为起调节作用的自然规律强制地为自己开辟道路，就象房屋倒在人的头上时重力定律强制地为自己开辟道路一样。"[1]像物体的浮力要在水中才得到表现一样，正是在商品的市场交换关系中，社会必要劳动时间这一价值范畴才成为现实。马克思创立的科学的劳动价值论，阐明了价值是凝结在商品中的社会必要劳动，社会必要劳动形成商品的价值实体，而交换价值不过是价值的表现形式，从而将价值规律作为既是支配商品生产又是支配商品交换的规律。这是对价值规律的深刻、全面的阐述。在认识社会主义商品生产中价值规律的作用时，我们必须根据马克思的价值理论，去认识与把握价值规律的全部内容，要将价值量的规定与交换比例的规定联系起来，从而认识价值规律对商品生产与商品交换的全部作用机制。如果将价值规律仅仅归结为规定生产中价值实体形成的规律，或者仅仅作为规定交换比例关系的规律，就

---

① 《马克思恩格斯全集》第23卷，人民出版社，1972年，第92页。

割裂了二者间的辩证关系，从而背离了马克思关于价值规律的原来的完整而精确的含义。①

经济规律是社会经济关系内部固有的、本质的联系与必然趋势。对经济规律的科学阐明，必须分析社会经济过程内部互相依存、互相制约的方面和环节，分析这一过程的矛盾运动，从经济过程内在的活动机制来揭示它的发展规律。对于价值规律的研究，也必须这样。我们不能仅仅停留在对价值规律下一个简单的定义上，更重要的是要深刻揭示在商品生产和交换过程中价值规律发生作用的经济机制。如果政治经济学不能深入分析市场商品售卖者与购买者双方互相依存、互相制约的购销活动，如果不能揭示价格与供求的互相依存与互相制约的过程，那么它就不可能深刻地揭示价值决定交换活动的必然性。如果政治经济学不能深入地分析商品交换与商品生产的互相依存、互相制约的活动，以及揭示市场价格变动与生产变动之间的相互作用，那么它也就不能揭示社会必要劳动时间制约商品生产的必然性。这样，人们对于价值规律的理解，就只能停留在复述描绘事物表象的定义上，从而知其然而不知其所以然。

（二）价值规律的作用机制

如上所述，价值规律决定了商品生产与交换由社会必要劳动量制约与支配的必然性。价值规律在简单商品经济与资本主义商品经济的

---

① 我国一些同志认为价值规律的含义只是在于它规定价值的实体，而把对交换价值的确定排除于价值规律的含义之外。这种论述不能说是正确的。孙冶方正确地论述了在社会主义全民所有制经济中价值规律还要起作用，但是他将价值规律仅仅当作"形成价值实体"的规律，而否认它是规定交换关系的规律。这样，就离开了马克思价值论中关于价值规律固有的内涵。（见《社会主义经济的若干理论问题》一书的《论价值》一文）

生产与交换中发生作用的全部经济过程归纳如下：

供不应求→价格上涨到价值以上（生产者获得了盈利）→生产扩大→商品供过于求→价格下跌到价值以下（盈利减少甚至亏损）→生产缩减→商品供不应求→价格上涨到与价值相适应→商品供给与商品需求平衡。

这一全部经济过程又可以区分为：市场上商品供求变动与市场价格变动相互制约的过程，以及社会生产变动与市场价格变动相互制约过程。

市场上商品供求变动与市场价格变动相互制约的过程如下：

需求增加引起供不应求→价格上涨到价值以上→需求减少，供给增加→供过于求→价格下跌、供给减少→价格下跌到与价值相适应→供求平衡。

社会生产变动与市场价格变动相互制约的过程如下：

生产不足→市场供不应求，价格上涨到价值以上→生产扩大→供过于求，价格下跌到价值以下→生产缩减→供小于求，价格上涨到与价值相适应→社会生产与社会需求平衡。

上述商品供求与市场价格变动相互制约和生产变动与市场价格变动相互制约的两个过程，是互为条件、互相制约又互相交叉的，表现为连锁反应。它们共同构成商品经济变动的机制，即所谓市场机制。在这一商品经济所固有的市场机制的顺利发生作用下，市场供求的均衡和社会生产与社会需求的均衡，是在价格与价值相适应的情况下形成的。这就具体地表明了社会必要劳动量既调节商品交换，又调节商品生产。在社会主义社会以前的商品生产中，价值规律正是通过这一市场机制而发生作用的。

对于市场机制进一步加以剖析，可以归结如下：

第一，市场机制是以商品生产者的经济利益为基础的自动调节机制。在私有制为基础的商品生产中，它以生产者的私人利益与独立经营为前提。在这种情况下，私人商品生产者在经营生产与交换活动中就能对市场状况做出灵敏的反应，如在价格上涨时立即扩大生产，将更多商品投入市场交换；在价格下跌时立即缩小生产，从而减少市场商品供应。

第二，市场机制首先表现为商品价格适应市场商品供求变动而变动。如商品供大于求引起商品价格的下跌，供小于求引起价格的上涨。而在供求出现暂时平衡时，就出现价格与价值的相一致，即商品按照社会必要劳动时间进行交换。这就表明，形成商品价值的社会必要劳动时间终究要在价格不断地上下波动中开辟道路。价值的调节商品交换的作用，正是在价格不断上下波动这一自发性的市场机制中实现的。

第三，市场机制还表现为商品价格适应市场供求变动而变动。就个别生产单位的生产来说，在商品价格因需求超过供给而上涨到价值以上的场合，不仅那些具有平均技术条件与劳动者平均熟练程度的单位生产规模扩大，而且那些技术条件较差与劳动者熟练程度较低即个别价值大于社会价值的单位也会投入生产。因为，后者的较高个别劳动耗费暂时还能够得到补偿。但由于生产扩大，市场上商品出现了供大于求，价格就下跌到价值以下，这就引起企业缩减生产，特别是那些技术条件较差与劳动者熟练程度较低即个别价值大于社会价值的单位，由于出现更大的亏损而首先被淘汰。在市场价格与价值一致的情况下，商品就稳定地由具有平均技术条件与劳动者平均熟练程度的单位来提供。这样，市场供求变动与价格围绕价值而波动，不断地对生产者的生产活动进行影响与调节，并终于强制那些分散的生产者都按照这种社会平均必要劳动耗费的要求来调整它们的生产方法与个别劳动耗费。可见，价值规律对生产的调节作用，即社会必要劳动时间决定商品价值，正是在这一自发性的市场机制中实现的。

就社会经济各个部门的生产来看，市场价格的变动还制约着部门生产规模的变动与社会总劳动在各部门中的分配。如价格上涨就会引起某一部门原有生产规模的扩大，或是其他行业转入这一部门，即引起更多社会劳动投入这一部门；价格下跌则引起这一部门原有生产规模的缩减，或生产者退出这一部门转入其他部门，从而引起投入这一部门社会总劳动的缩减。正是在生产适应市场价格变动而变动的机制中，最终使社会总劳动在各个不同生产部门的分配比例受到社会需要的规制，即使投入各个部门的总劳动是满足社会各个方面的需要所必要的。这也就是第二个含义的社会必要劳动对生产的调节的作用。①

第四，价格适应市场供求变动而变动与社会生产适应市场价格变动而变动是互相联系、互为条件的。一方面，价格适应市场供求而变动的机制是生产适应市场状况而变动的条件。例如，在资本主义诞生期存在着某些特权企业市场垄断的场合，生产者以事先设定的垄断价格来出售商品，即使是经营与技术落后，成本高的企业也可以维持生产并获得高额利润，按社会必要劳动时间这一水准来规制企业的劳动耗费的作用就失效了。另一方面，生产适应价格变动而变动的机制又是市场价格适应商品供求变动而变动的基础和前提。如果生产变动机制不灵，如存在生产垄断的场合，生产者在商品供不应求即价格高于

---

① 马克思说："社会劳动时间可分别用在各个特殊生产领域的份额的这个数量界限，不过是整个价值规律进一步发展的表现，虽然必要劳动时间在这里包含着另一种意义，为了满足社会需要，只有这样多的劳动时间才是必要的。"（《马克思恩格斯全集》第25卷，人民出版社，1974年，第717页）

价值时，也有意地控制生产量，这样，市场价格适应供求变动的机制也就不灵了。商品价格就将较长地保持在高于或低于价值的水平上，这就意味着社会必要劳动时间对商品交换比例的调节作用的削弱或失效。可见，在简单商品经济和资本主义商品经济中，只是在价格适应市场供求状况而变动以及生产适应市场价格状况而变动的双重机制不受阻碍地发生作用的条件下，价值规律对于交换以及生产的调节作用才能顺利地得到实现。

第五，价值规律通过价格波动与生产变动而起作用的过程，表现为生产者的个别劳动时间在不断地背离社会必要劳动中趋向与靠拢社会必要劳动时间的过程。这是因为：（1）商品经济中生产者的物质条件与劳动力条件的差别，即生产上先进与落后的差别总是存在的，从而决定了个别劳动时间与社会必要劳动时间的差别的存在；（2）由于先进的生产者具有更高的劳动生产率，单位商品的个别劳动耗费低于社会必要劳动耗费，可以实现更多利益，因此价值规律刺激生产者去改进生产条件与提高劳动生产率；（3）生产者竞相改进技术，减少生产开支，又引起产品社会必要劳动量的下降。在这新的更低的社会必要劳动耗费水准下，那些原先具有平均水平的企业向落后转化，出现了这些企业的个别劳动时间与降低了的社会必要劳动时间之间的新的差距。这样，生产者为了补偿它在生产中耗费的劳动和取得利益，就不能不进一步去改进生产技术与减少生产开支。可见，在商品经济的市场机制下，价值就成为趋于降低的变量。价值规律通过个别劳动时间与社会必要劳动时间之间的差距不断出现与不断弥合，成为淘汰落后企业的有力的经济杠杆，它威逼与督促生产者去不断地改进生产方法、技术条件与经营管理，在经常的、大规模的企业破产和社会劳动大浪费中推动生产力不断发展。

第六，市场价格变动的机制与生产变动的机制是通过竞争而实现的。正是私有的生产者在商品售卖与购买中的竞争，才实现了价格适应供求状况而变动。此外，正是由于私有的生产者在商品生产过程中的竞争，才实现了生产适应市场价格状况而变动。可见，竞争是保证市场机制起作用的必要条件，从而也是价值规律的调节作用顺利实现的必要条件。

基于以上论述，我们可以看到，正是在这些互相联系、互相制约的市场价格变动<生产规模变动<市场供求变动中，才实现了价值规律对商品经济活动的"调节"作用。

马克思在论述价值规律时，固然曾经将它简要地并抽象地归结为按照社会必要劳动时间来进行生产和进行交换的规律，但是这并不能作为我们可以用简单地下定义的方法来研究价值规律的依据。恰恰相反，马克思著作中在许多地方正是联系供求变动、价格变动等市场机制来阐明价值规律的作用。马克思在《资本论》第3卷的许多地方，特别是在第10章以及第37章中，就曾对价值规律由以实现和发挥作用的市场机制进行了周详的、多方面的分析。马克思曾说："科学的任务正是在于阐明价值规律是如何实现。……李嘉图的错误恰好是，他在论价值的第一章里就把尚待阐明的一切范畴都预定为已知的，以便证明它们和价值规律的一致性。……庸俗经济学家根本想不到，实际的日常交换关系和价值量是不能直接等同的。资产阶级社会的症结正是在于，对生产自始就不存在有意识的社会调节。合理的东西和自然必需的东西都只是作为盲目起作用的平均数而实现。"①列宁也说："既

---

① 马克思：《致路·库格曼的信（1868年7月11日）》，见《马克思恩格斯选集》第4卷，人民出版社，1972年，第368～369页。

然价格是交换关系，那就必然会了解在个别的交换关系同经常的交换关系之间，在偶然的交换关系同大量的交换关系之间，在暂时的交换关系同长时期间的交换关系之间所存在的区别。既然如此（无疑是如此），我们就必然要从偶然的和个别的交换关系提升到稳固的和大量的交换关系，从价格提升到价值。"①

可见，在简单商品经济和资本主义商品经济中，价值规律的作用正是通过市场机制而实现的，因此，联系市场机制来确切地与清楚地阐述原本意义的价值规律作用，就是很有必要的了。

二、社会主义制度下价值规律发生作用的特殊形式

经济规律的作用总是决定于客观经济条件。在人类历史的不同时期，由于某些共同经济条件的存在，因而在这些"共性"经济条件下产生的一般经济规律的作用，总是存在着某些共同点。另一方面由于不同的生产方式下经济条件的特征，这些一般经济规律的作用也就具有它的特点。

在认识价值规律的作用时，我们一方面要看到这一与过去历史上商品经济中"同一的价值规律"的共同点，更要看到它在社会主义商品生产下的作用的特点。

在社会主义制度下，价值规律失去了作为商品生产的万能调节者的作用，社会主义商品生产中主要的与最高的调节器是国民经济有计划发展的规律。

在社会主义商品生产中，国民经济有计划、按比例发展规律的

---

① 《又一次消灭社会主义》，见《列宁全集》第20卷，人民出版社，1958年，第195～196页。

作用——通常我们称之为计划调节——首先是通过国民经济的直接计划机制而实现的。直接计划机制表现在：对社会生产、交换、分配、消费等过程制订统一计划，分配与协调计划任务，修订与完善计划等一系列的国家对国民经济活动的自觉地组织、领导与控制。社会主义的直接计划机制是以相对独立的商品生产者之间的最广泛、最充分的自主的民主协议为基础，但是它毕竟是要以体现社会公共意志与公共利益的国家权力为依托，不能不利用命令、指令等行政手段和利用以上下级之间的指挥与服从的强制来实现国民经济的计划化。在社会主义制度下，直接的计划调节拥有巨大的权威力，凭借国家权力自上而下的推动，就可以像身之使臂，臂之使指一样地来支配包括生产、交换、分配、消费在内的整个国民经济活动。但是，直接的计划调节的作用立足于对各个客观经济规律的作用的自觉利用之上。

在社会主义商品生产条件下，价值规律仍然起着重要的作用。社会主义国家为了充分发挥计划调节器的作用，就要在运用直接的计划机制的同时，还必须自觉利用价值规律的作用。正由于此，研究与弄清特殊的社会主义商品生产条件下价值规律的作用形式、特点与发挥作用的经济机制就有十分重要的意义。

在社会主义商品生产中，大体地说，价值规律通过三种方式而发生作用：（1）在实行直接的计划调节领域内，价值规律作为保证实现计划调节的工具。（2）在实行间接的计划调节领域内，价值规律在国家直接计划机制下发挥辅助调节器的作用。（3）在某些局部领域中价值规律以主要调节器形式而自发起作用。

以下我们分别对价值规律作用的各种形式进行论述。

（一）价值规律作为保证实现直接计划调节的工具

价值规律作为实现国家计划的工具与杠杆而起作用，这是价值规律不通过市场机制而起作用的形式，这是社会主义制度下价值规律作用的崭新形式。

在社会主义制度下，经济活动的主要领域，由国家通过下达指令性的计划，来实行直接的调节与控制。特别是在特殊的历史条件下，如战争或是自然灾害引起物资严重匮乏时期，采用高度中央集权的计划管理方法，依靠直接计划机制来调节、统驭与协调国民经济的活动，更是不可避免的。但是，国家的直接计划调节不可以超越与违反价值规律，而必须遵循价值规律的要求，才能收得良好的效果。如在决定企业生产任务指标时，国家必须精确地核算与考虑各个企业的成本，必须根据产品价值水平状况来规定商品价格（包括它背离价值的幅度）；在投资中，除考虑社会对各种产品的需要外，还要根据投资回收期限的长短与盈利率的高低，来选择与确定用于扩大再生产的投资在不同部门间的分配等。总之，要把计划建立在人们对价值规律的自觉运用的基础之上，以保证在直接计划机制中充分体现价值规律的作用，即所谓"我中有你"，而不能脱离和不顾价值规律的作用，更不能将计划调节与价值规律的作用对立起来。

国内外社会主义经济实践的经验与教训表明，如果不认真研究价值规律的作用，不精确核算各种生产项目的劳动耗费与产品的成本，制定有科学根据的价格，并在企业与企业间的交换中贯彻等价原则，而是任意定价，扩大各种商品的价格与价值的差距，在企业间实行不等价的物资直接分配，这样的直接计划调节，不仅是难以实现的，而且会挫伤企业的生产与经营的积极性，影响企业资金的正常循环和再生产，还会引起生产结构的畸形化，并最终给国民经济带来消极的、甚至破坏性的后果。这就表明，如果人们违反价值规律要求，滥用国家权力，任意搞瞎指挥，这一最高的计划调节器也将宣告失灵。而在人们充分地依靠与遵循价值规律的要求的情况下，就为计划调节器增添了高效率的杠杆与滑轮，直接计划机制就能顺利地实现。

在实行直接的计划调节的场合，价值规律是作为计划调节器的杠杆、工具而起作用。在这种场合，由于国家规定统一的计划价格，对商品实行计划分配，直接下达生产计划指标，因而生产与交换是直接地由计划所支配，而不是决定于价值规律。这就表明，在这一经济领域，价值规律不再是充当独立的调节器，这一独立的调节器已经是由计划所充任，价值规律只是充当最高的计划调节器的杠杆、皮带和齿轮，成为使直接的计划机制顺利无阻地进行，保证计划实现的工具。这也就是人们通常所说的价值规律对生产起"影响"作用。这是价值规律在被人们自觉利用下发生作用的形式。这样，就意味着价值规律不再表现为社会主义社会以前的旧商品经济形态中那种"盲目的规律"①，不再表现为人们所不能加以控制的市场上的自发势力，并给经济生活带来破坏性的恶果，而是成为人们自觉地用来达到预期目的的工具。价值规律的这一作用形式，体现了社会主义制度的优越性。

价值规律以计划调节器的工具而起作用的方式（即在采取指令性计划方法的场合），它的优点是国民经济活动直接地从属于国家计划的调节；企业的经济活动在国家集中管理下，以高度纪律性、严格的秩序按比例地发展，不再存在市场机制下的自发性的因素。当然，这必须以计划是完善的，充分反映了价值规律与其他经济规律的要求为

---

① 恩格斯说：商品生产的规律是"作为异己的、起初甚至是莫名其妙的、其本性尚待努力研究和认识的力量，同各个生产者和交换的参加者相对立"，指出它是"盲目的规律"和"自发的力量"。（见《马克思恩格斯选集》第4卷，人民出版社，1972年，第171页）

前提。

基于社会主义制度下价值规律的这一作用形式, 社会主义国家, 为了确保企业的基本生产资料的供应和确保人民的基本生活需要品的供应, 换言之, 为了确保国民经济基本比例的平衡和经济的计划性, 必须在生产与交换的广泛领域, 例如首先在那些与国计民生密切相关的基本生产资料与基本生活资料的领域, 实行国家指令性计划的方法和体制, 采用计划价格与物资计划调拨的方法, 使价值规律在作为计划调节器的工具的作用形式下发挥它的积极作用, 避免市场作用下经济活动的自发性。特别是在物资与消费品供应不足的情况下, 这种计划价格形式与计划调拨形式更具有不可低估的意义。在不发达的社会主义, 特别是像我国这样底子薄、人口多的国家, 不少与国计民生有关的物资严重短缺的现象将会较长期存在。因此, 我们决不可以低估价值规律这一作用形式的重要性, 决不可以拒绝利用这种价值规律作用形式, 否则我们就难以在物资供不应求的情况下, 有效地保持国民经济的综合平衡与维护社会主义的计划经济制度。

(二) 价值规律通过市场机制起辅助的自动调节器的作用

在社会主义商品生产与交换的局部领域中, 具体地说, 在实行指导性计划的领域中, 价值规律通过市场机制而发挥作用的形式仍然存在。在社会主义经济理论的研究中, 有人曾经长期否认价值规律对生产的调节作用, 更不承认在国民经济某些领域内还存在价值规律通过市场机制发生作用的形式。这种理论将社会主义制度下价值规律的作用仅仅限制于上述指令性计划下人们自觉运用价值规律这一形式, 否认价值规律通过市场机制对生产与交换的调节作用。这种论点, 只看见社会主义制度下价值规律作用的"特殊性", 却无视它的"共同性"，从而割断了社会主义商品生产与过去历史上的商品生产的一切联系。完全否认市场机制的作用，不符合现阶段不发达、不成熟的社会主义多层次的商品生产与交换的客观实际，不能对现阶段多样性的商品关系中价值规律的多样作用形式予以科学的阐明。

1. 社会主义商品关系包孕着市场机制

对有计划的社会主义商品生产的客观运动过程的研究表明，社会主义商品关系中并不取消一切市场机制，相反它包孕了这一机制的因素。这是由以下的原因决定了的：

第一，社会主义的联合生产者（为便于分析问题，这里指社会主义经济的更成熟形式的全民所有制企业），由于它们都是以全民所有制为基础，各个企业存在根本经济利益的一致，因而它们的经济活动能够首先服从于体现全社会利益的国家计划的直接调节。但是，另一方面，企业仍然是具有某些特殊的局部经济利益和具有一定的经营自主权的相对独立的和不完全的商品生产者。这是社会主义商品生产中存在某些市场机制因素的经济基础。因为只要社会主义企业是这种具有"权""益""责"的生产与经营单位和对它们实行指导性计划管理，它们就有必要和可能根据它的局部经济利益，自动地对市场状况做出反应，来调整它们的部分生产与交换活动。

第二，基于社会主义全民所有制的特点，国家的计划管理采取指令性计划与指导性计划双重形式，这就决定了社会主义的商品交换，采取国家统一调拨与生产当事人之间的自主交换两种形式。对某些关系国计民生的基本生产资料与生活资料，国家采用直接计划的方式，即实行计划价格和计划配给，在这些范围内就不存在市场价格自发变动，以及适应这种价格变动的市场供求的变动。但是，社会主义经济中产品既然带有商品性，对于一般生产资料与一般的消费品，就不能采取上述直接的产品分配性质的方法。对某些一般的生产资料来说，在实行指导性计划的条件下，企业之间的交换就采取自主的商品交换的形式，这种生产资料的市场自主交换或贸易，是社会主义生产资料交换的必要组成部分，而对于一般的消费品来说，要实行与消费品社会主义个人所有制相适应的国家与职工之间的自主的商品买卖，正是这种自主的市场商品交换，形成了国家与个人之间的消费品交换的重要内容。在社会主义市场的局部范围内，买卖当事人彼此在商品购买与售卖上直接见面，双方自主地协议销售条件（一定程度上的）。企业作为售卖者，它们有一定的协议与决定售卖价格与售卖数量的权利，如根据商品的质量与市场需求状况而适当地调整销售价格、选择销售对象与决定销售数量；作为购买者，它们有权根据商品价格与质量状况来决定它们购买的商品品种、数量与选择购买对象。在这种情况下，在生产资料市场上，某种商品价格上涨的时候，自然会引起实行完全的经济核算的企业减少或停止购买这一种生产资料并代之以其他价格更低的代用品。而在某种生产资料价格下跌的时候，自然会引起更多的企业来采用和购买这种生产资料并取代价格更高的同类的生产资料。这是一方面。另一方面，在某些商品的供给超过需求的场合，生产者为了避免因扩大占用流动资金以及增大仓库保管费用所引起的经济损失，自然地不能不趋向于适当降低价格，争取产品早日脱手；而在这些商品的供给小于需求的场合，生产者就自然会倾向于适当调高（在计划规定范围内）销售价格。可见，在实行指导性计划的场合，在生产资料市场交换中，一定程度与一定范围的价格变动制约着商品需求的变动，以及需求变动制约着一定范围的价格变动的机制是客观存在的。在消费品市场上，由于职工个人购买消费品的决策取决于他们的消费利益，因而消费品价格的变动，制约着市场个人需求变动的机制更是客观存在的。在实行指导性计划下，生产与提供消费品的企业，为了及时销售掉它们业已生产出来的商品、避免积压和为了维持供求平衡、避免脱销，最有效最灵活的手段是在价格上实行一定的浮动。因而在消费品市场上，一定程度与一定范围的市场需求变动制约着商品价格变动的市场机制，也是客观存在的。而且在消费品的交换领域中，市场机制有着更鲜明的表现。总之，在实行指导性计划的条件下，无论是在生产资料还是在消费资料的市场交换的某些范围内，一定程度的市场机制都是客观存在的。在这种市场自主交换的范围内，社会必要劳动时间制约商品交换比例的作用，仍然要通过一定程度的市场机制而表现出来。

第三，在计划管理采取指令性计划和指导性计划双重形式的条件下，社会主义制度下商品价格形式，采取固定价格、浮动价格或自由价格三种方式。对于与国计民生有关键意义的同时又供不应求的商品，按照指令性计划的要求，实行国家规定的统一价格。这里不存在市场价格变动决定生产变动的机制。但是，现阶段对于一般的商品，特别是生产水平已经能够满足社会需求的那些一般商品，要按照指导性计划的要求，采取浮动价格与自由价格（协议价格）。因而，对于这些商品生产来说，仍然存在着一定程度的价格变动制约生产变动的机制，也仍然存在着一定程度的价格在价值上下波动的市场力量，并且通过这一市场机制实现社会必要劳动量对各个企业的个别劳动耗费的规制作用，使它们按照社会必要劳动时间这一水准来进行生产，并由此实现社会生产与社会需求的平衡。在这种实行指导性计划，即国家计划的间接调节方式下，企业的商品生产活动在一定程度上受到通过市场机制而起作用的价值规律的制约。

总之，由于现阶段社会主义所有制的特点，社会主义生产还具有商品性，因而除了在国民经济的主要领域实行指令性计划形式以外，还必须在某些局部的经济领域内实行指导性计划，以更好地发挥企业的自主生产与经营的积极性。在这种情况下，由于企业是一个相对独立的、不完全的商品生产者，它们具有必要的与适当的经济利益与自主权，因此在这些众多自主经营的生产者的商品生产与交换活动的相互作用或合力中，就会使一定程度的市场机制的自动作用成为一种人们不可能任意取消的经济必然性。

2. 社会主义市场机制的特征

社会主义商品生产既然是崭新的、特殊的商品生产，存在于社会主义商品生产中的经济规律的作用形式，就绝不是历史上以私有制为基础的商品经济规律的简单重复。社会主义国家实行指导性计划条件下的市场机制也不可能混同于资本主义商品经济中的市场机制，而是具有生产资料社会主义公有制所规定和所赋予的新特征。它大体表现为以下三个方面：

第一，有限度的市场机制。价值规律通过市场机制而发生作用的形式，是价值规律发生作用的形式，它是以私有制为基础的市场经济中价值规律作用形式的特征。生产资料公有制赋予多层次的社会主义商品生产不同程度的产品性，因而社会主义经济条件本身具有对价值规律作用的限制因素。价值规律的作用受到来自客观经济条件的限制集中地表现在价值规律以直接计划调节器的工具而起作用的新形式中，这是价值规律排除了市场机制的作用形式，它在社会主义商品生产与交换中有着最广泛的作用场所，并越来越成为价值规律最主要的作用形式。社会主义制度下的价值规律通过市场机制而发生作用的形式，是被限制在国民经济的局部的范围内，它只能是价值规律新的作用形式的补充。

第二，可调节的市场机制。在以私有制为基础的商品经济中，市场机制发挥作用纯粹是一个自发性的经济过程。它不仅处于人们的自觉控制之外，而且使生产者不由自主地为它所支配，使"产品和生产都任凭偶然性来摆布"[①]。如在资本主义经济中，市场上商品的供给与需求的变化、价格的涨落、生产规模以及单位产品的社会平均劳动耗费水平的变动，均是从属于盲目的市场力量，并表现为经济的自发势力。而在社会主义商品关系中，在实行指导性计划的领域内，市场性的经济变动却带有可调节的性质，它再不是纯粹受异己的力量所支配，而是处在国家的集中的与自觉的控制与调节之下。在生产资料公有制基础上各个企业的根本利益的一致性，决定了国家用体现社会主义整体利益的经济计划来指导和调节一切企业的经济活动的可能性。如国家预先以计划来保证市场商品可供量与社会购买力的平衡，从而调节商品供求之间的矛盾；国家可以通过规定某些商品价格的浮动幅度，来自觉地调节市场价格的变动，避免它的急剧变化和大涨大落；国家通过各种经济手段，利用价格、税收、信贷等杠杆，并采用必要的行政手段，来对企业的经济活动实行影响、诱导与限制，以避免企业生产的盲目变动，促使生产与需求平衡的实现。特别是国家把国民经济的关键性部门和占国民总产值绝大部分的生产项目，纳入指令性计划，受国家计划的直接调节，这是有效地控制指导性计划（及自由生产）领域的市场作用的必要前提。可见，在社会主义商品生产与交换中，国家牢固地掌握了市场变动机制的闸门，从而有可能使这一市场性经济变动不再表现为自发的和盲目起作用的异己力量，而成为人

---

① 恩格斯：《家庭、私有制和国家的起源》，见《马克思恩格斯选集》第4卷，人民出版社，1972年，第171页。

们可以自觉调节与有效控制的过程。

第三，有计划和无危机的市场机制。资本主义的市场变动机制，既然是自发的和盲目的力量，它就必然要表现为生产的无政府状态，并最终引起国民经济的比例失调与周期性的经济危机。在当代国家垄断资本主义条件下，垄断资产阶级控制的国家机器，也往往通过各种"计划"来调节市场经济，企图由此节制越来越盲目和破坏性越来越大的市场经济的变动。但是，不可克服的资本主义基本矛盾，决定了资本主义自发性的市场机制固有的矛盾不断趋于激化，使经济发展的无政府状态与比例失调变本加厉，从而最终使这些"计划"不断地破产和化为泡影。在社会主义公有制条件下，在实行指导性计划的场合，市场机制作用下的微观企业的经济活动仍然具有一定的自发性。但是，人们完全有可能将这一自动变化的经济过程纳入有计划、按比例发展的轨道，避免听任市场变动放任自流所带来的盲目性与由此可能产生的无政府状态。可见，社会主义商品关系中限制在局部范围内的、从属于严格的计划调节下的市场机制，不会带来经济的无政府状态，不会引起生产的比例失调与经济危机，而是国家掌握的一种用以实现整个国民经济的有计划、按比例发展的有效的经济机制与杠杆。

总之，社会主义市场机制的有限制性、可调节性与有计划、无危机性，显示了以公有制为基础的社会主义商品生产的运动与发展过程的特征和社会主义制度的优越性，它与资本主义商品经济中市场机制的自发性、盲目性和生产无政府状态形成了鲜明的对比。

价值规律通过市场机制来发挥它的自动调节作用的形式，与上述第一种作用形式不同。在上述第一种形式中，国家采取指令性的直接计划形式来直接调节经济活动，价值规律仅仅被包孕于直接计划机制之中，作为计划调节器的内在的杠杆。而在这第二种作用形式下，价值规律是作为一种独立的经济调节器而发挥作用的。但是，价值规律的这种调节器，既是从属于计划调节器的，又只是起辅助作用的，而且它也不是孤立地起作用的，它发挥的作用中体现了社会主义国家的计划调节的主导作用。例如，对流通领域，国家能够借助于自上而下地调整价格，规定价格浮动幅度、限制议价范围等行政审批措施，来调节商品市场需求变动，自觉地形成某种市场供求的平衡。对生产领域，国家借助上述调节价格的措施，以及物资分配、税收、信贷、利息等杠杆来有目的地刺激或限制商品的生产变动，自觉地形成生产与市场需求的平衡。可见，在市场机制发生作用的场合，也是国家有意识的计划调节贯串于自发性的市场作用之中，它是最高的计划调节器通过价值规律的自动的、直接的调节作用而发挥它的作用的形式。

在社会主义国民经济的计划管理体制中把指令性计划与指导性计划结合起来，把直接的计划机制与市场经济机制因素的运用结合起来，把国家对经济自上而下的自觉控制与经济适应市场机制的自主活动结合起来，也就是将计划调节器与价值规律的调节作用有机结合起来。这样，就既可以充分发挥计划的直接调节作用，又能够发挥价值规律调节的辅助性的作用，从而真正做到"统而不死""活而不乱"，发挥千百万企业自主活动的积极性、创造性和首创精神，并将它们的生产活动卓有成效地纳入社会主义国民经济有计划、按比例发展的轨道。

必须看到，在社会主义的计划管理中，利用市场机制是一个很复杂、难度很大的工作，它必须具备各种条件（经济条件、物质技术条件、经济管理条件），才能取得成效。因而，社会主义国家要根据自身的具体条件，慎重地与逐步地采用这种计划管理方法。

（三）价值规律起主要调节器的作用

在社会主义经济的某些特定的经济领域中，价值规律表现为主要调节器，这即是说价值规律通过市场机制对这些领域的商品生产与交换起直接决定的作用。

在社会主义多层次的商品生产关系中，集体所有制经济生产的某些领域，价值规律的主要调节器的作用表现得十分鲜明。集体所有制单位实行完全的自负盈亏，决定了它们的经济活动在更大程度上从属于价值规律的调节，特别是对于那些因地区不同而品类纷繁、零星琐细的属于三类的农副业产品、土特产品，城市集体所有制经济生产与经营的各种琐细的小商品与各种服务，以及社员的个人副业产品和城镇个体经济的产品，一般来说国家不能也无须采取直接计划调节，对许多项目，甚至难于做到用间接计划来调节。例如，对那些零星琐细的小商品甚至无须样样品种下达指导性计划，这些小商品的生产是主要地由价值规律通过市场机制来调节。国家创造必要的经济条件，保证价值规律的调节器作用得以实现和有效地发挥，这是促使这些领域的生产发展、市场兴旺的有效办法。

价值规律起主要调节器的作用，更是社会主义个体经济的特征。一般说来，允许与保证个体所有制经济活动中价值规律的调节作用得到有效的发挥，是搞活个体经济的商品生产与交换，充分发挥它对公有制经济的补充作用的必要条件。

在全民所有制企业的小商品生产的某些领域，价值规律也表现为主要调节器的作用。对于那些品种和花色以及规格繁杂多样、生产零散、需求多变的小商品，国家往往不可能进行直接的计划调节，甚至也难以对每一个商品规定浮动价格幅度。为了把这一领域的经济活动搞活，必须更充分地发挥生产者的自主权，为此可以采取由生产者自主决定的协议价格，由生产者根据市场状况与自身的经济条件而自行确定产品的品种、花色、规格与数量，充分发挥价值规律对生产与交换的自发的调节作用。这样，就可能更好地将企业的生产与经营效果同职工的物质利益联系起来，充分地发挥生产者的生产与经营的主动性与积极性，使它们能够根据市场价格状况，及时地和灵敏地对生产和交换进行调整，生产和提供愈加丰富的、适销对路的、价廉物美的各种商品，同时能够更好地促使企业自觉地挖掘潜力，寻找和开拓生产门路，去创造社会所需要的种类日益增加和更加丰富多彩的使用价值。总之，在国民经济的计划管理中，对那些品种繁多、生产零星、需求多变的小商品生产采取松动灵活的政策，主要地依靠市场变动的机制，更充分地发挥价值规律的调节作用，可以使这些小商品的生产日益发达，花色品种日益增多，市场供应日益充分，经济生活日益活跃。这一点，业已为我国十一届三中全会以来社会主义建设的实践经验所证明。

价值规律起主要调节器的作用，这绝不是意味着这些领域就完全处在计划调节器作用范围以外，也绝不是说这一领域的生产与交换完全地听凭价值规律自发力量的摆布。以生产资料公有制为基础的社会主义经济的统一性，决定了最高的计划调节器作用的普遍性，决定了计划调节对社会主义经济各个领域都要起作用，尽管由于各个领域经济条件的不同，计划调节的形式与程度有所不同。这一由价值规律起主要的与直接的调节作用的经济领域，也同样要受最高的计划调节器作用的影响。如国家采取一定的行政手段和经济措施，限制价值规律的自发作用给经济生活带来的盲目性，减少与避免各种消极因素与破坏性的影响，趋利避害，从而自觉地和最有成效地利用价值规律，发挥价值规律对社会主义经济的积极作用。

三、有效发挥价值规律三种作用形式的积极作用

在社会主义商品生产中价值规律仍然是客观的经济规律。它发生作用是不以人们的意志为转移的，人们只能深刻地认识它、利用它、充分地发挥它有利于社会的积极作用，而不能无视它和违反它的要求。否则，这一规律就会以被歪曲的形式起作用并对社会经济生活带来破坏性的后果。

在社会主义商品生产中，价值规律的作用具有广泛性。这表现在一方面，它对全民所有制、集体所有制、个体所有制等不同经济领域，以及对于生产资料的生产和消费资料的生产，都要发生制约作用。但是另一方面，价值规律的作用又具有差别性。这表现在它的作用形式不是划一的、一刀切的，而是存在三种作用形式：其一，在某些领域内作为最高的计划调节器发生作用的经济杠杆；其二，在某些领域作为从属于最高的计划调节器的辅助的调节器；其三，在某些领域作为主要的调节器。因此，人们必须遵循价值规律的要求，分别不同的经济领域，自觉地全面地利用价值规律的三种作用形式，以充分地发挥它对社会主义经济的积极作用。

在社会主义制度下，充分利用价值规律的第一种作用形式，即作为最高的计划调节器的经济杠杆，是保证社会主义商品生产沿着有计划、按比例的方向发展和巩固计划经济制度的重要条件。为此，首先，人们必须根据社会主义国家的国情与经济条件，确定合理的直接计划的范围与界限，将那些对国计民生带有关键意义和占国民总产值绝大部分的生产纳入国家直接的计划调节的轨道。对于直接计划的范围，人们不能任意地扩大，但是也不能一味地缩小。可以说，在社会主义国家的初始发展阶段，由于社会主义的物质生产基础还较薄弱，

许多基本生产资料（包括能源）与消费品的供求不平衡还很严重，为了保证国民经济有效地实现综合平衡，就不能不使那些对国计民生有决定意义的基本的生产资料和消费品的生产与交换领域实行指令性计划，直接从属于计划调节。因而在国民经济的较大领域内，从属于价值规律的第一种作用形式便是不可避免的，是带有规律性的。特别是对于像我国这样的人口多、底子薄、许多基本生产资料与消费品的供不应求现象还将长期存在的国家，更必须在相当长时期内，使国民经济的较大活动领域，从属于国家计划的直接调节，而不能削弱计划调节器的作用，对于这一点，我们必须有清醒的认识。其次，人们要深入研究参与生产这些关键性商品的企业的生产条件与市场需求状况，精确核算商品的个别劳动耗费与社会平均劳动耗费，全面研究商品定价高低对生产与需要双方的影响，并且以社会必要劳动时间为基准来正确地制定商品的计划价格。要有科学根据地决定计划价格对价值的偏离幅度，并且合理制定各种商品之间的比价，保证计划价格体系的经济合理性。要根据各企业的经济条件规定企业的生产任务、上缴税金与利润的数量，等等。总之，只有使各项计划指标充分适应价值规律的要求，才能使价值规律真正起到计划调节器的经济杠杆与齿轮的作用，从而充分地发挥计划调节器的威力。

充分利用价值规律的第二种作用形式——作为从属于最高的计划调节器的辅助调节器的作用，以及充分利用价值规律的第三种作用形式——作为某些经济领域的主要调节器的作用，对于发展社会主义多层次的商品生产，充分调动全国各地区、各个企业和广大劳动者的积极性、创造性，加速社会主义经济建设的发展，具有十分重要的意义。价值规律的这两种作用形式，不同于第一种作用形式，它们都是通过一定的市场机制来发生作用的。这两者，尽管作用程度有所不同，但都是价值规律作用较充分的形式。

为了有效地利用价值规律的这两种作用形式，就要创造条件，保证必要限度的市场机制的存在和顺利地起作用。为此，就必须使企业具有相对独立的经营者的地位，使它们在服从国家计划之外，具有一定的适应市场需要进行生产与经营的自主权；同时必须建立符合商品关系要求的科学的国民经济管理体制（包括计划管理体制、商品流通体制、物资管理体制、劳动管理体制、银行信贷体制等），采取主要借助经济手段来管理经济的方法，从微观上为一定范围的市场机制起作用创造经济条件。特别是对于价值规律起主要调节作用的那些经济领域，如集体所有制与个体所有制的生产与交换，要注意防止各级行政机关进行不必要的干预与过多的限制，从而使市场调节能有效地发挥作用。

由于社会主义经济建设是一个完全崭新的事业，人们还必须不断地通过实践来积累经验；也由于认识上的原因，即受社会主义产品经济论的影响，因而走上社会主义道路的国家，在社会主义经济建设中，都曾经有忽视对商品货币关系的利用，忽视在一定的经济领域中对市场机制的利用，忽视发挥价值规律作为辅助调节器的作用的状况。

其实，价值规律既然是商品生产运动过程中的一种经济必然性，也就必然要以某种形式表现出来。在人们违反了价值规律时，价值规律还是客观存在的，只不过是它失去了对经济生活的积极作用，它由人们自觉运用的工具变成了盲目的异己的力量，并对社会主义经济建设产生消极的影响，以各种明显的或隐蔽的形式，带来破坏性的后果。在这里，有必要重新引述斯大林的论述："经济发展的规律是反映不以人们的意志为转移的经济发展过程的客观规律。人们能发现这些规律，认识它们，依靠它们，利用它们以利于社会，把某些规律的破坏作用引导到另一方向，限制它们发生作用的范围，给予其他正在为自己开辟道路的规律以发生作用的广阔场所。但是人们不能消灭这些规律或创造新的经济规律。"[①]

从国内外社会主义建设的经验教训中，可以看见如下的情况。

第一，在计划管理体制中，如果忽视了市场作用，如对产品一律实行国家规定的计划价格、消费品一律统购统销、物资一律统一分配，一方面某些领域内出现货不对路、花色陈旧、质劣价高的产品大量库存的现象就难以避免。另一方面，又往往出现质量好、花色鲜、适销对路的商品的脱销与严重供不应求。

第二，在不承认指导性计划，单纯地由直接计划来调节生产的体制下，企业生产什么产品以及产品规格、花色品种、生产多少完全取决于上级。由于国家对于品种以数十万计的产品，事实上不可能一一加以精确地计划，而企业在生产上又唯上级下达的计划是从，往往对市场迫切需要的产品漠然无动于衷，不去积极挖掘潜力扩大生产，而对那些质劣价高、市场早已过剩的产品，企业也不感到是负担，继续盲目地生产。企业不能跟随市场需求的变动，主动而及时地调整部分的生产计划，往往使产品不足的更不足，过剩的更过剩，扩大了生产与需求之间的脱节。

第三，在排斥市场作用的管理体制下，市场机制的缺乏与"铁饭碗"制度完全排斥了社会必要劳动时间对企业的生产耗费的调节作用，取消了推动企业经营完善与技术进步的有效的经济强制，使企业管理工作疲沓、按部就班、得过且过的现象难以克服。这正是许多企业技术上停滞不前与经济管理长期落后的原因。

[①] 斯大林：《苏联社会主义经济问题》，人民出版社，1961年，第3页。

总之，尽管在社会主义经济中，市场机制是有限制的，只存在于特定的经济领域中，只是价值规律发生作用的形式之一。但是在人们力图取消这种一定范围内所固有的市场机制，以及力图将价值规律的自动调节作用"驱逐"出经济舞台的场合，价值规律实际上并未听凭人意乖乖地接受"改造"。恰恰相反，价值规律仍然是经济生活中的客观存在，只不过它的作用是通过企业生产与经营积极性、主动性遭受挫伤，市场商品供求间与生产和需求间失去平衡，技术进步的停顿不前以及生产中的浪费等消极的、破坏性的现象而表现出来，给违反客观规律的人们以惩罚。

也必须看到，价值规律通过市场机制而起作用的形式并不是任何情况下都注定要给人们带来积极影响的。因为，价值规律通过市场机制这种作用形式，即第二种作用形式和第三种作用形式，对于社会主义商品生产会起着双重作用：一方面，它以其自动调节的灵活性，能有效地促使企业适应市场需求而生产，从而在不断变动的市场需求中及时建立起微观的产、供、销的平衡，推动技术进步，调动生产者的积极性，从而收到把微观经济搞活的效果；但是另一方面，它在加强各个分散的商品生产者适应市场而自主生产和经营的积极性的基础上，不可避免地会带来经济生活的某些自发性，从而存在着把宏观经济引导到"乱"的可能性。因而人们在认识价值规律的这种作用形式时，必须持一分为二的观点，既要看到它的作用的积极影响，又要看到它的作用所带来的消极影响。这就是说，一方面，不能只看见价值规律的这一作用形式可能带来的消极后果，甚至认为它是野性难驯的"祸害"，而应加以排斥与消灭；同时，另一方面，也不能认为价值规律的这一作用形式只有积极影响而没有消极后果，将它说成是尽善尽美，这样，又会从一个极端走向另一个极端。

基于价值规律通过市场机制的作用形式可能带来的两种后果，在领导与组织社会主义经济建设中，人们在对待价值规律的作用形式时，就不能放任自流，而要自觉利用，要根据经济规律的要求，充分发挥人们的自觉的能动作用以趋利避害，最大限度地利用价值规律作用的积极方面，而同时又尽可能地避免它带来的消极影响。为此，（1）要认真探索与正确确定价值规律的三种作用形式的范围。在计划管理中要保证价值规律的第一种作用形式占据主导地位的前提下，来慎重考虑与确定这种由价值规律通过市场机制而发生作用的经济领域的合理范围，特别是不能使那些与国计民生休戚相关的基本生产资料与生活资料的生产与交换，离开计划的直接调节而听任市场机制的自发作用。（2）必须保证市场机制对直接的计划机制的从属性。社会主义制度下的市场机制是一种新型的有限制的市场机制，它必须从属于国家的最高计划调节器的作用，并服从于加强国民经济有计划、按比例发展的目的。要注意防止市场机制因失去控制而猛烈地完全自发地运转，从而使价值规律的自动调节作用表现为经济活动的自发性与盲目性，使价值规律由辅助与加强计划调节器的手段，转化为削弱计划调节器的自发力量。为此，社会主义商品生产中的市场机制必须规范与限制在一定的合理限界内。其一，规定社会主义全民所有制企业的局部经济利益的合理界限，避免企业局部利益过大，从而形成追求本位利益的自发倾向；其二，正确规定企业的生产与经营自主权的合理限度，避免企业自主权过大，从而形成生产、交换、分配等经济活动的过头的独立性和失去控制；其三，正确规定企业间竞争的合理界限，防止有限制的社会主义竞争变成盲目的自由竞争。（3）最重要的是社会主义国家必须有一个完善的国民经济管理体制，要建立一整套的经济调节系统（包括完备的经济管理机构和各种有效的经济手段与杠杆）、行政调节系统（包括进行行政管理的机构与必要的行政手段）、司法调节系统（包括完备的经济立法与司法机构）。根据具体状况，采取相应的、适当而有效的调节措施，来保证市场机制在社会主义的轨道上正常运转，使价值规律这一自动调节器的作用，最充分地从属于人们的预期目的，最有效地为实现国民经济计划服务。

第五章

不发达社会主义阶段的全民所有制

社会主义生产的商品性是现阶段社会主义所有制的性质与特点——不发达的、不成熟的社会主义所有制的体现，因而发展社会主义商品关系的根本问题，是切实保证社会主义国家现实的所有制形式的完善。在社会主义建设中，如果人们能够寻找与确定一个完善的、科学的国民经济管理体制与企业经营管理形式，特别是切实保证作为生产与经营的基本单位的企业，在所有制具体形式上最充分地适应于现阶段社会主义所有制的性质，就能够为社会主义商品生产所固有的价值规律的发生作用开辟广阔场所，从而促使社会主义商品生产健康地、欣欣向荣地发展，并由此使社会主义事业日益兴旺发达。如果人们建立的国民经济管理体制与企业经营管理形式，使企业在所有制关系上违背了客观经济规律的要求，如取消全民所有制企业对产品的局部占有因素，企业变成生产与经营好坏一个样的吃"大锅饭"的单位，这在事实上就使社会主义国营企业的生产变成了纯产品性的生产；如果对集体所有制经济在生产上实行完全的指令性计划，在产品交换上实行产品调拨，不承认集体利益，这也就使社会主义集体所有制单位实际上变成了某种半国家所有制。这两种情况，都将阻碍企业之间的商品联系，引起经济生活中的种种弊端，给社会主义建设事业带来严重的危害。可见，保证企业的现实的具体的所有制关系，能够真正地和充分地体现现阶段社会主义所有制的性质与特征，是保证社会主义的商品生产与交换关系获得正常与健康发展的前提条件。为了在经济工作中自觉地运用生产关系一定要适合生产力性质的规律，不断完善社会主义企业，首先是国营企业的所有制关系，就必须从理论上弄清现阶段社会主义社会所有制的性质和特点。

一、现阶段社会主义社会所有制的特点

政治经济学研究的所有制，不是一个法权概念，而是现实的生产关系的理论表现，是一个政治经济学范畴。所有制是直接生产者与生产资料相结合的社会形式。人类任何生产，都是以人们在一定社会形式下对自然生成的或社会劳动创造的生产资料的占有为先决条件的，因而所有制是任何生产的前提。马克思说："不论生产的社会形式如何，劳动者和生产资料始终是生产的因素。但是，二者在彼此分离的情况下只在可能性上是生产因素。凡要进行生产，就必须使它们结合起来。实行这种结合的特殊方式和方法，使社会结构区分为各个不同的经济时期。"①所有制乍一看，是人对生产资料和劳动产品的占有形式，表现为人与物的关系，实质上是物质资料生产过程中的人与人的关系。所有制首先是生产资料所有制，它直接体现在占有、支配物质生产资料中的人与人的相互关系上，是社会诸生产关系的核心和前

---

① 《马克思恩格斯全集》第24卷，人民出版社，1972年，第44页。

提。因为，生产资料的所有制关系决定人们在直接生产过程中相互关系的性质——是互助合作关系还是人对人的剥削关系，它也决定在交换过程、分配过程、消费过程中的人们相互关系的性质。对所有制不能只作狭义的理解，它的含义不止限于生产资料归谁占有或归属问题，广义的所有制还包括劳动产品的交换、分配、消费等关系，后者是在生产资料所有制基础上产生的，并且是生产资料所有制的实现。如劳动成果的分配，正是生产条件分配的必然结果；劳动产品的消费，正是人们占有生产资料从而占有消费品的最终归宿与目的。如社会主义确立的生产资料公有制，它具体地体现于人们运用公共的生产资料创造的劳动产品的共同占有与共同享用上，如果不是这样，而是还存在某些人或集团在占有产品上的特权或垄断地位，就不能说是真正的、完全的生产资料的公共占有。可见，不包含劳动成果的分配与消费的生产资料所有制的概念，是不完全的与没有现实经济意义的。基于这一认识，我们在考察与研究社会主义公有制的完善时，不仅要着眼于生产资料的归谁占有、支配，即所谓"归属"问题的彻底解决，而且更重要的是要着眼于产品的分配、交换与消费等关系，要通过对后几方面现实关系的分析，来辨认社会主义公有制的成熟程度，并探索通过改革产品的分配、交换、消费关系去进一步完善公有制的途径。

在认识与研究社会主义公有制时，一方面我们要认识社会主义所有制作为公有制的本质特征，由此去把握社会主义在所有制上的特殊性，从而弄清社会主义公有制与资本主义私有制、历史上一切私有制的区别。另一方面，我们还必须从社会主义社会发展各个不同阶段的具体条件出发，去揭示社会主义公有制的具体形式与特点。

社会主义是共产主义社会形态的初级阶段，它是不成熟、不完全的共产主义。我们在研究社会主义所有制时，必须从社会主义经济发展的不成熟和不完全性开始，从而从所有制发展上的不成熟和不完全性出发，深入地揭示社会主义公有制不成熟和不完全的表现。下面从两个方面来加以论述。

（一）公有化的不完全和不成熟是社会主义公有制不完全和不成熟的表现

社会主义废止了生产资料的资本家私有制和地主私有制，而将生产资料转变为劳动人民公有的财产。但是如任何事物的变化都有一个发展过程一样，生产资料公有制的确立、发展和取代生产资料私有制的一切形式，即实现一切生产资料的公有化，要经历一个逐步发展即生产资料公有化的历史过程。这是因为，资本主义国民经济的发展与物质技术基础的成熟，使爆发了社会主义革命的国家，已经可能而且必须实现社会的基本生产资料的公有化，但是由于社会生产力发展的不平衡和具有多层次性质，即使是资本主义经济很发达的国家，在无产阶级夺取政权后，也未必能够具有在社会一切经济领域内立即取代一切私有制形式，实现单一的全社会公有制的充分的物质生产力的水平。经典作家在论述无产阶级逐步地实行变革社会生产关系的任务时，常常是联系着发展社会生产力的任务。如马克思所说："无产阶级将利用自己的政治统治，一步一步地夺取资产阶级的全部资本，把一切生产工具集中在国家即组织成为统治阶级的无产阶级手里，并且尽可能快地增加生产力的总量。"[1]对于像我国这样的原先经济不发达

---

[1]　马克思和恩格斯：《共产党宣言》，见《马克思恩格斯选集》第1卷，人民出版社，1972年，第272页。

国家，无产阶级在着手解决社会主义革命的任务时，面对着的是更低下的、更难以实现单一的全社会公有制的物质生产水平。物质生产力发展到什么程度，生产资料社会化才能发展到什么程度，这是一条马克思主义的原理。因此，社会主义国家在无产阶级取得生产资料的社会主义改造基本胜利后，它只能是基本地实现公有化。社会主义的胜利表现为生产资料公有制占据统治地位，但却还不是单一的公有制，在某些生产领域内，还将有个体私有制经济甚至一定时期还将有某些国家资本主义经济的存在。生产资料公有制在社会经济结构中占据绝对统治地位，是社会主义革命在经济战线上取得基本胜利的标志，是社会主义革命在经济制度上带来飞跃性变化的表现。认为任何国家，一旦社会主义革命取得胜利，无产阶级夺得了国家政权，就可以立即地将社会的一切生产资料收归公有，一蹴而就地实现一切生产资料的全社会公有化，这不仅是不切实际的幻想，而且本身是违反生产关系一定要适合生产力性质规律要求的。

可见，公有化的不完全和不成熟是社会主义社会初始阶段的必然现象。它是作为一个历史发展过程的生产资料公有化所决定的。它意味着生产资料社会化初始历史时期公有制还不成熟和不完全。只有社会生产力达到很高的发展水平，现代化大生产普及于一切经济领域，那时才能实现全社会范围内的生产资料公有化，社会主义经济基础才将表现为单一的公有制，这才意味着公有化达到成熟和完全的阶段。

（二）局部占有因素的存在是社会主义公有制不成熟的另一表现

不发达社会主义的生产资料公有制，还不能实现生产资料在全社会范围内的彻底公有化，还不能做到将生产资料归全体社会成员无差别地、彻底地平等占有，真正地做到恩格斯所指出的那种"共同使用全部生产工具和按共同协议来分配产品，即所谓财产共有"[①]，或真正达到列宁所指出的那种"社会全体成员在占有生产资料方面的平等"[②]。在不发达社会主义阶段的生产资料公有制是不成熟的社会公有制，它带有产品局部占有痕迹与因素和局部利益的特征。如作为社会主义公有制基本形式之一的社会主义集体所有制，它实现了将生产资料由个体所有转归劳动人民集体所有，即实现了由小私有制到公有制的转变。但是集体所有制毕竟是小公有制，即部分劳动人民公共所有制，它只是实现了在社会局部的、狭窄范围的生产资料公有化，是直接体现局部利益的生产资料社会局部占有制。集体经济的较完整的局部占有与直接体现局部利益的性质，表明它是低级的、不成熟的社会公有制。在不发达的社会主义阶段，作为社会主义公有制主体的全民所有制也带有产品局部占有因素与局部利益的特点。一方面，全民所有制企业的生产资料属于全社会所有，它的产品属于社会占有，归全体人民共同享用，在全社会范围内按共同的标准在劳动者之间分配。列宁说："社会主义的任务就是把一切生产资料转归全体人民所有，而决不是船只归船员，银行归银行职员，如果人们把这样的胡说当正经话，那就应该废除国有化……"[③]。社会主义全民所有制不仅与任何形式的私人占有不相容，而且与集体所有制有重大的区别。但是，另一方面，社会主义初始发展阶段的全民所有制企业还存在着产品的部分占有痕迹与因素，企业的劳动者不是完全从社会公有的统一的消费基金中取得劳动报酬，而是还要从归企业占用与支配的企业自有基金

---

① 恩格斯：《共产主义原理》，见《马克思恩格斯选集》第1卷，人民出版社，1972年，第217页。

② 《国家与革命》，见《列宁选集》第3卷，人民出版社，1960年，第256页。

③ 《列宁全集》俄文版（第5版）第35卷，1979年，第411页。

中取得一部分补充收入。即使是对于付出了同等数量与质量劳动的劳动者，由于企业经济效果大小不同，企业的补充劳动报酬基金有多有少，从而劳动者的劳动报酬也就不能完全一律，而总是会有高有低。这种产品企业局部占有因素与痕迹的存在表明，劳动者在生产资料的占有上还未能做到真正事实上的彻底平等。这种产品占有关系也决定了企业的经济活动还未能体现完全的、无差别的全民利益，而却还带有某些部分劳动者的局部利益的痕迹与因素。归根到底，生产资料的全社会所有关系和产品分配中的企业局部占有因素与痕迹的并存，是不发达社会主义阶段全民所有制的特点，它是这一阶段社会生产力的发展水平所决定了的，是劳动社会化还未达到应有高度情况下的必然结果。

可见，分别表现在集体所有制与全民所有制两个方面的局部占有关系（前者是生产资料的局部占有关系，后者有产品的局部占有因素与痕迹）和局部利益，是生产资料社会化初级阶段的特征，它是社会主义公有化程度还不高，公有制还不成熟的表现。而且可以说，社会主义公有制所体现的局部占有因素，就其范围和程度来说，是与社会生产力的发展水平成反比的。只有在社会主义国民经济高度现代化，从而生产高度社会化的基础上，才能进一步缩小局部占有关系的范围与程度。它的第一步是小集体所有制在范围上的扩大，转变为大集体所有制；第二步是生产资料的集体所有制转化为全社会所有制；第三步是全民所有制的产品局部占有因素与痕迹的削弱与最终消失，并转化为真正的、彻底的全社会公有制。经过这样几个发展阶段，才能最终实现生产资料占有上的彻底的公有化，达到成熟的全社会公有制，即消灭了企业局部利益关系的完全的单一的社会主义全民所有制。

上述社会主义公有化的不完全性和公有制的带有局部占有因素或

关系，是社会主义社会初始阶段生产资料公有化还处在初级阶段，从而社会公有制还不成熟的表现，它是未充分发展的还不完全的社会公有制的特征。这些特征，在很大程度上也决定了社会主义生产还带有一定的商品性。这种在生产、分配、交换等方面都存在着明显局限性的社会主义公有制，是由不发达的社会主义生产力发展水平的限制所决定的。

按照唯物辩证法的发展观，人类历史上任何一种所有制形式不是一旦出现就具有成熟的、完整的形式，而是要随着生产力发展而变化，由低级的、不完全的、不成熟的形式逐步演变、提高，成为更完全、更成熟的形式。将唯物辩证法的发展观用于考察历史上的所有制形式，揭示所有制产生、成熟和向更高级的所有制的转变的规律，正是马克思主义政治经济学科学的方法论的要求。马克思主义经典作家也正是这样做的。在考察社会主义社会的发展上，列宁强调指出："马克思的全部理论，就是运用最彻底、最完整、最周密、内容最丰富的发展论去考察现代资本主义。自然，他也要运用这个理论去考察资本主义即将崩溃的问题，去考察未来共产主义的未来发展问题。"[①]而要建立科学的社会主义政治经济学，就要求人们将唯物辩证法的发展观，用于社会主义所有制的研究，这就要求人们将社会主义所有制的建成看作是一个生产资料公有化的过程，而不能认为公有化可以一蹴而就；要看到社会主义所有制建立以后还要经历一个不断发展、不断完善和不断提高的历史过程，而不能认为一旦基本完成了生产资料私有制的社会主义改造，所有制问题就彻底解决了；要看到社会主义所有制有一个由初始期的不完全、不成熟的公有制到成熟的社会主义公有制的演变，以及由成熟的社会主义

---

① 《国家与革命》，见《列宁选集》第3卷，人民出版社，1960年，第243页。

公有制到共产主义公有制的演变。

总之，生产资料公有化有一个不断发展、不断提高的过程，而不能认为公有制一出现就具有完全的、成熟的形式，就立即出现了彻底的全社会公有制；要看到社会主义的初始阶段不成熟的公有制决定了社会主义生产还带有商品性的特征。只有在社会生产力发展到很高阶段，单一的全民所有制不再具有局部占有因素与痕迹，而其他的前社会主义的所有制形式也不再存在，才能过渡到完全的、成熟的社会主义全民所有制，并使商品关系最终消亡。

社会主义政治经济学在社会主义所有制的研究中，存在着片面的观点。如长时期流行着：（1）社会主义公有制独占论。认为社会主义社会经济结构是公有制的一统天下，不需要也不可能存在某些前社会主义的所有制形式，例如个体所有制及其他体现有某些私有因素的所有制形式的残余。（2）完全的社会公有制论。认为社会主义全民所有制是"完全的"社会公有制，是"最成熟"的所有制形式，否认全民所有制企业事实上存在的某些产品局部占有因素与痕迹，否认企业的局部利益。（3）集体经济提前过渡论。否认集体所有制存在长期性，这种理论否认实行生产资料较完全局部占有的集体所有制对物质生产力的适应性，以公有化程度低为理由来否认它存在的客观必然性，提倡在物质条件成熟以前采用强制性手段人为地将它过渡到全民所有制。

以上这些观点是按照某种绝对公平、纯粹公有的理论观念来评价和取舍现实的所有制形式，而不是用历史的发展观来研究和阐明社会主义公有制产生、发展和成熟的历史辩证法。这种社会主义所有制问题上的片面性观点，把公有制当成是可以通过搞一次社会运动就可以实现的，而没有将它如实地视为一个生产资料社会化的发展过程。

特别是那种脱离客观物质条件，提倡及早实现生产资料全社会公有化的论点，是与马克思主义关于生产社会化的程度制约与规定生产资料公有化的形式与限度的理论相悖的。因为既然原先经济落后的国家，在建设社会主义过程中面临着的是较低下的物质技术基础，因而它建立起来的公有制只能是初始期的不完全、不成熟的社会主义公有制。既然在不发达的社会主义国家，社会经济发展的不平衡很显著，现实的物质生产力还存在高低不同层次的差别，因而就不可能立即实现全社会范围内的生产资料完全的公有化，确立起单一的公有制结构，而是会有某些前社会主义的所有制形式在一些物质生产领域继续存在（在被改造了的形式下），这就表明在不发达社会主义的初始阶段，生产资料公有化只是基本实现，而不可能完全地与彻底地实现。既然公有化的领域在物质生产基础的发展水平上不可能一律，也有高低层次的差别，这就决定了社会主义公有化将具有多样的形式，而不可能是采取单一的社会主义全民所有制的结构，在某些生产领域中公有化程度较低的集体所有制经济（它又包括集体化程度高低不同的诸具体形态）的长期存在就是不可避免的。既然不发达的社会主义阶段，在全民所有制的生产领域，由于生产的机械化、自动化以及由此决定的社会劳动分工与生产协作还未发展到很高程度，换言之，劳动的社会化还未达到很高程度，那么还不能使社会一切生产资料与产品做到无差别地归全民直接占有，从而真正做到恩格斯所指出的那种"共同使用全部生产工具和按共同协议来分配产品"，因而全民所有制企业的某些产品局部占有因素与痕迹就将是不可避免的。可见，在社会主义所有制问题上的片面性的观点，着眼于公有制的"大"和"公"，着眼于公有制的"单一"和"完整"，而不是着眼于公有制的不成熟、不完全与多样性。这种观点更多是摘抄本本，将经典作家对发达的、完全成熟的社会主义所有制的特点的一些论述，强加给现阶段不发达的社会主义；或者是用社会主义"公有制"的抽象谈论来代替对公有制的具体形式的分析；或者是停留在全民所有制的法权形式与法权内涵上，而不是切实地分析全民所有制的现实经济关系。这些都违反了从现实生产关系出发，历史地、辩证地来分析社会主义所有制产生、发展与向更高所有制过渡的规律的科学方法，因而这就不能如实地揭示不发达社会主义在所有制上的特征。

发展与利用社会主义的商品货币关系，从根本上取决于现实所有制关系的完善。人们在社会主义所有制上的认识，不能不影响到人们处理现实所有制关系的方法，影响到人们采取什么样的国民经济管理体制，在这方面的认识与实践上的失误，就会带来现实的所有制关系的缺陷，使现阶段社会主义所有制的特点不能得到充分的体现，其结果就不能不直接影响到社会主义商品生产的顺利地和充分地发展。

新中国成立以来，我国在生产资料私有制的社会主义改造中，逐步建立和发展了社会主义全民所有制的国营经济与社会主义的集体所有制的合作社。第一个五年计划初期，我国在所有制领域表现为社会主义公有制、资本家私有制、个体农民与个体手工业者的私有制、过渡性的国家资本主义所有制等多种所有制的并存。在社会主义公有制中也存在多样形式，如集体所有制的合作社就表现为从互助组、初级社到高级社等多样形式。过渡性的国家资本主义所有制，也表现为从加工订货、统购包销等初级形式，到以公私合营为代表的高级形式的并存。在毛泽东关于社会主义改造的理论指引下，我国实行了逐步地对农业、手工业和资本主义工商业进行社会主义改造的正确政策，在一段时期内出现了多种所有制的并存和公有制多层次的并存，这种情况是适合我国社会生产力的状况的。但在第一个五年计划的末期，我国社会主义改造的步子跨得过大，特别是1956年，所有制的社会主义改造取得基本胜利后，在所有制领域追求公有制的一统天下，忽视了在社会主义公有制占统治地位下多种所有制并存的必要性，削弱了某些领域中还应该继续保存的个体所有制，禁堵了其他所有制形式的发展。加之我国的国民经济管理体制，存在着集中过度、管得过死的缺点，使国营企业和集体企业都缺乏相对独立的经营主体的地位，企业在生产与经营活动中，缺乏必要的自主决策权，这种情况就不能不抑阻社会主义商品关系的发展。

1956年毛泽东在《论十大关系》中提出的改进国家与集体关系、国家与企业关系的主张，实际上包含了完善社会主义集体所有制和社会主义全民所有制的思想。但是，由于我们对科学的社会主义所有制理论的认识还不够深刻，因而我国几度体制改革仅仅在中央与地方的管理权限的划分上做文章，而未能着眼于企业所有制关系的完善，未曾认真考虑企业生产资料的占有、支配和使用形式、产品分配形式与交换形式的改善，未能抓住体制改革所必须解决的一项中心环节，使毛泽东很早就提出的关于扩大企业权益的思想未能得到贯彻。加之1958年以来，由于指导思想上的失误，我们在社会主义所有制理论上出现了盲目宣扬"一大二公"的优越性的"左"的思潮，在处理所有制关系的实践上出现了"并社""并厂""升级"，把集体改为国营和取消城乡个体所有制的"左"的做法。这一切就使我国所有制的变革离开了客观生产力所规定的轨道。此后，在十年浩劫中，"四人帮"大搞极左，宣扬"跑步进入共产主义"；他们进一步运用强制性的行政权力，自上而下全面地控制集体企业的生产、分配与交换等经济活动，使集体所有制企业日益失去其本性，成为名义上的集体所有制，实质上的半国家所有制；他们大搞"割资本主义尾巴"的活动，在农村取消自留地和集市贸易，在城镇取消个体经营；他们还进一步提倡采用军事共产主义方法来管理国营企业，把行政权力、行政手段作为调节经济的唯一工具，进一步取消企业的自主权利与局部经济利益，取消利润留成与企业基金，把全民所有制变为"不分你我"，共同"吃大锅饭"的企业，从而使国营企业的所有制具体形式失去了现阶段社会主义全民所有制所应该具有的性质与特点。"四人帮"的倒行逆施，进一步破坏了我国社会主义所有制，造成了城乡各个领域现实的所有制形式更加不适合社会生产力的状况。其结果，严重地破坏了社会主义商品生产的发展，这正是我国社会主义经济遭到严重破坏的一个重要原因。

总之，我国在社会主义改造后全面建立起来的社会主义基本制度（包括所有制的基本制度），使我国生产力得到解放，是社会主义经济获得迅速发展的经济基础。但是，由于我们对进行社会主义建设还缺乏经验，还未能找到与确立起社会主义所有制的最完善的具体形式，加之"左"的思潮的干扰与"四人帮"的破坏，从而使现实的社会主义所有制形式在某些方面表现出不适合和不完善。正由于此，当前努力改革那些不适应生产力发展需要的具体制度，进一步调整与完善我国社会主义所有制关系，便成为进一步发展社会主义商品生产，推动我国四个现代化建设迅猛地向前发展的重要条件。

二、现阶段社会主义全民所有制的特征与企业的相对经营独立性

进一步完善社会主义所有制，最重要的任务是完善社会主义全民所有制。全民所有制是社会主义所有制的主导形式。这不仅是由于这一所有制公有化程度更高，而且是由于它是我国以社会化大生产为基

础的大工业企业、大农业企业、大交通运输业企业的主要的所有制形式。我国全民所有制工业的固定资产占全部工业的固定资产的90％以上，产值占全部工业总产值的80％以上，供应城乡人民生活消费的工业品也绝大部分是国营工业的产品。全民所有制经济在我国国民经济中占有举足轻重的地位，是我国社会主义商品生产的主体。因此，进一步发展我国社会主义商品生产，首先就应该大力发展全民所有制国营企业的商品生产，而这又必须从国营企业的所有制具体形式的完善着手。进一步完善我国社会主义全民所有制关系，是我国国民经济体制改革的重大课题。

全民所有制企业所有制形式的完善，是要保证企业有自身合理的经济利益，要给企业以实现与维护自身的合理的经济利益所必要的权力，要使企业承担按照社会利益和国家法规而进行生产与经营的严格的责任。这一改善，在理论上就是要使企业适应不成熟的社会主义全民所有制的性质，成为相对独立的与不完全的商品生产者。

（一）全民所有制企业的经济利益

使企业有自身合理的经济利益，这是现阶段社会主义全民所有制的性质所决定了的，也是使企业能成为相对独立的与不完全的商品生产者的关键。在不发达的社会主义阶段，全民所有制的特征是生产资料的社会公共占有但又带有产品的局部占有的因素与痕迹。社会主义全民所有制这一特征在国营企业的占有关系上，首先表现在固定在企业中归企业支配使用的生产资料，无论是企业的固定基金或是流动资金，无论是国家交付给企业占用而又尚未付清占用费的资产，还是利润中提留的自有资金，都是社会公共的财产。这种生产资料的社会公共占有，是现代化大生产的要求。因为现代化的大生产，既然使企业成为拥有越来越先进的自动化的机器体系与设备的科学技术综合体，既然使企业集体劳动成为越来越高度发展的社会劳动分工体系中的有机组成部分，既然使劳动产品成为高度社会化劳动的产物，那么，现代劳动社会化就要求生产资料的社会公有化，要求将生产资料与劳动产品归全体劳动者共同支配、调度、使用、享有，即确立生产资料全社会公有制。显然，只有生产资料全社会公有制，而不是集团所有制，更不是私人所有制，才能适应社会化大生产的要求，才能有效地运用现代化物质生产手段，合理地组织社会生产，也才能全面地、充分地调动全体劳动者的积极性。可见，生产关系一定要适合生产力性质的规律，要求坚持与维护全民所有制企业生产资料与产品的全社会公共占有的性质，不容许把它割裂为集体所有制，更不容许掺杂任何私有制，这是一方面。

但是另一方面，社会主义全民所有制企业的产品全社会占有性质又是不完全的，它表现在企业对产品的局部占有因素与痕迹的存在。全民所有制企业的职工除了要按照社会统一的标准领取与他们的个人劳动成果相适应的一份收入而外，还要从企业的自留利润中获取一份补充的收入。由于实行奖金与利润挂钩，这来自自留利润的补充劳动报酬，其主要部分是超额劳动的报酬，但是还可能有另一部分来自生产资料的因素带来的级差收益。例如某些企业，或由于自然条件的优越，或由于劳动手段的先进，或由于经营管理的完善，在商品生产条件下，它们借助更高的劳动生产率与更低的成本，从而实现一定数量的超额利润，这部分超额利润原则上应上交国家，归全社会统一支配与调度，但是基于对企业运用与革新生产资料实行物质鼓励，还有必要从这部分超额利润中提取一个合理的份额归企业占有，用于对职工进行奖励（包括集体福利中的归个人消费的部分）。可见，在商品生产的条件下，在企业收入转化为职工的补充劳动报酬的分配机制中，实际上存在着经济效果大的企业职工对社会消费基金的一些较多的分享，这正是全民所有制中产品局部占有因素与痕迹的体现。社会主义经济建设的经验和教训证明，人们不能不承认和保持全民所有制企业的合理范围内的产品局部占有因素，即使是在人们实行彻底的"全收全支"、取消利润留成、废止一切奖金的体制与政策下，企业往往还是要以扩大集体福利、劳保等变相形式来争取实现这种对产品的局部占有。

现阶段社会主义全民所有制占有关系的特点，决定了企业在生产与经营活动中体现的经济利益上的特点。全民所有制企业是社会主义经济大联合体的基本单位。企业这一劳动者联合，既不同于由氏族血缘纽带联结在一起的原始公有制联合体（氏族成员间还没有分化出独立的利益），也不同于未来的摆脱了局部利益狭隘眼界的共产主义的自由劳动联合体。社会主义的全民所有制企业，首先是为全社会公有制的纽带所联结在一起的，因而它们在占有社会公有的生产资料与分享社会产品中居于平等地位，从而它们之间有共同利益。但是它们又因为各自具有某些产品局部占有因素，从而还存在局部利益。社会主义企业所具有的局部占有因素与局部经济利益的特点，决定了企业生产带有商品生产的性质。商品生产者从来是具有独立的经济利益的生产者。如果它不具有某种独立的经济利益，如果不是出于维护这种独立的经济利益的需要，生产者间的产品交换就无须采用商品交换的形式。由于社会主义全民所有制企业局部利益的存在，因而它们彼此之间在发生经济联系时，出于维护自身的特殊的局部经济利益的需要，在互相交换产品时，就必须采取以等价原则为特征的商品交换形式，而不能采取无偿的产品调拨。只有在公有制成熟到完全消灭了产品局部占有因素与痕迹时，企业的局部利益才完全消失，并融合于全社会利益之中，企业才真正以彻底的无差别的社会利益共同体——共产主义的自由人联合体身份出现。那时的共产主义企业就彻底没有了商品生产者的性质，就真正地成为社会产品的直接生产者，企业之间的产品交换将摆脱等价交换的羁绊，而成为社会中心支配的直接的产品调拨。

基于以上对社会主义全民所有制的考察，我们得出的第一条结论是：必须将全民所有制企业看成包孕有一定的特殊利益的经营主体与法人，必须承认企业除了有社会共同利益而外还具有一定的自身的局部利益，一句话，必须承认企业是相对独立的商品生产者。如果对全民所有制企业在职工个人分配上采取划一的劳动报酬和财政上的全收全支，即使企业间活动交换也是以商品货币关系来实现，但由于它不承认企业的特殊经济利益，因而无论如何，企业就还尚未具有与这种社会主义所有制相适应的相对独立的商品生产者的地位。

以上考察得出的第二条结论是：必须创造必要的经济条件，使企业能够实现和维护它的合理经济利益，这也是使企业成为相对独立的和不完全的商品生产者的必要条件。以全民所有制为基础的社会主义商品生产者，是以实现更大的社会整体利益与合理的有限度的企业局部利益为其部分的生产与经营的直接目的。社会主义全民所有制占有关系，不仅决定了企业首先对社会整体利益的关心，而且也决定了企业对自身的局部利益的关心。要适应于国营企业物质利益的特点和规律，就要求人们在以维护国家利益为首位的前提下，同时在生产中发挥企业职工对自身经济利益的关心。这样才能使社会主义联合的商品生产者获得更充分的经济动力，从而使企业在生产与经营中表现出高度的积极性与主动性。而如果违反客观经济规律的要求，采取取消一切企业局部利益的做法，则必然会从根本上消除联合的商品生产者的内在动力，挫伤企业的积极性，使企业的生产与经营失去活力。

（二）全民所有制企业的经营自主权

社会主义全民所有制企业，是社会主义经济中具有相对独立性的生产与经营的基本单位，它拥有必要的与它的相对独立性相适应的经营自主权。这种必要的经营自主权，是由全民所有制企业的性质决定的：（1）企业是劳动者的联合，是社会主义大联合体的细胞。社会主义劳动者当家作主的社会地位，是通过企业对生产资料的直接占有和生产自主权表现出来。（2）企业作为组织生产与经营的基本单位，为了充分调动企业的积极性，使企业能根据自身内部的与外部的经济条件，最经济、合理地运用企业支配的生产条件（生产资料与劳动力），以发挥它自身拥有的优势，因而必须保证企业有一定的生产与经营自主权。（3）企业作为带有某些经营主体性质的经济单位，为了实现与维护自身的经济利益，必须有自身的经营自主权。（4）企业作为相对独立的与不完全的商品生产者，为了机动灵活地适应社会需求状况与市场机制而进行生产与经营，更必须有自身的经营自主权。可见，必要的自主权，是社会主义全民所有制企业独立自主地进行商品生产与经营的前提条件。

在社会主义经济理论中，长期以来流行着完全由国家自上而下地决定国民经济总体的即宏观经济活动和企业的微观经济活动的国家单一决策论，主张将企业的产、供、销、人、财、物等一切方面统统由国家统一管理，不承认企业的自主权。这种理论，是苏联式的高度中央集权型的社会主义计划管理模式的产物，具有很大片面性。因为：（1）社会主义社会本身就是自由的劳动者的联合体，企业是这一大经济联合体的基层组织，同时又是进行社会主义生产经营的主体。企业作为经营主体，正是劳动者对生产资料的直接占有的必然表现，它与资本主义的雇佣劳动和历史上一切强制劳动有原则差别，是联合起来的劳动者无穷无尽的社会主义积极性的源泉。显然，联合劳动者作为经营主体的地位，是与企业缺乏自主权和在生产上完全从属于国家和上级行政组织的意志的被动地位不相容的。（2）在社会主义全民所有制经济体系中，企业仍然是组织社会生产的基本单位，是进行物质资料生产的战斗堡垒。作为全民所有制经济的一个细胞，企业的经济活动首先要服从国家的集中管理与计划指导，但也要根据自身的条件，发挥企业在生产与经营中的自主决策的积极性，而不能一切依靠国家自上而下的规划和完全靠外力来推动。社会主义国家的集中组织、管理与指导宏观的国民经济活动的作用，正是立足于企业运用它的自主权以行使其直接组织生产的职能之上。（3）全民所有制企业还有其一定的局部经济利益。而这一企业的经济利益是不可能自然而然地和轻易地就能得到实现，而必须使企业拥有一定的自主权和善于运用其自主权才能得到保证。（4）这种国家集一切权力于一身而不给企业以必要的日常性活动决策权的做法，是与企业所从事的社会主义商品生产的性质与要求不相适应的。因为，社会主义的商品生产也仍然是以生产者的自主的生产与经营为特征。这种不是完全的而只是一定程度的、相对的自主经营是商品生产者能够在价值规律的作用下有效地组织企业生产的必然条件。社会主义全民所有制企业如果不能进行自主经营，缺乏为适应社会需求与市场作用而及时地、灵活地调整自己的生产活动的必要权力，它就不可能以商品生产者的身份来进行活动，就不能充分地发挥社会主义企业的生产与经营的积极性。而这种商品生产者所从事的自主经营正是以企业拥有一定的生产自主权为前提。总之，这种国家单一决策的做法与理论，是立足于社会主义经济是自然经济的理论之上，是把整个社会主义全民所有制经济简单地当作是一个由产品直接调拨关系联系起来的大工厂，将国家当作是工厂的厂部，将各个企业当作是直属国家的车间，从而认为公有制下的企业理所当然地应该唯一地依靠国家决策，犹如企业内部车间必须服从厂部的统一决策一样。

国家单一决策论的计划管理理论是片面的，而这种理论指导下的计划管理的实践也是不符合存在商品关系的社会主义经济的要求。因为，有计划的社会主义商品生产不同于资本主义的自由经济，它是在国家集中管理与计划指导与调节下的商品生产，但是这种社会主义商品生产者绝不是消极地、处于被动地位、由外力来拨动的，而是能自主地进行生产与扩大再生产的、具有充沛活力的经济细胞。不能认为社会主义计划经济就只能有国家的积极性而没有企业的积极性，不能把社会主义计划管理理解为只有国家自上而下地对国民经济活动的组织、管理与调节，而看不见千百万个企业在生产与经营中发挥独立性、自主性与首创精神。同样，不能把集中的计划管理当作主要是发挥国家的经济职能，而看不见发挥生产与经营的基本单位——企业的积极性的极其重要的意义。正如马克思主义经典作家所论述，生气勃勃的社会主义是立足于千百万群众的生产积极性之上，因此，人们不能把国民经济活动的有计划性与企业的发挥生产与经营的积极性、主动性和首创精神对立起来，更不能采取那种国家把经济活动统死、把企业变懒的计划管理体制与方法。恰恰相反，在组织社会主义的计划经济中，必须把国家严格的集中管理与发挥企业的积极性结合起来，而企业对自身日常生产与经营活动的一定的自主决策和实现这一自主决策的必要的自主权，正是企业得以发挥它的积极性、主动性和首创精神的必要条件。

企业的自主权包括以下的内容：

1. 生产与经营权

第一，企业拥有一定的生产计划制订权。这是企业自主权的重要内容。它表现在对于那些实行指导性计划的生产一般物资与消费品的企业，生产什么（品种、规格）与生产多少（各项产品的数量），由企业根据市场需求结合自身条件并参考国家的计划而自主决定。对于那些采取指令性的计划，生产与国计民生休戚相关的基本生产资料和生活资料的企业，在完成国家计划的前提下，可以根据市场状况而自主地决定部分的生产计划。

第二，企业拥有一定的购销自主权。它是企业实现生产与经营自主的必要条件。它表现在对于实行指导计划的企业，在国家有计划管理与指导的商品交换所容许的范围内，企业有权按照生产与经营的需要自行采购部分的原材料与机器设备，对这些物资在质量上进行选择，对购进这些物资的单位做出选择。此外，企业的产品可以自行决定由商业或物资部门销售或是自销。当然，对于那些与国计民生休戚相关的基本生产资料和生活资料，还必须由国家实行计划分配。

2. 收益分配权

一定的收益分配权是企业自主权的必要内容，它是社会主义全民所有制企业的产品局部占有因素的体现。企业的收益分配权表现在对企业实行利润留成制，在盈亏责任制的条件下，实行向国家上缴税金与利润后收入归己支配。企业的自留利润形成企业基金，由企业按照国家的政策规定，用于建立生产发展基金、集体福利基金和补充劳动报酬基金。补充劳动报酬，在国家统一规定的幅度内由企业根据自己的情况来决定，既要保证全民所有制企业劳动报酬水准的统一性，又要承认企业之间的差别，把企业的经营成果与职工的个人物质利益联系起来和更好地贯彻按劳分配。企业一定范围的和必要的收益分配权，关系到企业的局部利益的实现，关系到企业职工收入的提高与物质福利，关系到劳动者积极性的发挥，因而在企业自主权中处于核心的地位。

3. 资金支配权

生产资金是社会主义商品生产条件下生产资料的货币形式。社会主义联合劳动者进行生产而占用生产资料，表现为企业占用、支配与使用社会资金。只有具有一定程度的资金占用支配权，才能真正实现企业的生产与经营自主权。资金占用权表现为企业有权运用归它占用的固定资产来组织生产，有权按照国家规定和经上级批审下出让部分剩余的固定资产。企业的自留利润中形成的自有资金（或留成资金），是归全民所有的社会资金，但企业拥有更充分的自主支配权，自有资金的主要部分是企业支配的扩大再生产资金，企业可以在国家政策规定的范围内和经过上级审批后，将它用于本企业的扩大再生产（如用于挖潜、革新、改造或用于基本建设），或者用于投资（即用于其他老企业或新企业的扩大再生产）。企业有权根据它的生产需要取得银行贷款，用于基本建设和流动资金。企业的资金占用与支配权，使剩余产品的一部分直接归企业支配，由此形成企业积累（它表现为企业扩大再生产基金与属于集体福利基金的非生产性积累），使企业资金在一定限界内能自行增长，从而使企业具有一定的、有限制的不依赖于国家而自主地进行扩大再生产的能力。如果缺乏必要的资金支配权，企业不仅将失去自主的扩大再生产能力，甚至还可能连简单再生产也难以进行，企业就不再是具有自我延续与自行扩大的活力的经济细胞。可见，保证企业有必要的资金支配权，便成为完善企业自主权的重要内容。

4. 劳动力调动权与人事管理权

作为劳动者的联合体的企业，拥有数量不同的劳动力。为了发挥企业劳动的最佳经济效果，特别是为了使企业集体劳动具有商品生产的社会必要劳动的性质，就必须按照社会化大生产的要求来科学地组织、管理与使用企业的劳动力。因此，企业必须有必要的支配劳动力的权力，它包括按照企业本身的性质与生产计划来决定职工编制和各类职工的构成，按照企业扩大生产的需要而招收劳动力，根据企业技术革新与劳动生产率提高的状况将多余的不合格的劳动力交劳动部门重新分配，对违反社会主义劳动纪律的职工进行处分包括辞退的权力。同时，企业必须拥有任免干部与使用调度技术人员的权力。

企业以上的自主权是互相联系、不可分割的。它们共同构成社会主义全民所有制企业的经营自主权的主要内容，是企业有效地组织生产、交换与分配活动的必要条件。把这种必要的与部分的日常的经济活动的决策权归于企业，是社会主义经营管理的重要原则。

（三）全民所有制企业的经济责任

对自己的经营活动承担严格的经济责任，是社会主义全民所有制企业的重要特征。这一经济责任，表现在企业对于国家交付给它的长期使用的固定资金交付占用税，对从银行取得的贷款要如期归还和偿付利息，企业要为它和其他企业所签订的经济合同的全面履行（如提供的原材料、机器设备和其他产品的质量、数量、规格、交货日期等）承担经济责任。作为从事商品生产与经营的企业的经济责任，最集中地表现在企业要以收抵支，实现资金的再生产，经济、合理地使用社会资金，并为完成上缴利润和亏损承担责任。企业的经济责任表明，在公有制基础上紧密联系起来的企业，既然一方面享受全社会范围的联合劳动的经济利益，也就要为它自身直接组织本企业内的联合劳动的差错承担经济责任，不能将它由于未能完成法律规定的与合同规定的义务而引起的国家与其他企业的经济损失推卸给社会和其他企业。

企业的经济责任，实质上是相对独立地经营的社会主义生产者对所承担的社会义务和责任。企业作为全民所有制经济体系的一员，作为社会公共生产资料的占用者与独立的使用者，理所当然地应该为使用资金的社会效果负责。企业应该把归它使用的社会资金与归它支配的劳动力，最合理地使用，以最大限度地满足社会需要，这是社会主义企业的光荣职责，而不能像败家子那样任意浪费公共的经济资源。正是如此，企业在进行经济活动的决策时，考虑到自己的社会责任并自觉地为自己的经济活动承担经济责任，是每一个企业义不容辞的职责。

企业的经济责任在社会主义商品生产条件下，表现为承担货币价值形式的物质责任。如为自身工作的失误，不能履行法定的缴款或合同义务而承受罚款、惩罚性利息，等等，也就是企业为不能履行社会经济义务而受到经济惩罚，蒙受物质的损失。列宁阐述了实行经济核算的企业应该为亏损而受惩罚的思想。他指出："各个托拉斯和企业建立在经济核算制基础上，正是为了要他们自己负责，而且是完全负责，使自己的企业不亏本。如果他们做不到这一点，我认为他们就应当受到审判……"[①]鉴于当时苏维埃俄国国内严峻的政治、经济形势，列宁着重强调采用法律的惩治手段。但是对于在正常条件下从事商品生产的社会主义企业来说，要求它们承担经济责任或受到经济惩罚，则是更加适合的形式。只有采取经济惩罚，才能把企业的经济利益与

---

① 《给财政人民委员会部的信（1922年2月1日）》，见《列宁全集》第35卷，人民出版社，1957年，第549页。

它的经济责任联系起来，这样就能发挥货币的监督作用，有效地推动企业改进经营管理。企业的经济责任是立足于对价值规律的自觉运用之上的，一般采取等价补偿的原则，即视企业不履行经济义务所造成的经济损失的大小，而课以等价的罚金，根据不同情况，也可以采取高额或加倍的罚金。这样就能恰当地弥补相关单位的经济损失，从而妥善地处理社会主义商品生产者之间的利益关系。同时，这将有利于企业实行经济核算和加强经营管理。

企业的经济责任是严格的全面的经济责任。它表现在企业要为它的全部经济活动（生产活动、交换活动、分配活动等）承担经济责任。企业要为它与各个方面的经济联系（包括企业与国家、企业与企业）中的义务承担责任，企业与企业内部各单位之间、企业与职工之间的经济联系也要建立起责任制。这种全面的严格的经济责任，是彻底的、全面的经济核算制的必要内容。

基于以上分析，我们看到，保证企业有合理的经济利益、必要的生产与经营自主权、严格的经济责任，这正是现阶段社会主义全民所有制性质与特点的固有的要求，是使企业成为相对独立的商品生产者的必要条件。只有在"益""权""责"三者相结合的条件下，才能使全民所有制企业实现它应具有的"与统一性相联系的独立性，才会发展得更加活泼"①。

但是，必须看到全民所有制企业作为独立的商品生产者的身份只是相对的。社会主义全民所有制企业不同于在所有制上彼此独立、在经济利益上彼此对立、对自身经济活动具有全权的资本家私人企业。为私有制所隔开的资本主义商品生产者，是以完全的独立性为特征

---

① 《论十大关系》，见《毛泽东选集》第5卷，人民出版社，1977年，第273页。

的。它们的经济活动唯一地从属于追求最大限度利润的无厌欲望，因而企业的决策具有完全独立的与最高的性质。而在全民所有制的纽带下，彼此之间密切联系和互相依存的每一个独立经营的社会主义商品生产者，它们必须适应国民经济有计划、按比例发展的要求，不断地协调它们相互之间的经济活动，才能实现共同发展。因而，全民所有制企业的决策权与自主活动不能不受到制约，从而具有有限度的和不完全的性质。

全民所有制企业的独立经营的相对性，是由企业的经济利益的局部性所决定的。社会主义制度下，在调整企业利益关系，例如在维护国营企业经济利益时，不能任意人为地超越全民所有制企业利益局部性的严格界限。不承认全民所有制企业实际具有的产品局部占有因素与局部利益是不对的，但是也不能由一个极端走向另一个极端，即不能夸大企业的局部占有因素，将它看作是企业集体所有，不能将企业某些合理的局部经济利益无限制地增大，以致变成独立的企业集体利益。在调整和适当地扩大企业自主权中，在探索与采取维护与扩大企业合理利益的措施时，如果不适当地扩大企业局部利益，如一味地扩大企业自留利润的比例，压缩上缴利润的比例，并且一味地扩大自留利润（即企业基金）中的补充劳动报酬基金与集体福利基金的比重，那么就会出现企业多得、国家少收，即企业过多占有社会劳动成果的现象，超越了企业对产品的局部占有因素的界限，违反了社会主义全民所有制的性质。如果企业利益超越了局部利益的界限，就会使企业成为独立的、完全的利益共同体，这就意味着使社会主义全民所有制变成了企业集体所有制。这种做法当然是错误的，它甚至会导致企业失去社会主义的性质。

企业独立经营的相对性，还表现在企业自主权的限制性上。具体说来，企业的自主权不能超越企业进行某些日常的商品生产与经营活动所必要的部分决策的限度，如与社会主义国民经济总体发展休戚相关的经济活动——投资方向、国民经济增长率、价格形成、利率的决定、劳动报酬的基本水准与增长幅度，等等，这些方面的决策权（即所谓宏观决策）应该属于代表社会整体利益的国家，而不能归于企业。在调整企业的权利关系、维护与扩大企业权限时，我们必须使企业的自主权适合现阶段社会主义全民所有制的性质，要使企业的生产与经营权与全民所有制经济的统一性下的独立性相适应，而不能一切独立而否认统一；要使企业的商品购销权与社会主义有计划的商品交换相适应，而不能听任交换自由，不要计划指导；要使企业的收益分配权与企业对产品的局部占有因素和按劳分配原则相适应，而不能实行剩余产品由企业完全或大部分占有，个人消费品按"资"分配；要使企业的资金占用、支配权与企业的相对独立的再生产活动的界限相适应，而不能让资金占用过量和支配权过头，造成企业脱离国家的计划管理而盲目生产和投资失去控制的状况。如果企业的自主权超越了界限，企业拥有的决策权就会超过微观的范围，国家不仅对企业的活动失去控制，而且也难以实现它的宏观决策和对宏观经济活动的计划指导。在企业权力过度膨胀的基础上，国民经济活动的自发性与盲目性就难以避免，国民经济的有计划、按比例发展就不可能得到实现。

总之，全民所有制企业是社会公有的生产单位，是具有共同利益的国民经济有机体中的组成部分。这样的社会主义商品生产者的独立性，根本不同于私有的商品生产者以狭隘的、排他的私人利益为基础的独立性，而是首先要服从于社会的统一计划指导与调节，它是"与统一性相联系的独立性"。社会主义商品生产者经营独立的相对性质，体现了社会主义全民所有制的性质与要求。这就要求人们根据各国的具体情况，去探索与寻找社会主义商品生产者的经营独立性的合理界限，寻找与确定企业所拥有的合理利益的"度"以及企业自主权的范围和限度。据此，就要在企业拥有对某些范围日常生产与经营活动的决策权的基础上，把国家决策与企业决策以及某些领域的个人决策结合起来。探索与确立这样一种企业独立经营的具体形式，意味着社会主义全民所有制的进一步完善，从而使社会主义商品生产"统而不死、活而不乱"，在国家的计划指导与调节下健康地发展。

三、社会主义全民所有制企业的经营管理形式

适应社会主义全民所有制的性质，寻找一种完善的企业经营管理形式，是我国当前的体制改革所要解决的一项重要课题。

企业经营管理形式是在特定的所有制下，生产单位组织与运用生产要素（生产资料与劳动力）来进行物质生产与经营的形式与方法。在社会主义商品生产中，它是企业组织与运用社会资金来进行商品生产与经营的形式和方法。作为生产单位组织与运用生产要素的具体经营管理形式，它与体现生产者对生产资料与产品的所有制是有区别的。例如，企业经营管理形式，可以适应于一个国家的不同历史时期，或适应于同一时期的不同企业从而具有变异性与灵活性。而所有制形式，则是取决于物质生产力的性质，从而具有稳定性。因此，我们不能将企业经营管理形式混同于所有制形式。但是，由于企业经营管理形式涉及对生产资料的支配与使用，以及对企业劳动成果的分配与占有，因而它又是与所有制相联系的，从而可以视为所有制的实现。而完善的企业经营管理形式，正在于它充分完备地体现了某一所有制的性质与特点，从而从经济关系上保证了企业对生产要素的合理

组织与有效运用。正由于此，社会主义所有制的完善，就不能仅仅归结为生产资料的占有形式和产品的分配形式的调整，如寻找与确立社会主义的所有制基本形式与结构，寻找与确立社会主义分配的基本方式与原则，而且还必须进一步寻找与不断完善企业经营管理的形式与方法。可见，探索与寻找一种与社会主义全民所有制相适应的企业经营管理形式，便是进一步发展社会主义商品关系的重要条件。

根据上述社会主义全民所有制的特点，完善的企业经营管理形式，必须保证企业是具有自身合理的经济利益、必要的自主权和严格的经济责任的相对独立的商品生产者和法人，要使企业这一社会主义生产的基本单位和崭新的经营主体能在服从国家计划管理与调节下，充分地发挥它在生产与经营上的积极性、主动性与首创精神。具体地说，要使企业把严格地按照国家计划的生产与必要的机动性、灵活性和对不断变动的社会需求的适应性结合起来；要使企业有精打细算、厉行节约、不断提高劳动生产率，最大限度地提高经济效果的自觉性；要使企业有不停顿地进行挖潜、革新、改造、进行技术革命和技术革新以及不断地扩大再生产的自主性。总之，一方面要保证作为社会生产基本单位的企业的活动从属于国家计划的调节，另一方面要使企业表现出比资本主义企业更高的社会主义生产与经营的积极性；要使组织在企业中的亿万劳动者能够真正地当家作主，在创造新社会中最充分地发挥他们的一切聪明才智。

完善的全民所有制企业的经营管理形式不可能一下子就被找到，而必须经历一个不断地总结实践经验的过程。不少社会主义国家都大体经历了一个由最初采取全民所有制企业实行统负盈亏的经营管理形式，经过扩大企业自主权，逐步向盈亏责任制形式发展的过程。

我国从50年代以来确立的中央集权型的国民经济管理体制，在全民所有制企业中实行统负盈亏的经营管理形式。这种经营管理形式的特点是，企业完全按照国家下达的指令性计划进行生产，产品由国家统一调拨、统购包销，盈余统一上缴财政，亏损由国家负担。这是一种社会资金供给制管理形式和方法，是苏联军事共产主义时期和我国革命战争时期根据地经济中曾经采用过的实物供给制的管理形式的一种发展。当然，必须历史地与辩证地来看待与认识这种国营企业统负盈亏的经营管理形式。首先，要看到它在社会主义国营企业初建时期所起到的积极作用与必要性。显然，如果不采用国家统负盈亏，不以国家财力作为后备，许多国营企业，特别是大型的重工业企业、国防企业就建立不起来，建立后也不能巩固和走上正常生产和顺利发展的道路。其次，要看到国营企业统负盈亏，作为全民所有制企业多样的经营管理形式的一种，它对于某些生产企业具有较为长期的适应性，如对于那些生产社会化程度很高而必须依靠国家采用直接的与高度集中管理的生产部门，如铁路、航空、邮电等部门，对于那些投资大、建设周期长、盈利少的基础生产部门，以及某些国防生产部门，这些部门在其一定的发展阶段实行统负盈亏的经营管理形式还是有其必要性的。

但是，如果把统负盈亏作为社会主义企业经营管理唯一的形式，作为包括一切国营企业的统一的经营管理体制，那么，这种统负盈亏的体制就有其固有的缺陷。因为，在这种企业经营管理体制下，人、财、物、产、供、销等权力统统集中于国家和上级管理机构，国家包揽了宏观的和微观的经济活动的决策权，企业既没有自身的经济利益，又缺乏经营自主权和独立性，变成了国家的附属物。这种经营管理形式，尽管仍然采取商品货币形式来组织企业的生产与交换，但它实质上是由国家统一生产与直接调拨产品的实物性质的组织管理形式，是一种企业间"不分你我""吃大锅饭"的管理方法。显然，这种统一的企业经营管理体制是与全民所有制企业相对独立的商品生产者的地位不相适应的。这种企业之间共同"吃大锅饭"的管理体制，大大限制了企业发挥生产与经营积极性、主动性和首创精神的余地。在这种企业经营管理形式下，生产不对路、产销脱节、产品积压、技术进步缓慢、劳动生产率低、成本高、盈利小甚至大量亏损等现象，往往是难以避免的。我国社会主义经济建设实践中的正反两方面的经验和教训证明，这种"吃大锅饭"的管理体制大大地阻碍了社会主义商品生产的发展。

为了使国营企业经营管理形式最充分地适应现阶段全民所有制的特点与进一步发展商品生产的要求，有必要实行各种形式的社会主义国营企业经济责任制，如各种利润分成形式，各种盈亏责任制形式（如利润包干制、亏损包干制、独立核算、国家征税、自负盈亏制）。自负盈亏是责任制的高级形式，是一种全面的盈亏责任制。自负盈亏的主要内容是：企业在资金管理上，实行以收抵支，亏损不补；在利润分配上，实行上缴税金，盈余归己。自负盈亏废止了统收统支、"吃大锅饭"的统负盈亏的企业经营管理形式，它的实质是社会主义的真正的、全面的、严格的经济核算制。以上这些社会主义国营企业的经济责任制，都是以经济责任为核心，以经济利益为基础，以经营自主权为条件的一种新的经营管理形式，它把国营企业的经营管理权（经营自主权）、责（经济责任）、利（经济利益）结合起来，从而使企业的具体所有制形式适应于现阶段社会主义全民所有制的特点。

自负盈亏不同于一般的责任制形式（如以实行增长利润留成为中心的责任制形式和以全额利润留成为中心的责任制形式）。近年来我国一些地方实行以增长或全额利润留成为主要标志的责任制形式，使企业的权力有所扩大。企业通过利润留成，有了自己的经济利益，又加强了经济责任。但是，实行增长或全额利润留成的扩权形式，还有其固有的局限性。这是因为，增长利润（即超计划利润）留成，计划利润与超计划利润按不同比例提留，企业把计划指标订得低一些的动机与趋势是不能避免的，而且企业害怕增长利润大，国家计划顺势加码"鞭打快牛"，因而不愿千方百计挖掘潜力、扩大生产、提高盈利。即使实行全额利润留成，对国家来说，上缴利润缺乏法定的约束力和强制性，对企业来说，利多多留、利少少留、无利不留，发生亏损还是由国家补贴，企业不承担经济责任。显然，在利润留成的责任制形式下，还是难以最充分地调动社会主义企业的积极性、主动性与首创精神。

自负盈亏这种责任制使企业有了更充分的经济利益。企业向国家缴纳税金（包括工商税、固定资产税、所得税等）后，剩余利润全部留归企业，作为自有资金或留用资金，用来建立企业的生产发展基金、集体福利基金、奖励基金、后备基金。由于税率具有一定的稳定性，在税率未重新调整以前，企业可以稳定地从利润增长额中取得更多的收入归自身支配。这就表明较之利润分成制，自负盈亏使企业的自有资金与企业成果更直接地联系起来。同时，经营好、盈利多的企业，职工不仅可以有更多的集体福利，而且可以有更多的补充劳动报酬，这就使企业职工的个人收入与企业的经营成果更直接地联系起来。

自负盈亏使企业有了更大的生产与经营自主权。自负盈亏，要求给企业更多的经营独立性：（1）企业在完成指令性计划的前提下，可以根据市场需要自行决定与安排企业的生产。（2）企业所需物资除了基本的生产资料仍由国家分配外，可以自行采购与选购，生产的产品除了由物资、商业部门统一收购的部分以外，可以由企业自销或委托经销、代销。（3）除了实行固定价格的产品而外，要保证企业有一定的定价权，对一般产品允许企业在国家规定的幅度内，根据市场情况使价格上下浮动。（4）企业对所占用的资金有更充分的支配权，如企业有权将折旧基金与自有资金在上级审批下，用于挖、革、改和企业扩建以进行自主的扩大再生产，有权取得银行贷款，等等。（5）还要保证企业有更充分的劳动力与干部的支配调度权，使企业能有效地组织企业联合劳动。

自负盈亏课以企业更完全的经济责任。以收抵支的原则，要求企业对自己的生产状况和经营成果负完全的责任，保证企业不亏损并取得盈利。企业要按国家法定的税率上缴税金，包括按照规定上交固定资产占用费和按期归还银行贷款并偿付利息。要废除亏损财政补贴制（政策性亏损的范围要尽可能地缩小），企业如果经营管理不善，利润少，甚至亏本，国家不为其承担经济责任。

实行独立核算、自负盈亏，把充分的"益"、必要的"权"、更严格的"责"结合起来，使企业从国家的襁褓中解脱出来，成为一个无须事事依赖国家、能独立自主地进行生产的经营主体，成为一个真正的法人。自负盈亏企业，由于有了更充分的经济利益的推动，加之由于它自己承担经济责任，不再有"大锅饭"可吃，因而实现了更大的内在动力与外在压力的结合。既然它有了更充分的进行自主经营的权利，就使企业具有了充分发挥它的积极性、主动性与首创精神的经济条件。在这种经营管理方式下，再加以党的思想政治工作，不仅企业领导关心生产，而且全体职工也高度关心企业的生产与经营的改善，这样社会主义企业所拥有的无穷无尽的经营积极性与旺盛的生命力就会涌现出来，统负盈亏经营管理形式所固有的弊病就能得到比较彻底的克服。

对全民所有制企业的自负盈亏，不能加以绝对化的理解。众所周知，在商品资本主义经济中的私人企业，企业资金作为资本归资本家私有，企业的生产与经营完全从属于资本家的意志，企业经营获得的经济利益归资本家占有，企业的亏损也由资本家承担，因而，这是真正的原本含义上的自负盈亏。社会主义全民所有制企业当然不存在这种含义的自负盈亏。社会主义国营企业的自负盈亏这一范畴是借用意义上的，它是带有相对意义的自负盈亏，它只不过是与统负盈亏、一切由国家包干、"吃大锅饭"的体制相区别，它的实质是程度更高的、更完全的盈亏责任制。自负盈亏不是说企业的收入全部由企业自身支配而不再上交国家，恰恰相反，企业利润要按规定上缴国家财政，只是在扣除上交部分后的自留利润范围内自负盈亏，而且企业的全民所有制性质规定了自留利润有其限度，它只能是企业利润的很小部分，自留利润的比例太高不仅会影响国家财政收入的增长，不利于重点建设事业与科学文化事业的发展，而且也会引起企业之间自有资金占用上的过大差别和由此产生的职工收入上的过大差别，从而不利于企业的全民所有制关系的巩固和发展。

自负盈亏企业的生产与经营独立性也有其限度，它是与统一性相联系的独立性，这种独立性不能超越社会主义全民所有制的限度，企业的自主生产与经营不能削弱国民经济的有计划、按比例发展。那些与国计民生休戚相关的基本生活资料与基本生产资料的生产与交换，仍然要服从国家的计划。国家对自负盈亏的企业，并不是撒手不管，而是要采取措施，协助企业进行整顿，负责处理好亏损企业的关、停、并、转。可见，对全民所有制企业的自负盈亏，不能绝对地、从语义的角度来加以理解。显然，这只是那种借用意义上的自负盈亏。正是因此，在实行国营企业自负盈亏时，要防止那种基于对自负盈亏的绝对化理解而产生忽视整体利益，热衷于追求企业局部利益的倾向，以及不接受国家计划指导，想摆脱国家管理来扩大企业自主权与独立性的倾向。对于自负盈亏企业，在扩大它在人、财、物、产、供、销各方面的权力和减少国家对国民经济活动的干预时，要注意维护社会主义全民所有制的性质，保证国家对国民经济的计划管理不受到削弱和影响。要在总结实践经验的基础上，逐步摸索企业权力的合理范围与界限，寻找自负盈亏企业独立自主权的"度"，而不能把权力一放无底、一扩无边，把全民所有制企业变成完全独立的自由企业。

总之，为使自负盈亏真正成为一种能加强社会主义全民所有制企业经营管理的严格的责任制，要注意正确处理国家、企业、个人的关系，保证做到国家多投多收、企业多产多益、个人多劳多得；防止企业追求本位利益而损害国家利益；要注意加强国家宏观的计划指导，把企业的独立经营纳入国民经济有计划发展的轨道，防止企业摆脱国家计划的倾向；要注意正确处理与调节不同企业间的职工的收入差别，防止企业间出现苦乐不均与报酬悬殊。这样的自负盈亏，将有利于社会主义全民所有制的发展与完善，并促使社会主义商品生产的进一步发展。

就像任何经济关系的产生、发展和成熟需要经历一个过程一样，社会主义国营企业的经济责任制也有一个不断发展和完善，由低级形式向高级形式发展的过程。社会主义国营企业采用哪一种责任制形式，必须根据国家的具体条件与企业的具体状况与条件来加以决定，可以采用多样的形式，而不能搞"一刀切"。盈亏责任制是国营企业经营管理的一种有效形式，但是采用哪一种形式的盈亏责任制也要根据企业的具体条件，以有利于国家对国民经济的有计划管理，充分发挥企业的积极性和提高经济效益，权衡利弊，来加以选择。

实行自负盈亏这种高级形式的经济责任制，需要具备多种条件，如必须有计划管理方法、流通体制、价格体制、财政税收体制等的相应改革，才能发挥出它的积极作用。目前，在我国只能随着条件的成熟，逐步地实行这种责任制形式。

四、国家所有制形式的坚持与完善

我国现阶段的全民所有制表现为国家所有制形式。由于社会主义生产关系产生的特点，作为无产阶级革命直接经济成果的社会主义全民所有制，必然要表现为社会主义国家所有制形式。

在我国现行的国民经济管理体制下，全民所有制的国家所有制形式的特点是：（1）全民所有制企业的生产资料由人民民主专政即无产阶级专政的国家代表全体人民来实行占有，国家是生产资料法权上的所有者，国家的所有权是由宪法明确加以规定的。（2）国家是生产资料的最高的全权的支配者，国家不仅直接管理与调节社会主义的宏观经济，而且直接委派企业的领导人员，并自上而下地直接决定与统辖微观的即企业的全部经济活动。（3）国家是企业生产的剩余产品的直接占有者与支配者。

社会主义国家所有制把生产资料的社会公共占有与国家政权力量结合起来，使社会主义公有制得到国家政权力量的支持和依托而得到加强，它的实质是依靠无产阶级专政国家的权力，通过自上而下地采取符合客观经济规律的措施，来进一步巩固与维护适应生产力发展的要求而产生的生产资料全民占有关系。

把国家政权与某种所有制关系有机地结合起来，是社会经济发展中经济基础与上层建筑交相作用的辩证法的体现。无疑，任何一种所有制的产生，总是由物质生产力所决定的。但是，社会结构中耸立于经济基础之上的政治上层建筑又总是反作用于经济基础，它既能加速社会经济基础上业已为物质生产力所呼唤新的所有制形式的产生和形成，它在一定限度内也能延迟早已为成熟的物质生产力所冲击的陈旧所有制形式的死亡。正如恩格斯指出，政治权力"它可以朝两个方向起作用"，如果在按照合乎经济规律的经济发展方向去起作用，从而"经济发展就加速了"，或是违反经济规律发展的方向去起作用，从而"不言而喻地都阻碍了经济的发展"①。

在历史上，政治上占统治地位的阶级往往要采用将生产资料占有关系与国家政权机关结合起来，以巩固和维护它们的所有制。如东方封建专制主义政体下的土地国有制，它的实质是借助于国家的强制权力来加强和维护地主阶级，特别是贵族地主集团对土地的垄断，由此来加强对农民的地租剥削。近代资本初生期，在某些国家也曾出现依靠国家权力来加强国有制形式；在当前一些第三世界国家，也存在着依靠国家政权来加强软弱的民族资本的国有制形式。正如马克思所说："资本在它的萌芽期，由于刚刚出世，不能单独依靠经济关系的力量，还要依靠国家政权的帮助，才能确保自己榨取足够的剩余劳动的权利。"②在当前垄断资本主义国家，依靠国家权力来加强资本主义暮年期的国有制形式也有较大的发展。

---

① 恩格斯：《反杜林论》，见《马克思恩格斯选集》第3卷，人民出版社，1972年，第222页。

② 《马克思恩格斯全集》第23卷，人民出版社，1972年，第300页。

（一）社会主义全民所有制采取国家所有制，是社会主义公有制产生期的历史必然

资产阶级采取一切手段拼命地维护资本主义制度，因而成熟了的现代物质生产力所准备好的社会主义公有化过程，不可能在资本主义社会中自发地出现和发展，而只能经过无产阶级革命，通过无产阶级专政的国家机器，用强力剥夺资产者的生产资料，将它收归代表全体劳动者利益的无产阶级国家所有才能建立起社会主义公有制。同时，社会主义公有制诞生后，还有必要借助无产阶级专政的国家机器，采取行政的与经济的手段，打击资本主义势力的破坏，克服小资产阶级自发势力的阻挠，来巩固、维护和加强社会主义公有制。正如恩格斯所说："无产阶级将取得国家政权，并且首先把生产资料变为国家财产。"①特别是对于像我国这样的生产力水平低、社会主义物质基础还未充分具备的国家，初生的社会主义全民所有制如果不采取国家所有制形式，不依赖国家权力的支撑，就不能顺利地得到巩固和壮大。

国家所有制把社会剩余产品通过国家积累形式，集中于国家，保证了社会主义经济建设所必需的资金积累。国家积累是各个企业的剩余产品价值的总和（除去企业自留利润部分）。它积少成多，汇集成巨大数量的社会资金，为社会主义大规模扩大再生产开拓了最丰饶的源泉，从而保证了社会主义工业化与国民经济现代化建设对资金的巨大需要。新中国建立以来，国家集中的基本建设投资达6000亿元，依靠集中的国家积累，我国基本上是从"空地"上建立起社会主义工业化的初步基础，为社会主义现代化的进一步发展奠定了牢固的地基。对于我国这样的劳动生产率低、企业积累量较少的国家，国家高度集

---

① 恩格斯：《反杜林论》，见《马克思恩格斯选集》第3卷，人民出版社，1972年，第320页。

中的积累加速了资金积累和社会主义工业化的发展，这就表明国家所有制起了重要的不容低估的历史作用。

国家所有制把经济活动的决策权力集中于国家，实行国民经济活动由国家统一领导与统一指挥。这是在社会主义经济初始时期国家计划管理机构和经济调节体系还未健全和完善的条件下，保证初生期的社会主义经济一开始就能有计划按比例发展，避免生产的无政府状态所必要的。特别是在像我国这样的地域辽阔、幅员广大的社会主义大国，分布在各地区的全民所有制企业近40万个，要使它们的产、供、销建立起平衡协调的关系，把它们的经济活动纳入有计划按比例发展的轨道，是极其复杂而困难的事。为了避免与克服全民所有制领域的企业经济活动的自发性和盲目性，不仅必须保证对宏观的国民经济实行有科学依据的计划领导，而且必须要由具有强大权威的人民民主专政的国家来实行集中管理。因而，以国家对企业的微观经济活动的直接的、全面的支配与干预为特征的国家所有制就是十分必要的。

国家所有制经济是提高和培养广大劳动者的自主管理能力的学校，它是未来向更高、更成熟的社会公有制形式过渡的准备。社会主义社会，劳动者是生产的主人，必须保证他们行使管理企业的生产与经营活动的权利。但是，劳动者要卓有成效地对企业的经营活动进行全面的直接管理，需要知识与经验，还需要有一支既有较高政治觉悟又拥有专业知识的专门管理人才队伍。这不是一下子能够办到的，必须要经历一个劳动者逐步提高科学文化水平，在参与企业管理活动中逐步积累管理经验与提高经营管理能力的过程，因此在国家所有制的基础上由国家委派领导人员来专门管理企业就是十分必要的。

综上所述，我们可以看到，全民所有制的国家所有制形式把国家职能渗透于经济活动之中，把政治的国家权力与经济的占有关系有机结合起来，它起着用国家权力来加强和巩固生产资料公有制的作用，集中社会积累和有计划、有重点地使用积累的作用，直接地管理、统辖与调节企业经济活动以保证宏观的国民经济有计划、按比例发展的作用。国家所有制形式是适合社会主义经济初生期生产力发展的要求的。特别是对那些原先生产力水平低、物质基础薄弱的社会主义国家，初生的社会主义全民所有制客观上承受着来自发展不足的物质基础的限制性，用社会主义国家的力量来扶助与加强公共占有关系，就成为社会经济发展的客观的需要。无产阶级在消灭私人资本主义经济的社会主义革命的过程中，建立社会主义全民所有制如果不采取国家所有制形式，就不可能指望社会主义公有制从"空地"上产生，也不可能指望社会主义经济顺利地和迅速地发展。因此，国家所有制的出现和成为全民所有制的第一个历史形式，完全是合乎规律的和不可避免的，我们切不可低估了全民所有制这一历史形式的作用。

对于全民所有制的国家所有制形式，我们应该历史地和辩证地来加以考察，既要看到它产生和存在的历史必然性，又要看到它的形式不是固定不变的，而是要不断地发展和完善的。这就是说，要看到如像一切社会主义所有制形式都具有过渡性从而要转化为更高级形式一样，国家所有制也是要发展变化的。它是社会主义全民所有制诞生后初始发展时期的必然形式，而不是社会主义全民所有制的唯一形式，更不是一切其他社会主义公有制（如集体所有制和混合所有制）发展的必然归宿。而且，国家所有制本身也要随着社会主义物质生产基础的壮大而逐步地发展和完善，转化为更成熟、更完备的全民所有制形式。

从上述观点出发，我们就有充分理由认为：在社会主义社会的向前发展与成熟中，为了使社会主义生产关系进一步适合生产力的性质，为了保证社会主义商品生产获得进一步的发展，人们有必要根据各国的具体条件和社会主义物质基础的成熟程度，不断地完善社会主义国家所有制形式而不能使它凝固化。

（二）国家所有制形式的完善

我国的社会主义国家所有制体制与具体形式是50年代承袭苏联模式而建立的，即使是我国现行的国家所有制体制也不是十全十美的，而是还存在着重大缺陷。这主要是因为国家对企业活动干预过多，统得过死，企业的权益过小，独立性太少。如：（1）国家几乎占有了企业生产的全部剩余产品（通过全收全支），而排斥企业的产品局部占有因素；（2）国家是一切经济活动（宏观的与微观的）的直接管理者，它对企业经济活动采取过度的直接干预，排斥企业的自主生产与经营，不利于企业积极性的发挥；（3）主要用行政组织与行政手段来管理经济活动，对价值规律与市场作用利用得不够。总之，现行的国家所有制的某些具体形式，已经不能充分地适应当前社会主义建设新时期生产力蓬勃发展的需要。当然，对于这种国家所有制体制也要辩证地和历史地来看，不能完全否定它的积极意义。要看到，在无产阶级夺取政权后，在消灭私人资本和建立社会主义全民所有制的初始时期，在社会主义全民所有制的物质基础还较薄弱，社会主义国家有计划领导国民经济活动的调节体系还未建立和完善的情况下，管理国民经济还需要比较高度的集中和在经济生活中实行较广泛的国家干预，因而在那种条件下，高度中央集权的国家所有制形式从主要方面来说还是适合生产力发展的。随着社会主义经济的日趋成熟，如全民所有制企业物质基础的日益增强，越来越成为拥有巨大的劳动者联合与先进生产手段的庞大的技术—经济综合体；在生产方法上企业从广延型的生产越来越转化为集约型的生产；企业数量庞大，它们之间的分工与协作关系日益密切，在这种情况下，为了使企业中的劳动力与生产资料实现最有效的结合，充分挖掘企业内部潜力发挥内含的扩大再生产的作用，进一步提高企业生产与经营的经济效果，客观上就需要进一步加强企业的相对独立性和生产经营的自主性。特别是为了适应企业间发达的、纵横交错的商品关系，更有效地利用市场作用，需要适度地扩大企业的自主权。因此，在社会主义经济发展的这一时期，进一步完善现行社会主义国家所有制的具体形式就有必要了。

我国的国民经济体制的改革，在某种意义上就是现行的国家所有制具体形式的完善。具体地说：

第一，改善企业的组织形式。贯彻政企分离的原则，实行经济民主，进一步加强和健全职工代表大会制度。要创造条件，通过试点，逐步地试行由职工代表大会决定的厂长或经理来管理企业的体制（如采取企业领导人员由上级推荐，职工代表大会认可；或职工代表大会提名，上级审批等方法），以保证企业职工真正地当家作主，做到在国家集中统一的管理下，更直接与更充分地按照广大职工的意愿办事。

第二，改善国家管理企业经济活动的方法。把主要依靠行政手段来直接支配与干预企业经济活动的方法，改变为既要依靠行政手段，又要依靠经济手段来指导与调节企业经济活动的方法；特别是对于那些实行指导性计划的领域，要实行主要通过调节利益关系和依靠经济利益的推动，即主要依靠经济杠杆，通过国家自觉地调节价格、税收、利息等经济参数来指导与调节企业经济活动。这样做就能自觉地利用价值规律对生产的调节作用，使企业在经济利益的推动下更充分地发挥生产与经营的自主性与积极性。

第三，改善国家管理经济的组织形式。要尽可能精简各级行政管理性质的机构（我国当前有10多万个），逐步把大量的管理基层经济活动的行政组织企业化，改变为经济组织，如将某些实行行政管理职能的部、局，改组成为从事生产与经营的公司；要改变上级管理机构与基层单位只是单纯的行政领导关系而缺乏经济利益联系的状况，逐步做到把进行管理的行政机构与经济组织的活动从物质利益上与基层生产单位的经济效果联系起来。进行管理的经济组织也要按全面的经济核算制办事，从而成为真正的经济组织。管理经济的组织与企业之间也要按照商品关系中的等价原则办事。只有通过国家管理经济的组织形式的这一改革，才能改变从各方面束缚企业手足的"婆婆"多的状况，解除企业活动中来自庞大的、重叠的行政机构的掣肘，消除各种行政管理系统、行政层次和行政区划对企业活动造成的壁垒，从而为企业自主地进行商品生产，顺利地发展纵向的商品关系（即上级经济管理组织与企业间的商品关系）与横向的商品关系（企业之间、地区之间）创造经济条件。

第四，改善国家对企业产品的占有关系。要将国家通过统收统支对企业收入的独占改变为国家与企业间的利润分成制，即实行国家占有绝大部分企业收入、企业占用部分收入的利润分配制度；要改变企业利润上缴财政的统一的国家积累形式为占主导地位的国家积累和部分的企业积累（自有资金中的扩大再生产基金）的二重积累形式。

第五，改善国家组织社会主义扩大再生产的形式。改唯一的国家集中的社会主义扩大再生产形式为占主导地位的国家集中的扩大再生产和部分的企业自主的扩大再生产的二重扩大再生产形式；要通过企业产品的占用关系的改善，使企业能够在拥有自有资金的基础上形成企业积累，从而赋予企业以部分扩大再生产的权利，使它们能够依靠自身的力量进行挖潜、革新、改造和进行部分的基本建设（在实行国家审批的前提下）。改变单一的由国家自上而下地进行扩大再生产，这是保证社会主义商品生产以充沛的活力不断发展的重要条件。

上述这一切变革，概括起来，是在维护与巩固国家对固定在企业中的生产资料的最高所有权、产品占有权与经济活动支配权的前提下，使企业对生产资料具有部分的支配使用权。这种生产资料实际支配使用关系的变革，是国家所有制具体形式与体制的进一步完善。

我国的国民经济体制的改革，绝不是要废止社会主义国家所有制和取消国家的经济职能，绝不是不要国家集中管理，而只是在于改变国家在管理全民所有制企业微观经济活动中的权力过于集中和管得过头和过死。在更完善的国民经济管理体制下，国家仍然必须是社会主义经济的领导者、组织者和管理者，拥有统一各个劳动者联合的步调、统辖指挥各个企业活动的强大权威。特别是对于像我国这样的劳动社会化程度低、全民所有制企业数量庞大、企业的地区分布广阔、企业经济差别很大的国家，为了协调全民所有制企业的活动，保证这一经济领域做到有计划、按比例的发展，我们不能削弱社会主义国家的经济职能，不能取消国家对经济的管理与干预，更不能降低国家的权威，企业的微观活动决策权范围的扩大，只能在必要的与合理的界限内，而不能削弱与动摇国家对宏观的国民经济活动的集中管理。企业对它的收入的部分支配权不能超越企业产品局部占有的界限，不能削弱与改变企业的全民所有制的性质。企业的自主扩大再生产的能力不能超越必要的限度，不能削弱与改变国家集中的扩大再生产的主导地位。总之，在调整国家与企业的关系时，要从我国的实际状况出发，从有利于社会主义经济"统而不死、活而不乱"，来寻找与规定企业的生产资料占用支配权、经营自主权、产品分配权的限度。随着国家所有制形式的进一步完善和国家组织与管理社会主义经济的方法的更加完善，社会主义国家对国民经济的宏观计划指导与调节不是削弱了，而是进一步有效率和加强了。而且，即使是在这种管理体制下，国家对国民经济的广大领域仍然要进行直接的干预，仍然要使用行政的手段，而绝不能摒弃行政手段，不能抛弃这一统一调度社会主义公有制经济活动的有效手段与重要杠杆，特别是在国民经济出现较大的、全面失调的情况下，更不能拒绝使用这一手段。

就像任何一种所有制形式必须适应生产力的性质和变化一样，社会主义国家所有制作为全民所有制的一种形式，要随着社会主义经济的逐步成熟而进一步完善，这完全是合乎规律的。马克思主义经典作家把无产阶级专政的国家当作处在消亡中的国家，他们也把国家所有制作为过渡性的公有制形式。恩格斯说："国家真正作为整个社会的代表所采取的第一个行动，即以社会的名义占有生产资料，同时也是它作为国家所采取的最后一个独立行动。"[①]列宁也论述了社会主义社会发展过程中原来的完整意义的国家，经过"非政治国家"，而逐步走向国家最终消亡的过程。既然在社会主义社会向前发展过程中，国家是处在发展、变革和消亡中，那么，把全社会公共占有与国家政权结合起来的全民所有制的国家所有制形式，也将在不断发展、不断完善中逐步地走向消亡。

社会主义政治经济学中的所有制的科学研究，要求人们把国家所有制的完善，放在社会主义全民所有制的不断发展和成熟的总过程中来加以考察。对于社会主义全民所有制在未来的不断发展中，国家所有制要经历什么样的形态变化，要采取怎样的发展阶段，这是我们当前还难以精确地预测和完满地回答的。但是基于国家的逐步消亡，因而我们可以把这一发展过程看作是社会主义公有制逐步地脱去国家所

---

① 恩格斯：《反杜林论》，见《马克思恩格斯选集》第3卷，人民出版社，1972年，第320页。

有制的外衣，由社会主义国家所有制转化为更高级的全社会公共所有制的过程。这是社会主义公有制经济随着自身物质基础的日益成熟，由初生期的借助国家强制力来加强的公共占有形式，逐步地摆脱国家政权的支持，不再依靠国家强力，向着由社会中心进行管理和调节的社会公有制形式发展的过程。恩格斯指出："国家政权对社会关系的干预将先后在各个领域中成为多余的事情而自行停止下来。那时，对人的统治将由对物的管理和对生产过程的领导所代替。"①在经历长期的发展和条件成熟后，社会主义公共占有关系脱离国家政权的过程就最终完成，"国家以社会的名义占有生产资料"就正式宣告结束，那时，自由劳动者联合体将以社会的名义完全地和直接地占有生产资料，并且在社会中心的计划管理与调节下进行自主的生产，经典作家所预言的成熟的全社会所有制将成为现实。

---

① 恩格斯：《反杜林论》，见《马克思恩格斯选集》第3卷，人民出版社，1972年，第320页。

第六章

社会主义所有制的
多样形式与社会主义商品经济的发展

一、社会主义所有制的多样性

在社会主义社会初始的不发达阶段，经济体系中的商品经济结构不是某种单一型的商品关系的总和，而是体现了全民所有制、集体所有制、个体所有制及其他过渡性所有制的多种所有制关系的总体。社会主义的商品生产是以并存的各种所有制为基础的多层次的商品生产。社会主义商品生产的发展，决定于这些社会主义社会的多种所有制的完善。因而，按照社会生产力的状况与要求，在社会主义公有制占绝对优势的前提下，保证多种所有制长期并存，建立恰当的社会主义社会的多样性的所有制结构，并且不断地完善各种所有制形式，就成为发展社会主义商品生产的重要前提。

为了进一步认清社会主义经济中多种所有制同时并存的必然性，有必要从历史上的所有制形态谈起。

多种所有制形式的并存，并不只是社会主义社会一定发展阶段特有的现象，而是一切社会形态都共同存在的，特别是一切新社会形态初始阶段的鲜明特点。根据生产关系一定要适合生产力性质的规律，所有制形式总是取决于生产力的性质。由于社会物质生产力的发展具有不平衡的性质，社会经济的不同领域，如在工业与农业之间，城市与乡村之间，不同部门、不同地区之间，生产力的具体状况就不可能一样，实际上存在着生产力发展程度上的高低之别。固然，某一特定的社会形态有其生产力的一般水平，如"手推磨产生的是封建主为首的社会，蒸汽磨产生的是工业资本家为首的社会"①。但是一定社会形态的现实的物质生产力状况绝不是"一刀切"那样的整齐划一，而是在不同领域中存在参差不齐的情况，特别是在新社会形态的初始阶段，由于与这一新社会相适应的物质生产力还没有获得充分的发展，社会主义经济不同领域的生产力结构的多样性和生产力水平的差别就更加显著。生产力的这种多重性质，决定了所有制形式的多样性，即存在新的所有制形式与旧的所有制形式并存的局面，而新的所有制形式也并不是"一刀切"的，而是适应现实的具有不同层次的新生产力，采取成熟程度不同的多样的新所有制形式。马克思早就阐述过社会生产力的不平衡与多层次决定了所有制多样性的思想，他提出了"诸生产关系"，也就是多样的所有制形式的概念，指出"在人类底诸生产力里面，发生了一个变化，必定在他们底诸生产关系里面引起

---

① 马克思：《哲学的贫困》，见《马克思恩格斯选集》第1卷，人民出版社，1972年，第108页。

一个变化"①。显然，社会生产力层次越是复杂，所有制结构也就愈加多样，只有生产力发展到全社会范围都具有同一水平，才能有真正的单一的所有制形式。

在社会历史的不同发展阶段，我们都看见这种多种所有制并存的状况。如在奴隶社会的初始阶段，一方面有不发达的家长奴隶制形式与更加发达的大奴隶制形式的并存，另一方面又有奴隶制占有形式与氏族公社所有制残余的并存。封建主义社会形态更是以多种所有制形式的并存为特征，如我国封建社会中有封建的土地国有制、各种形式的地主土地所有制（贵族地主所有制与一般的庶族地主所有制等）、封建商业资本所有制、城市行会手工业所有制、个体农民所有制等多样所有制形式的长期并存，以及封建所有制形式与残余的奴隶制占有形式的并存。在资本主义社会，资本家所有制也具有从萌芽性的资本家所有制（小老板所有制），到各种资本家所有制、资本主义土地所有制等多样形式，此外还有各种各样的前资本主义所有制形式和个体所有制形式。即使是生产力水平较发达的资本主义国家，也还存在各种垄断资本所有制（从各种国内垄断组织、国际垄断组织到跨国公司），中小资本家所有制和各种个体所有制的并存。

所有制的多样性，为生产力的发展开辟了更广阔的余地。特别是在资本主义商品经济形态下，这种多样的所有制形式，形成了社会复杂的多样性的商品经济结构，带来了商品关系的极为广泛的发展，从而使资本主义成为商品生产的最高形式，并由此推动了资本主义生产

---

① 马克思：《哲学的贫困》，见《马克思恩格斯选集》第1卷，人民出版社，1955年，第173页。《马克思恩格斯选集》第1卷，人民出版社，1972年，第119页中的译文是："人们生产力的一切变化必然引起他们生产关系的变化吗？"这一译文是不准确的。按照德文原文，生产力与生产关系均是复数，人民出版社1955年版"诸生产力"，"诸生产关系"的译文是准确的。

社会化的发展。

社会主义国家在不发达阶段，特别是在社会主义经济制度确立后的初始时期，在所有制领域不可能表现为单一的公有制结构。恰恰相反，不发达的社会主义，所有制客观具有多样的形式。它表现在：其一，占统治地位的公有制与私有制的残余并存；其二，多种公有制形式并存。

公有制占统治地位，但不是唯一的或在一切领域独占的形式，是不发达的社会主义阶段所有制的特征。因为，它意味着在所有制领域业已确立了公有制的统治地位，这也是使社会主义社会区别于从资本主义到社会主义的过渡时期的重要标志。但是，社会主义的实际状况表明，人类不能一步就跨进社会主义社会的殿堂，而只能首先进入社会主义社会的门槛，而在社会主义社会的初始阶段，由于生产力发展水平的限制，还不能立即实现经典作家所设想的"由社会占有全部生产资料"[①]，使公有制成为所有制的唯一的、独占的形式，即确立所有制领域的公有制一元化。在社会主义社会的这一发展阶段，在某些经济领域内，公有制还不能完全取代与消灭私有制的残余。如城乡的个体所有制还将长期存在，甚至还将在特定领域保持某些国家资本主义的因素。国内外社会主义经济建设的实践经验表明，一个社会主义国家的生产力水平越是低，社会主义公有制经济的力量越是发展不足，体现旧社会残余的前社会主义时期的所有制形式就将有更多存在与活动的余地和保持更长的时期。归根到底，体现私有制的残余的前社会主义时期的旧所有制形式存在的范围和时期与社会生产力的水平成反

---

① 恩格斯：《反杜林论》，见《马克思恩格斯选集》第3卷，人民出版社，1972年，第321页。列宁在《青年团的任务》中说"共产主义社会就是土地、工厂都是公共的"，这里列宁指的是社会主义，经典作家常常是将单一的公有制作为社会主义的特征。

比。这是不以人们的意志为转移的客观经济规律。因此，人们不能将社会主义社会的所有制当作是纯之又纯的公有制的一统天下，不能认为社会主义经济形态的初始阶段，一切私有制的残余、因素与痕迹都立即退出了历史舞台，更不能在物质条件尚未成熟时，消灭一切带有某些私有因素的过渡性的所有制形式和人为地制造单一的公有制结构。我国原来是一个半殖民地、半封建社会，在走上社会主义的道路后，不同部门、不同地区经济发展的不平衡与生产力水平的落后，决定了我国现阶段还不可能做到使社会主义公有制占领一切阵地，还不可能做到消除和堵塞一切私有制残余。恰恰相反，占绝对优势的社会主义全民所有制经济与社会主义集体所有制经济和一定范围内的个体所有制经济（甚至包括一定的其他体现有私有制因素的经济形式）的并存，正是我国社会生产力发展的要求。

公有制具体形式的多样性与多层次性，是社会主义所有制的另一重大特征。现阶段社会主义公有制表现为全民所有制、集体所有制以及由全民所有制、集体所有制组成的联合体所体现的新的社会主义公有制等基本类别，因而，社会主义公有制具有多样形式。全民所有制是以生产资料全社会公共占有为特征，它是公有化程度较高的形式。集体所有制是以生产资料归局部劳动人民占有为特征，它的公有化程度要低些，经济联合体的公有化程度则视其中全民所有制和集体所有制的比重及其分配形式等具体情况而有高低的不同。有些联合体更接近全民所有制，有些联合体则更接近部分劳动人民的集体所有制。这种情况表明，在不发达的社会主义阶段，还不能形成单一的社会公有制形式。占统治地位的社会公有制还要分割为多样的形式。在不发达的社会主义阶段，在各种公有制类型内部也不是表现为单一的形式，而是具有多种层次和多样形式。如社会主义全民所有制也将因管理形式的不同以及收入上缴、支配和使用形式的不同，而实际上要体现出社会公有化程度的不同。集体所有制也视其内部劳动联合的规模和经营管理形式、盈利上缴与收入分配使用形式等方面的情况，而体现出不同层次。社会主义公有制的多样形式与多层次性，是不发达的社会主义阶段公有制的重要特征，它是由于社会生产力的发展水平还不高，从而还具有较显著的多层次性所决定的。这种公有制具体形式的多样性与生产力的发展水平成反比。社会主义国家只有在国民经济高度现代化、生产高度社会化的基础上才能逐步实现由社会化程度较低的公有制向社会化程度较高的公有制过渡，才能逐步地走向公有制的单一化。

基于上述社会主义所有制的特征，像我国这样原先生产力水平低的经济落后国家，在生产资料的社会主义改造取得基本胜利后，必须保证所有制形式的多样性与多层次性，避免搞单一模式。要保证社会主义公有制占绝对优势和统治地位，同时又要容许一定数量的个体所有制，一定时期在特定领域还要允许某些国家资本主义性质的所有制形式存在；要保证全民所有制的主导地位，同时又充分地发展集体所有制，并大力扶持和推动各种形式的联合所有制，还要对有利于生产力发展的个体所有制及其他体现私人占有因素的所有制形式采取灵活的态度，使它得到适当的发展。

总之，要在社会主义公有制占绝对优势的前提下，实行多种所有制形式同时并存，各得其所，使所有制具有丰富的形态和变化的灵活性，发挥它对多层次生产力的适应性。这种多样的社会主义所有制结构，将保证劳动力与生产资料的最有效的结合，从而显示出它的最全面、最充分地适合于生产力的性质。同时，这种多样的所有制形式，保证了多种商品关系的广泛发展，成为社会主义商品生产兴旺发达的经济基础。社会主义全民所有制在第五章中已经加以论述，在本章中主要论述全民所有制以外的其他所有制形式。

二、社会主义集体所有制的发展和完善

（一）社会主义集体所有制的特点

保证社会主义集体所有制形式获得必要与充分的发展，是实行多种所有制并存的重要内容，也是进一步发展社会主义商品生产的重要条件。

集体所有制经济是社会主义经济的重要组成部分，是劳动者自愿组织起来通过集体劳动以谋取经济利益的企业，它是实行独立经营，并由组织在企业中的劳动者共同分享经济利益和承担经济责任的社会主义利益共同体。集体所有制企业作为社会分工中处在不同岗位，并与外界存在密切的活动交换的生产单位，它的生产就具有商品性，是崭新的社会主义集体所有制的商品生产。

集体所有制与全民所有制一样，都是生产资料公有制，都是否定了人对人的剥削与压迫，它的生产目的从属于增进全体劳动者的公共利益，它的经济活动均要服从国家的计划调节。但是，集体所有制的本质特征在于它的生产资料的公有化局限于参加企业的劳动者范围内，是部分劳动人民的公有制，从而与全民所有制的生产资料基本上在社会范围内公有化不同。从公有化程度较低来说，集体所有制是社会主义公有化的初级形式。

集体所有制具有下列特点：

1. 生产资料与产品的较完整的集体占有

它表现在集体所有制经济的生产资料（生产工具、机器设备、生产资金等）是集体的财产，集体有最高的支配权，可以自行支配、

使用和出售。集体单位对外部交换产品与活动实行等价交换，在收入上实行多收多得，除了以税金形式上缴一部分收入给国家外，其余统统归集体支配，企业根据自身的状况自行决定内部积累和消费。集体所有制经济在个人分配中实行联合劳动者直接分享集体收入（扣除积累部分），集体单位的个人消费基金随着集体收入的多少而有不同，水涨船高，多收多得。可见，集体所有制同生产资料归社会所有的全民所有制不同，它是生产资料与产品统归劳动者集体占有、支配和使用，从而是一种完整的小集体或集团占有关系。

2. 独立的集体经济利益

任何一种所有制都要体现某种利益关系。集体所有制的生产资料的占有、支配，产品的交换、分配等关系，直接地体现了集体经济利益。集体利益是社会主义的经济利益，它是以生产资料公有制为基础，是组织在企业中的联合劳动者共同利益的直接体现，并且与全社会公共利益相一致，而与以生产资料私有制为基础的私人利益有根本的不同。集体利益又是一种不成熟的社会主义利益，它不同于全民利益，而是一种小范围的集体利益。作为公共利益的一个范畴，它在利益的社会共同性上，主要限制于企业联合劳动者狭窄的界限内，因为企业生产手段的运用与生产成果的分配主要从属与体现集体利益，即组织在企业范围内的劳动者的共同利益，从而与全民所有制企业的经济活动主要从属和体现全社会范围内的劳动者的共同利益有着明显的差别，并不可避免地存在着集体利益与社会整体利益的矛盾。

集体利益又是组织在企业中的联合劳动者独立的经济利益。尽管集体所有制单位由于联结于公有制这一共同纽带，从而与全民所有制单位和其他集体单位存在利益的共同性，但是，在社会主义社会的经济机体中，集体单位毕竟是更具有较为完整的独立性的利益共同体，并且是要根据它的这一独立的经济利益来进行独立的经济活动。这种情况，与全民所有制单位的利益的基本共同性和活动的相对独立性有所不同。

集体经济的特点在于企业的集体利益与个人利益之间存在更直接的、灵敏的联系。集体经济实行完全的自负盈亏，集体经济的收入在上缴税金、扣除扩大再生产基金和集体福利基金后，全部作为个人消费基金，在集体成员之间按劳分配。由于集体经济组织的利润（剩余产品）主要归企业占有，而不是主要上缴国家（通过上缴税金或利润）归社会占有，因而企业收入在更大比例与程度上转化为个人收入，企业生产经营的好坏，增产与亏损要在更大程度上更充分地表现为个人收入的增减变化，这就与全民所有制经济中，由于国家占有剩余产品的较大部分，企业收入只是在更低程度上转化为个人收入有所不同。无疑，企业利益（无论是全民所有制企业与集体所有制企业）与个人利益之间的直接联系，即水涨船高关系是社会主义利益关系的一般特征，是实现对劳动者的物质鼓励，调动人们的社会主义积极性的经济杠杆。但是，集体所有制企业在使企业劳动成果主要归企业劳动者占有基础上实现的集体利益与个人利益之间的最直接、最充分、最灵活的联系，正是集体经济利益的特点。这种利益关系体现了对劳动者的更充分的物质鼓励，从而成为把劳动者牢固地组织于社会主义联合劳动组织中的经济纽带，特别是成为把千百年来习惯于为个人利益而生产的小生产者和其他居民组织起来，自觉地进行集体生产的有效的经济手段。而这种企业利益与个人利益之间的最直接、最灵活的联系，则是以集体所有制体现的利益的独立性与集体范围所规定的公共利益的狭窄性为基础。因为，只有这种共同利益的范围主要地限制在集体范围内，而不是扩大于全社会范围内，只有把共同利益主要地归集体成员分享而不是主要归全体社会成员分享（它只是部分地归全社会成员分享）；换言之，只有这种集体利益形式与关系才能实现企业中联合劳动者的共同利益与个人利益的最紧密、最直接的结合，使这种整体利益与个人利益一致体现得最充分，为直接生产者看得见和摸得着，这样也就能更充分地发挥社会主义物质利益关系鼓励劳动的作用。可见，集体利益独立性与狭窄性并不是集体所有制的缺点，它正是集体所有制能够具有坚固的黏合力，能够加强和巩固组织在集体经济组织中的联合劳动，使集体经济能够在独立自主地从事商品生产中表现出蓬勃生命力的经济基础。

3. 局部范围内的、较完全的直接的公有制

它表现在生产资料归组织在企业中的劳动者集体公开地和直接地占有，而无须由耸立于企业之上的国家机关或其他行政组织来代表劳动者集体占有生产资料。决定这种较完全的直接公有制在于：（1）集体所有制企业按其性质是劳动者自主的经济联合，企业的财产是个体农民、个体手工业者、城乡居民为进行集体劳动而实行的个人所有的生产资料和资金的联合。国家和全民所有制企业也要对集体单位在生产资料与资金上进行支援，但是必须立足于偿还的基础之上。集体所有制企业的财产是通过个体所有制和个人财产的社会化，即在联合原先归个人所有的财产基础上形成的，它不同于全民所有制企业的财产，后者或是没收原先资本家的私有财产，或是将国家财产交付给国营企业使用。集体财产由劳动人民和居民的个人财产转化而形成的这一特点，也就决定了不能由集体经济组织之上的国家政权组织或集体经济组织之外的其他经济组织来代行对生产资料的占有权，而必须由联合起来的本原的所有者——企业的职工来直接地占有、支配和使用。在劳动者的生产资料或生活资料的个人直接占有制基础上形成联

合劳动者的集体直接占有制，这完全是顺理成章的，它符合集体所有制产生的辩证法，是集体企业拥有更充分的自主权利的经济基础。（2）集体所有制企业实行完全的独立核算、自负盈亏。企业的生产资金与消费基金，完全要依靠集体劳动的成果，依靠企业本身的收入，而不能依靠国家财政拨款。集体经济的扩大再生产所需要的生产资料与生产资金，要依靠企业的劳动者自身劳动形成的集体积累，而不是像国营企业那样在很大程度上来自国家积累。这种情况也就决定了集体单位的生产资料必须归企业劳动者集体直接占有，因为谁都知道，既然要求集体单位完全地独立核算、自负盈亏，依靠自身力量来发展，同时又不保证和维护集体单位对生产资料的占有、支配和使用权，是十分悖理的。（3）集体利益的特点——企业集体利益与职工个人利益之间最直接、最充分和最灵敏的联系——既是直接的集体占有的产物，又是由直接的集体占有来保证的。显然，如果不是由于组织在企业中的联合劳动者直接地占有与支配生产资料，直接地决定企业的经济活动，直接地决定产品与收入的分配，而是由一个远离直接生产过程的国家机关或行政组织来实行企业活动的决策，那么就不可能更有效地实现集体利益向个人利益的直接转化，就不可能充分发挥这种集体利益关系的积极作用。总之，实行生产资料较完全的直接占有，没有国家行政组织插手于劳动者对生产资料的占有关系之中，从事直接生产的劳动者在企业范围内同生产资料的直接结合，是社会主义集体所有制的一个重要特点，这也是它与"国家以社会的名义占有生产资料"的全民所有制之间的一个较大的差别。

综上所述，较完整的集体所有，独立的经济利益，直接的集体占有，这三者构成社会主义集体所有制的主要内容和特征。无疑，这些特征是生产资料公有化程度低的局部范围内的利益共同体所固有的，它体现了集体所有制这一公有制的低级形式的本性，并且体现了集体利益的局限性。但正是由于这些特点，才使集体所有制具有能适合不发达社会主义较低层次的物质生产力的性质。因而，我们就不能脱离社会生产力的性质和要求，以"一大二公"为标志，将上述特征看作是集体所有制的缺陷，而应该从生产关系一定要适合生产力性质的规律出发，来认识集体所有制的上述特征。正是由于集体所有制的这些特征，才使我国的许多集体所有制企业，尽管有小公有制先天固有的不足（如资金少、设备差、技术落后等）与后天的即由于不完善的国民经济管理体制所造成的种种局限，但仍然能够在扩大再生产、发展社会主义商品生产中表现出很大的适应性和充分的活力。又如有不少城市集体所有制企业在存在许多不利条件下，管理却仍然日益健全，经济效果显著。事实证明，在现阶段社会主义社会的广泛经济领域内，集体所有制经济的适应性与优越性是很明显的。

（二）社会主义集体所有制的发展

保证社会主义集体所有制长期存在和以多样形式获得充分的发展，是顺利地发展社会主义商品生产的重要条件。

1. 集体所有制的长期稳定性

社会主义集体所有制的存在具有长期性，它是社会主义所有制体系中的具有稳定性的构成因素。这在于，集体所有制是以手工工具和初步的机械化为技术基础的所有制形式，它是与社会主义社会生产力的中级层次和低级层次相适应的，它在这些生产领域内，具有很大的优越性和旺盛的生命力，是不可代替的所有制形式。社会主义的物质生产基础的发展壮大是一个为物质生产力的发展规律所制约的自然历史过程，人们不可能随意地逾越生产力发展中所要经过的一系列阶梯。特别是在不发达的社会主义国家，把城乡集体经济由手工工具和一般的机器生产转移到现代化的大机器生产的技术基础上来，使它具有社会主义社会高层次生产力的水平，还需要经历很长的发展阶段，这就决定了集体所有制对生产力长期的适合性。一般说来，社会主义国家的物质生产力水平越低，集体所有制存在的时间就越长，并将长期地发挥重要的作用。如：我国这样的底子薄、人口多的国家，农民从事农业生产，主要还是使用手工工具，以畜力为动力；城镇很大一部分轻工业、商业、服务业，也是立足于较落后的手工技术与初步的机械化的物质基础之上。在我国社会生产力结构中，中级与初级层次的生产力还占有主要地位。这种情况将在今后一个时期内继续下去，不可能指望很快发生变化，这也就决定了集体所有制在我国社会经济活动很广泛领域存在的这一长期性。加以我国人口多，城镇每年有以数百万计的劳动力需要就业，而全民所有制企业的积累能力与扩大再生产规模又有其限度，因而，集体经济将长期把新增的就业人口组织在社会主义生产中的这一有效形式。这一切表明，集体所有制的长期存在，并且成为社会主义所有制体系中的稳定因素，是我国条件下社会主义物质生产力发展规律的要求。

在社会主义经济的理论研究中，存在着强调集体所有制的过渡性，忽视集体所有制的长期适应性的倾向。如在个体农民与个体手工业的合作化实现后，不顾集体所有制经济还立足未稳，就一味提倡小集体向大集体过渡，提倡大集体向全民所有制过渡，甚至对稳定集体经济的正确主张进行批判。这是社会主义所有制理论中"左"的思想的一个表现。这种论点立足于生产关系越大越公越优的论据之上，它脱离具体条件来宣扬公有化程度更高的全民所有制的优越性，从而把集体所有制的公有化程度较低与它的优越性对立起来。①这种理论在评价所有制的优越性上，实质上是将"公平""平等"等法权和道德原则作为标准，而不是将所有制对生产力的适合性作为标准，从而违反了马克思主义的基本原理。马克思主义要求人们在评价社会主义所有制的优越性时，将它对生产力的适合性的状况与程度作为唯一的标准。所有制形式公有化程度的高低，是"大公"或是"小公"，都不能作为所有制优越性的标准。恰恰相反，公有化程度超越了现实生产力水平的更大和更公的所有制只能破坏生产力，没有任何优越性。同时，越大越公越优越的理论，将全民所有制的形式人为地强加给集体范围的较低下的物质生产力，违反了马克思主义关于有什么样的生产力就有什么样的生产关系的原理，看不见正是集体所有制这样的小范围内的公有化才适合社会中层次和低层次的生产力性质，并在这一物质生产领域充分地显示出它的优越性。这种理论为实际工作中人为地把集体所有制扩大、"升级"、搞"穷过渡"的种种过"左"做法提供了依据。此外，这种越大越公越优越的理论，违反了集体经济要在巩固中发展，稳定中完善，要在长期的量的变化中才能走向质变的辩证法。

集体所有制不是凝固不变的，随着生产力的发展，它还要不断完善。但是集体所有制不可能脱离物质生产力水平状况而突变，一下子就飞跃为全民所有制。在一定历史时期内集体所有制形式的变化不可能超越客观的界限，不能违反集体所有制所固有的本性，不能任意地

---

① 斯大林在《苏联社会主义经济问题》中，正确地论述了集体所有制同全民所有制一样，是社会主义的基本的所有制形式，但是斯大林未曾阐明集体所有制长期存在的经济必然性，却有些急于使集体所有制向全民所有制过渡，并且提出要通过产品直接交换代替商品交换来加快这一过渡。斯大林著作中的这一论述，未能反映集体所有制长期存在的规律。

使集体所有制"升级"为全民所有制。因为，集体所有制的变化，也正如马克思所说："在它们所能容纳的全部生产力发挥出来以前，是决不会灭亡的；而新的更高的生产关系，在它存在的物质条件在旧社会的胎胞里成熟以前，是决不会出现的。"[①]在物质生产力尚未充分成熟，在生产的机械化、自动化尚未达到必要的高度以前，即使人们凭借强制手段，跳越社会经济发展的必要阶段，强行将集体经济"升级"或收归国营，都是不会成功的，而到头来这种人为地跑到生产力前面去的所有制迟早还得退回来，集体所有制原先的阵地终将恢复。为社会经济规律所决定的集体所有制长期存在的必要性，不可能为任何长官意志和行政权力所取消。这一点已经为我国社会主义革命与建设中付出了许多学费的经验教训所证明。

2. 集体所有制企业的壮大和发展

社会主义集体所有制不仅要长期存在，而且还要不断巩固和发展壮大。集体所有制的巩固和壮大是通过集体所有制商品生产的发展来实现的。集体单位的商品生产与经营获得顺利发展，集体单位就能够依靠它的收入来补偿支出和取得盈利，不仅能向国家交纳税金，而且改善了职工的生活，并且由集体自身的资金积累不断实现企业的扩大再生产。这个以商品关系的顺利发展为前提的集体单位的顺畅无阻的扩大再生产，同时也就是集体所有制生产关系的再生产，表明了集体所有制的不断延续、巩固和壮大。而这个集体所有制的不断延续、巩固和壮大，又是企业的商品生产进一步发展的前提。

集体所有制企业还要在不断延续、巩固和壮大中增殖和发展。在

---

① 马克思：《〈政治经济学批判〉序言》，见《马克思恩格斯选集》第2卷，人民出版社，1972年，第83页。

社会主义商品生产的发展中，不仅要采取纵向扩展的形式，即原有的集体单位延续和壮大，它表现在这些集体企业的物质技术基础与经济实力的增强，企业的商品生产能力的提高，而且还要采取横向的增殖形式，即新的集体单位的产生。

集体所有制商品关系的发展，采取城乡新集体的增殖形式是不可避免的。这是因为，为适应企业专业化协作进一步发展的需要，原有的集体单位会在生产的重新改组中分解为新的单位，加以商品生产的市场机制作用，推动原有集体单位的经济活动的调整，促使集体单位的改组与分化，同时为适应社会新增劳动力就业的需要，也要求群众能自行组织起新的集体性的劳动联合。另一方面，在商品生产的条件下，企业可以自己通过市场取得必要的生产资料，通过市场销售取得收入，以维持企业的各项支出，使企业独立自主地进行再生产和扩大再生产，这就为人们自主地联合起来，组织建立新集体经济组织提供了必要条件。可见，集体经济采取纵向的扩展与横向的增殖的双重形式，是集体经济扩大再生产的客观规律。

3. 集体所有制具体形式的多样性

在社会主义集体所有制的产生过程中，新的经济组织形式不是整齐划一的，而是具有公有化程度高低不同的多样形式。由于各地区的具体条件的差异，合作化就必然有先有后，进度不可能一样。因而，在社会主义改造发展过程中，一定时期有必要使萌芽性的互助组、半社会主义性质的初级社、社会主义性质的高级社同时并存。正确认识合作化过程中不同成熟程度的集体经济组织形式一定时期并存的必然性和必要性，不按一个模式"一刀切"地强行推行合作社，是使所有制的改造适应农村生产力的性质与状况，保证对个体农民经济的社会主义改造最顺利地向前发展的重要条件。在对生产资料私有制的社会主义改造取得基本胜利后，就一个社会主义国家来说，各领域、各地区的集体所有制，仍然会存在着公有化程度高低不等的多样形式，这是社会多层次的生产力所决定了的。就农业集体所有制来说，如在农业物质技术基础较强大，农业机械化程度和劳动生产率较高的地方，适应有效地运用社会化的生产资料（农业机器与技术）和在更大范围内直接组织集体劳动的需要（即实行劳动社会化），可以实行在较大范围内统一核算、集体化程度更高的大社。而在农业物质技术基础较低，主要依靠手工工具、手工劳动、畜力动力，农业劳动生产率较低的地方，由于生产资料社会化程度较低，限制了劳动社会化程度，这就要求把直接组织集体劳动限制在更狭窄的范围，因而只能在较小范围内实行统一核算、公有化程度较低的小社。而在那些经济条件与自然条件都很差，农业物质技术基础极为低下，工业性的农业生产资料十分薄弱，从而劳动社会化的发展还缺乏物质基础的地方，直接组织集体劳动就具有更大限制性，个体的或家庭劳动甚至要占据部分的或更重要的地位，这就决定了要实行某种不完全的集体所有制。

就我国来说，农业的社会主义改造早已取得基本胜利，集体所有制经济在多数地区已经巩固，集体所有制业已成为我国现代化农业不可动摇的经济基础。但是，由于我国地域辽阔，各地生产力水平相差很大，在一些经济条件优越、农业机械化水平较高的地区（如东北及一些大城市郊区），有适应更大范围内直接组织集体劳动的需要，少数社队在组织规模上已经突破了生产队范围，采取了基本核算单位，即集体化程度较高的联合劳动组织。但是，我国广大地区的绝大多数社队，要适应农业中还处于手工技术基础的状况，则只能实行基本核算单位较小，即集体化程度较低的联合劳动组织。特别是由于我国经济落后、地域辽阔，各地发展很不平衡，再加上经济发展中的曲折，特别是十年动乱，为了适应农业物质技术基础薄弱，劳动生产率十分低下这一低层次的生产力的性质，就有必要在一定时期实行家庭大包干这种带有某些个体经济因素的社会主义合作经济，也就是初生期的不完全的集体所有制。集体经济组织在所有制形式上不拘一格，保持充分的灵活性，不仅保证了劳动力与生产资料最有效地结合起来以进行物质生产，而且由于它使集体经济组织多种多样，从而能因地制宜地进行小、中、大型的规模不一的集体生产与商品经营。因而，它又成为发展集体所有制的商品关系的重要条件。

社会主义经济的理论研究中，长期流行着把社会主义所有制限制在全民所有制与集体所有制两种形式的模式上，否认其他所有制形式的存在。而在集体所有制问题上，则将集体所有制限制于某一种具体形式上，特别是1958年以来，在"共产风""浮夸风""瞎指挥"之下，各地竞相"并队""并社"，并且一度出现了以大队为基本核算单位的错误做法。党中央及时纠正了这一错误，在1961年提出了"调整、巩固、充实、提高"的八字方针，在农村划小了基本核算单位，一度出现了一定程度上的多层次的集体所有制并存的局面，促使我国农业生产迅速得到恢复。但是，在十年动乱中又大肆宣扬和强制推行"穷过渡"，搞最"公"、最"纯"的清一色的大集体所有制模式，根本否认社会主义阶段的公有化程度不同的多种集体所有制形式并存，给我国农业生产带来了巨大破坏。

认为集体所有制只能是单一模式、单一层次，并不顾各地生产力实际状况与具体条件的不同，要求在所有制形式上强行一律的理论与实践，既是一种形而上学的观点，又是社会主义产品经济论的观点。它之所以是形而上学的观点，是因为它只着眼于社会生产力的一般，而看不见社会现实的生产力的差别。所有制是取决于生产力的，有什么样的生产力就有什么样的所有制形式，只要有多层次的生产力就会有多样性的所有制。既然在社会主义国家，在集体经济的各个领域、各个地区生产力的具体水平存在着差别，集体所有制形式就不可能是单一的，而必然要表现为多种形式，即公有化程度高低不同的一系列阶梯和层次，因为只有这样，才能使各种集体所有制形式对于相应层次的生产力表现出贴切的适应性，才能发挥社会主义所有制最充分的适合于生产力的性质，显示社会主义制度的优越性。它之所以是社会主义产品经济论的观点，是因为从社会主义是产品经济的立足点出发，自然地要求实行集体经济单位的统一模式以及更公的大集体模式，这样才能更好地实行对集体经济产品的自上而下的集中调度即实际上的产品调拨。但是认真而缜密的理论分析表明社会主义生产还具有商品性，而社会主义集体经济的商品性则更完全，这种更完全的商品生产必须立足于集体经济单位形式的灵活与多样性之上。可见，多样的集体所有制形式的长期并存，表现了社会主义集体所有制的灵活性和优点，体现了生产关系一定要适合生产力性质规律的要求。

既然社会主义集体所有制要长期存在，并不断巩固和扩展，以及具有多样形式，是不以人们意志为转移的规律，这就要求人们在进行社会主义建设中，必须牢固树立全民所有制与集体所有制长期并存的观念，并以此作为制定正确的经济政策的指导思想。

一要注意长期维护社会主义集体所有制性质的稳定性。在实行农业合作化的过程中，要根据社会具体生产力多层次的状况，因地制宜、稳步地发展多样合作化形式，避免"一刀切"，并切实地做到逐步过渡，避免过早过急和一哄而起。在农业和手工业的社会主义改造取得基本胜利后，在调整与完善集体所有制形式时，要立足于稳定集体所有制，切不可轻率地去并社并队，追求一"大"二"公"，更不能在物质生产力还没有成熟以前就提出由集体所有制向全民所有制过渡的任务，更要避免发生那种只能破坏和削弱集体所有制的"左"的冒进做法与措施。

二要保证集体所有制获得充分的发展。在不发达的社会主义阶段，特别是在像我国这样的底子薄、人口多、拥有极其丰富的劳动资源的国家，为了使社会主义商品生产获得最充分的发展，人们就不能采取压制和禁堵集体经济的措施，既要大力促使原有集体企业的发展和壮大，又要为各种形式的新集体的产生创造条件。不仅应容许集体经济在工业、农业、手工业、饮食、服务、旅游等部门发展，而且还应容许集体经济在医疗、卫生和其他领域内发展；不仅要容许待业人员组成城镇新集体经济并且加以扶持，而且还要根据生产发展的需要容许从原有的集体经济组织中分化出新的集体单位。这样才能为社会主义商品关系更广泛的发展创造条件。

三要根据各领域、各地区生产力的状况和具体条件，寻找各种适当的公有化程度不同的集体所有制形式，保持对生产力具有最充分的适应性的灵活多样的集体所有制结构。切实避免在集体所有制形式上搞"一刀切"，推行某种单一的集体经济形式，更不能在物质生产力尚未成熟，在集体经济领域的物质技术基础还远未均一化，还存在参差不齐的情况下，强行推行某种公有化程度更高的大集体经济形式和人为地排斥仍然适合于生产力性质的公有化程度较低的小集体经济形式。

总之，社会主义集体所有制的商品生产，是社会主义商品生产的强大支柱和力量。而社会主义集体所有制的充分发展，则是促使社会主义商品生产蓬蓬勃勃地发展的重要前提。因此，在社会主义很长的历史时期，必须创造条件，保证社会主义集体所有制经济获得最充分的发展，要根据各国物质生产力的水平与状况及其他具体条件，探索与寻找社会主义所有制结构中集体所有制经济的合理范围与界限，在保持全民所有制经济的主导地位的前提下，建立起全民所有制与集体所有制之间的最优比例和结构。与此同时，要根据集体经济各个单位的物质技术基础的水平及其具体条件，探索和确定集体所有制内部必要的合理层次，建立集体所有制内部公有化高低程度不同的多样经济形式间的最优比例与结构，做到使社会主义集体所有制体系最充分地适合生产力的性质。

三、集体所有制企业的独立经营与自负盈亏

（一）集体所有制企业必须实行自负盈亏

社会主义集体所有制的生产关系要通过集体企业的经营管理形式来具体地体现，寻找一种适当的企业经营管理形式，并使之不断完善，使集体企业在所有制上充分地适应于社会主义集体所有制的性质和要求。这也是保证集体企业能真正具有商品生产者的身份，并使集体所有制的商品生产与经营获得最顺利、最有成效发展的重要条件。

最适合于集体经济的经营管理形式是完全的独立核算、自负盈亏。它的主要内容是：实行完全的以收抵支。企业进行生产与扩大再生产所需要的生产资金以及社员的劳动报酬均由企业自身的收入来开支；企业收入少部分用上缴税金形式归社会占有，其余的大部分收入直接归企业占有、支配与使用；企业在服从国家计划指导下，实行生产与经营活动的更充分的独立自主。在这种企业经营管理形式下，企业经营得好带来的利益主要归企业享有，经营的损失统统由企业自身承担。这是一种完整的自负盈亏，企业的生产支出是完全地依靠自身

的收入，没有"大锅饭"可吃；职工的劳动报酬高低完全取决于企业的经营成果的状况，没有"铁饭碗"可端。这种完整的自负盈亏的经营管理形式，与全民所有制企业自负盈亏的不完全的与相对的性质有重大差别。因为后者的扩大再生产与职工的劳动报酬还要在很大程度上由全民所有的社会资金来加以保证。

集体经济采用的完整的独立核算、自负盈亏经营形式和方法，充分体现了社会主义集体所有制的性质与要求。因为：（1）集体单位的完整的自负盈亏，要求企业生产与经营的收入主要归企业直接占有，不像全民所有制企业的收入主要归国家直接占有。这就体现了生产资料与产品的较完整的集体占有关系。（2）实行完整的自负盈亏，集体单位的劳动报酬来自集体范围内的个人消费基金，后者与企业收入成正比。经营得好、生产发展快、收入多的单位，个人收入也多，企业实现的较大的经济利益更大程度地转化为职工个人利益，因而这种个人分配收入的关系体现了独立的集体经济利益关系的特征。（3）完整自负盈亏的集体单位，要求实行更加完全的独立经营与生产自主。企业的生产计划与日常的经济活动，由企业职工直接决定。因为既然集体企业的扩大再生产是依靠集体内部积累，不由国家投资，企业经营损失的风险与经济责任由企业集体承担而不由国家财政资金来加以弥补，集体单位搞得不好，不仅要影响企业的再生产，而且要影响到职工的收入，这种情况理所当然地应该使企业具有进行日常经济活动的更加充分的决策权。如果不给集体所有制企业以生产与经营上充分的独立决策权，而是由上级机构来决定与支配企业的经济活动，显然就不能指望与要求集体经济的再生产立足于这种完整的自负盈亏之上。（4）集体所有制是以生产资料与产品直接由集体占有为特征。集体单位的这种更完全的独立经营，正是体现了集体所有制这一较完全的直接公有制的特色。

（二）集体所有制企业的自主权

进一步巩固和完善社会主义集体所有制，要求把集体经济真正地转移到完整的独立核算、自负盈亏的轨道上来进行生产与经营，为此，必须切实地尊重集体单位的自主权。

集体企业的自主权包括：

1. 生产资料与资金支配权

集体单位所有的生产资料（厂房、工具、机器、设备、耕畜、农具等），由集体自行支配、使用、调度，其他单位或上级机关不得以任何名义对其进行平调和占用。对集体企业自有资金，其他单位也不得占用。

2. 生产与经营自主权

集体单位拥有计划制订权，除了某些与国计民生休戚相关的产品的生产还要由国家下达指令性计划外，一般产品的生产主要采取指导性计划，由企业根据国家的需要（参考性计划）和市场的状况自主地决定生产计划。企业的日常生产活动，如农村社队的农业耕作制度、增产措施、田间管理应由社队自行管理，不能由上级管理机关越俎代庖，更要避免按"长官意志"办事和瞎指挥。

3. 交换自主权

必要的交换自主权在集体单位的独立经营中占有重要地位，它表现在集体单位有权按照生产与经营的需要，而自行采购机器、设备、原材料等物资和自行销售自己的产品，这样才能保证集体单位在市场作用下机动灵活地从事商品生产与经营。集体单位所生产的一般产品不能采取计划调拨的方式，自上而下规定的带有某种强制性的交换是与集体单位的完全自负盈亏性质不相适应的。特别是对于农村的社队，更要将交换活动建立在社队自愿的基础之上，要实行农副产品的收购制（通过合同），要允许社队在完成征购任务后，将富余的产品在集市出售。在向社队销售农业生产资料时，不能将社队不需要或不合格的产品强行搭配。保证必要的定价自主权，是交换自主权的重要内容。集体单位生产的与国计民生密切相关的产品，实行国家计划价格，其他产品实行自由价格，某些产品（如零星多样的三类农副产品）可以实行自由价格。在某些范围内的定价自主权，是搞活集体单位的商品生产与经营的必要条件。如果缺乏必要的定价自主权，对集体单位出售的多种多样的农副产品一律实行计划价格，在定价中违反价值规律的要求的事情就将难以避免，无偿调拨（或低价调拨）集体的产品的现象就有可能出现，在集体经济与外部单位间的商品交换中的等价交换就不容易得到实现，集体的物质利益就得不到有效的保障，集体企业的独立经营与自负盈亏必将难以维系。

4. 收益分配权

集体经济具有更充分的收益分配权，表现在集体经济的收入大部分留归企业占有和由企业自行支配上。这就一方面要允许企业实行多收多留（收入中除了上缴税金外其余留归企业所有），承认企业在收入上的合理差别，反对在集体单位间实行"拉平"，另一方面要允许职工实行多留多分，收入中除了扣除积累和其他公共消费部分外，其余部分作为个人消费基金，归企业职工分享，以承认收入水平的不同和企业职工消费水平的合理差别，反对企业间个人分配水准一律化的平均主义。显然，如果不给集体单位以这种更完全的收益分配权，集体单位就不能依靠自身的力量来进行扩大再生产和逐步提高职工的收入，这不仅使企业的独立经营、自负盈亏失去经济意义，而且使企业更完全的集体直接占有关系也得不到实现。特别是在我国，集体单位，尤其是农村社队，总体上家底薄弱，技术基础较为落后，劳动生产率很低，从而剩余产品积累量有限，扩大再生产能力较为单薄，在自然条件或市场销售条件不利的情况下，连简单再生产也会发生困难，因而，给企业以更充分的收益分配权，使企业收入的大部分归企业自行占有和支配，对于迅速壮大集体经济的物质基础，增强集体经济的实力，提高社队的商品率，都有着极其重要的意义。

5. 劳动力支配权

集体经济是社会主义联合劳动组织的一种形式，作为社会主义的经营主体，为了充分地利用劳动资源，挖掘企业内的劳动潜力，它必须对自愿联合在企业中的劳动力拥有支配调度的自主权，并拥有适应生产发展的需要招募新劳动力以扩大劳动联合的必要权利。作为社会主义的商品生产者，它有必要合理地组织企业内部的劳动力，实行合理的分工与协作，以便使它的产品生产中的劳动耗费规制在社会必要劳动的水平，这也是企业得以降低生产成本、使它的产品具有竞争能力、使企业能避免亏损、取得盈利的必要条件。因而具有支配、调度企业内部劳动力的自主权就更是必要。这就要求要维护与尊重企业的劳动力支配权，不能任意平调集体单位的劳动力，并要为集体单位招收新的劳动力与技术人员创造必要的条件。

以上各方面权利构成了集体所有制企业的自主权的主要内容。较之全民所有制企业来说，这是更充分的自主权，因为它把与企业生产、交换、分配等方面活动的支配权，即企业日常生产活动有关的微观决策权，在更大程度上交给企业自身。这是使集体单位具有独立的商品生产者的身份所必要的自主权，依靠这些权利，集体企业才能有效地进行微观决策，独立自主地与机动灵活地进行商品生产与经营。

这是完全的自负盈亏所必要的自主权，拥有这些更广泛与更充分的生产与经营自主权，集体单位才能够无须仰赖国家资金的支持，真正地做到独立经营，以收抵支，依靠自己的经济力量进行自主的生产。这也是社会主义经济中的具有相对意义的自主权，而不是资本主义自由企业的完全的独立自主。因为社会主义集体所有制企业较之全民所有制企业，尽管是更完整的局部利益共同体，是具有更大独立性的经济细胞与法人，但是它毕竟是社会主义公有制经济的一个有机组成部分，在社会主义分工日益发展的情况下，集体单位之间、集体单位与国营单位之间的经济上的联系与互相依存日益紧密，这就决定了集体单位的经济活动必须纳入社会主义国民经济有计划、按比例发展的轨道，而不能出现绝对的自主和不受约束的自由自在，因而集体企业的自主权在范围上是限于微观的，即企业日常的经济活动领域，在很大程度上还受着国家宏观决策的制约。特别是基于集体所有制商品生产具有更多自发性的特点，社会主义国家在尊重集体经济的自主权时，更加要根据集体单位的具体条件，如产品的性质、市场供求的状况、价格水准、盈亏的状况、职工与成员的个人收入水平等，采取有效的经济手段及必要的行政手段，对集体经济的生产、交换和分配活动，进行全面的指导、调节与管理，以保证集体经济所有制的商品生产"活而不乱"。

在社会主义经济理论的研究中，由于长期流行的社会主义自然经济论的影响，人们对集体所有制企业的经营管理形式缺乏认真深入的研究，尤其对集体经济实行独立经营、自负盈亏与企业自主权研究得不够。由于没有将集体所有制企业认真地当作独立的商品生产者对待，因而存在着单纯强调国家决策，忽视集体单位的自主决策，甚至提倡用国家决策来取代集体企业的自主决策的理论与做法。斯大林在晚年写的

《苏联社会主义经济问题》阐述了集体所有制生产的商品性质，但是斯大林不允许集体农庄购买与占有农业机器，不允许集体农庄从事自主的交换，因而斯大林实际上并没有将集体所有制企业当作是真正的商品生产者，也不认为集体单位应该有充分的自主权。在这一思想影响下建立起来的苏联集权型的国民经济管理体制，就多方面地限制集体农庄的生产与经营自主权，使集体单位长期处在国家和上级管理机关的附属地位，影响了农村集体所有制商品生产的顺利发展。

我国第一个五年计划时期，在农业合作化过程中，集体经济在生产与经营中还享有较广泛的自主权，当时只是对粮食、棉花、油料等主要农产品实行统购统销。1956年对部分农产品实行订、派、购，即限制了部分农产品的交换自主权，但由于对农业合作社主要是实行间接计划，合作社在生产上的自主权利尚未受到限制，因此，第一个五年计划时期，农业生产是不断发展的。由于农业合作化晚期步子过急，由于对于如何进一步巩固和发展农村集体所有制经济还缺乏经验，加之采用了苏联的中央集权型的国民经济管理体制，因而对集体经济管得过多，统得过死，削弱了集体单位的自主权。特别是1958年出现了否认商品生产价值规律的"左"的思潮和"共产风"，在理论上主张将集体经济完全地纳入国家直接计划管理的轨道，在实践上对农村集体经济采用了政企合一的体制，实际上实行了主要依靠行政权力直接干预和指挥集体单位经济活动的不当的方法与体制。因此，我国农村集体单位的自主权受到削弱。此后"四人帮"更是大肆宣扬要采用"专政手段办农业"，进一步破坏了社队的自主权。如：在农村无偿平调社队土地、物资、林木，搞"穷过渡"，实行穷队共富队的产，侵犯社队生产资料的所有权；在农业生产计划的制订上，任意发号施令，按"长官意志"办事，搞瞎指挥，侵犯社队的生产与经营权；任意调用和无偿占用社队的劳动力，侵犯社队对劳动力的支配权；强行向社队分摊各种额外负担，占有社队劳动成果，侵犯社队的产品占有权；实行规定社队的口粮和现金分配标准，侵犯社队的收益分配权；实行高征购和任意扩大派购，或订合同时不尊重社队意愿，不允许社队把完成计划后多余的产品在集市出卖，侵犯社队的交换自主权，等等。有的地方，甚至对农产品任意调低价格，实行强制调拨，实质是对社队实行剥夺。

由于社队的自主权被全面侵犯，弄得支离破碎，这样就取消了社队的自主经营活动，使在生产与经营中理应更加生气勃勃、更加积极主动的集体所有制的广大社队，成为听命于上级管理机关的算盘珠子，集体所有制企业密切适应于市场作用的商品生产性质也就因此几乎丧失。在这种情况下，一方面，上级机关任意干预、直接支配集体单位的经济活动，却不为之承担经济责任；另一方面，在生产中没有自主权，按照上级规定种植的社队却要自负盈亏。显然，这种对社队自主权的侵犯，只会更多地出现集体单位的经营效果差和亏损的现象，因而自负盈亏实际上只不过是自负亏损。这就使它失去了通过实行自负盈亏来维护和扩大集体经济、促进生产力发展的主旨。这种情况，严重破坏了社队的经济利益，削弱了集体单位扩大再生产的能力，影响了社员的生活水平，挫伤了广大社员的积极性，造成了不少社队长期只亏不盈，甚至连简单再生产也难以维持。这是集体经济发展缓慢的一个重要原因。正反两方面的经验表明，集体所有制经济本身所要求的完整的自负盈亏和更完备的独立经营，要以更充分、更广泛的生产与经营自主权为条件。如果缺乏自主权，集体经济就不可能独立地经营，企业就会失去生命力而萎缩下去。可见，根据社会主义集体所有制企业的自主权的内容与界限，切实地尊重与维护企业的自主权，就成为完善集体经济的自负盈亏形式，使集体所有制企业的商品生产得到更顺利地发展的重要条件。

四、维护集体所有制企业的性质与改善管理集体经济的方法

要真正做到切实有效地尊重与维护集体经济的自主权，不仅要使人们在主观上加深对集体经济自主权的重要性的认识，而且要维护集体企业的经济组织性质和主要运用经济方法来管理集体经济。

（一）维护集体企业的经济组织的性质

集体所有制企业是劳动者自愿地组织起来从事集体生产的组织。它是社会主义的经济联合体，从而不同于以私有制为基础的个体单位或资本家的资本联合；它是以进行物质财富与精神财富的生产，专门职能的经济组织，而不同于从事国家管理、文化教育或科学技术的事业单位；它是独立从事商品生产，经营的企业，是社会主义商品生产体系中能动的细胞，而不是直接从事无偿的活动交换和由上级实行产品调拨的共产主义公社。上述这些特点，集体单位与国营单位都是一样的。

但是，企业的集体所有制性质，更加赋予了集体企业以更完全的经济组织的特征。这是由于集体所有制的生产资金是由个人财产的社会化形成的，而不是将国家的财产交付给企业使用；集体单位是完整的集体所有制，生产资料与产品更完全地归集体占有；集体所有制是较完全的直接的公有制，它的生产资料归集体公开地和直接地占有，它的经济活动在服从国家的计划指导下，主要地由集体直接决策与支配。这一切就更加要求保持集体经济作为劳动者的自主经济联合的特

征，这样才能保证联合劳动者能够对企业的日常经济活动充分地行使决策权，根据自身条件合理地组织生产要素，卓有成效地进行物质生产与精神生产，也才能充分地发挥集体经济对社会主义商品生产中的市场机制的适应性，机动灵活地进行生产。

为了保持集体所有制企业完全的经济组织的性质，要避免国家行政管理机关与经济组织合一的政企不分的现象。在社会主义制度下，国家有特别强大的经济作用，是社会主义国营企业的组建者和国营企业经济活动的指导、管理与调节者。集体所有制企业尽管是劳动者的自主的联合，但也是在国家的领导、组织和多方面扶持下产生和发展的。在一个社会主义国家的所有制结构中，集体所有制的比重越是大，集体所有制的商品生产与经营越是发达与活跃，对集体经济的强有力的指导与集中管理就越是必要。但是如何正确处理国家集中管理与集体单位的经营自主的关系，是一个极其重大而难于一下就获得正确解决的课题。我国由于在这方面还缺乏历史经验，由于在理论上的探讨与研究不够充分，特别是由于采用了苏联式的中央集权型的国民经济管理体制，赋予国家以过多的干预微观经济职能，从而造成长时期以来国家对集体经济单位的生产、交换和分配统统加以干预，管得过多、过死的状况。1958年以来，更是在农村集体经济中实行了政企合一，把基层政权这一国家行政机构与集体企业这一经济组织合并在一起。在政企合一的体制下，由代表上级行政机关的代表充当农村集体企业的领导人员，因而这种组织形式使企业的一切经济活动直接地从属于国家决策与上级机关的意志，而企业的自主权就在组织上失去保证，因而职工或社员代表大会作为企业最高权力机关也就名存实亡。这种情况下，对集体单位经济管理中的瞎指挥、主观主义、命令主义就难以避免，对社队的"一平二调"也容易产生，而集体所有制企业职工或社员直接当家作主的高度的生产与经营积极性就难以充分发挥。特别是政企结合所带来的上级机关对企业经济活动的全面的、过头的干预，从各方面束缚了企业的手足，使企业不能适应市场变化机动地进行商品生产。这一切，不仅阻碍了农村集体所有制优越性的发挥，而且实际上会导致将自主的集体所有制形式变成某种半国家所有制或行政部门所有制，从而使社会主义集体所有制不完全或是名义上的，由此束缚了这一领域的生产力的发展。在当前我国社会主义现代化建设的新时期，为了进一步完善集体所有制经济的组织形式，有必要贯彻政企分离的原则。对于一般的城镇集体所有制企业，要实行由民主选举和代表广大职工的厂长或经理来管理企业，改变和避免上级行政管理机关和经济管理机关直接插手和干预企业的经济活动的情况，使广大职工有权管理企业的经济活动，真正成为企业的主人。对于农村人民公社广大社队，有必要逐步采取措施从组织形式上保证社队单一的经济组织的性质，使农村集体企业摆脱行政事务的掣肘，使社队管理机构把精力集中于经济管理方面，以独立的商品生产者的身份，适应经济规律的要求，自主地进行生产与经营。

（二）用经济方法来管理集体经济

改进对集体经济的管理体制与方法，把主要依靠行政手段来管理集体经济改变为主要依靠经济手段来进行管理，是有效地维护集体单位的自主权，充分发挥集体企业从事商品生产积极性的经济条件。

现行的国民经济管理体制把用于管理国家所有制企业的方法推广于集体经济的领域，更多地采用行政措施进行直接计划管理，管得过多过死。这种管理体制，对于独立经营的集体所有制企业是不相适应的。为了有效维护集体经济的自主权和充分发挥企业的积极性，在集体经济的管理上，要按照集体所有制的特点，把管理的严格性与灵活性结合起来，改国家高度集中决策的管理体制为国家决策与企业决策相结合的体制。要尽可能减少国家对企业活动的直接干预，把城乡集体经济的活动立足于最充分的企业自主的基础之上。这就要求：在计划管理的方法上，要适应集体经济的性质，改变主要依靠行政手段的指令性计划为指令性计划与指导性计划相结合。对于与国计民生有决定意义的主要产品，有必要采取严格的计划管理方式，下达指令性指标，如对于粮、棉、油等重要农副产品可以下达征购派购任务，但是也要以采取经济措施来加以保证而不是单纯地依靠行政权力。对于各种不同的产品，在计划管理上，要区别对待。对于一般的农副产品，要实行指导性计划，主要通过运用经济杠杆和经济利益的调节，把集体单位的生产纳入国家计划的轨道。集体单位数量巨大，在我国农村有几百万个生产队，它的产品种类繁多，难以计数，国家不可能指望把集体单位的一切经济活动纳入计划的轨道，而只能着眼于安排主要的产品，对于那些产值小、品种多的小商品和三类农副产品，则可以实行市场调节，让企业根据供求的变化灵活地自行安排生产。

制定正确的价格政策，充分运用价格杠杆，是对集体单位实行用经济手段进行管理的主要内容。要根据在集体所有制商品生产中价值规律的调节作用表现得更为显著的特点，充分发挥价格在指导和调节集体单位生产中的杠杆作用。为此，国家在确定集体单位的产品价格时，要按照价值规律的要求，使价格尽量接近价值，要保证集体单位能弥补它的生产成本并取得平均利润。在难以计算平均生产成本与平均利润的农业集体单位，则应适应价值水准定价，使产品价格尽量接近价值。如果集体单位的产品定价低于生产价格或价值，那么集体单位在与国营单位交换产品中就不能贯彻等价原则，集体单位生产中的耗费就不能得到充分的补偿，甚至会出现它的劳动成果被其他单位占有的现象，这就意味着企业的集体所有制的性质未能得到保证。这既破坏了集体单位再生产所必要的物质补偿，又破坏了集体单位生产中的物质利益，集体单位对这一产品的生产就不可能有积极性，而这一产品的计划任务也难以得到实现。这种情况，可以从我国价格上还存在较大的"剪刀差"的一些农产品长期生产发展缓慢，尽管采取各种行政措施而仍然难于完成生产计划的大量事例中看出来。可见，以价值为基准来正确定价，才是国家管理和指导集体经济的有效经济手段。当然，以价值为基准来正确定价，并不是说要在短期内做到农产品价格与价值相一致，这一任务只能在社会主义建设发展过程中逐步加以解决。要把一定时期保持物价总水平的稳定性与个别产品价格的变动性结合起来。特别是对于实行指导性计划的领域，可以把某些供不应求、急需发展的产品价格适当地调高以刺激它的生产，而将那些供过于求、需要压缩的产品价格调低以抑制它的发展。对于实行浮动价格的产品，则根据发展生产或压缩生产的需要而规定其浮动幅度。总之，要在稳定物价的前提下，保持价格的机动性，有效地发挥和自觉地利用价格杠杆对集体单位生产的调节作用。

为了充分利用经济手段来管理集体经济，还必须利用税收杠杆，通过利益关系的调节，来促进或控制集体企业的生产与交换。根据集体经济的具体情况与收入的差别，国家可以采取多样的税种，适当地调节集体单位之间的利益关系，避免不同集体单位间劳动报酬的悬殊，从而进一步发展社会主义的互助合作关系。

总的说来，集体所有制企业的完整的自负盈亏的性质，更加要求企业对日常活动有更大程度的决策自主和自主经营权，因而国家在对集体经济的管理与指导上更加要依靠经济手段，依靠经济利益的诱导与推动。当然，行政手段不能完全取消，特别是在产品供不应求的情况下，在某些产品的生产与交换中运用带有强制性的行政手段还是必要的。但是，要做到将行政手段与经济手段更好地结合，特别是对集体经济的管理，从长远发展的方向来看，就要把尽可能减少行政权力的直接干预作为目标，使集体单位从过多的行政手段与行政机构的束缚中解放出来。国家对集体企业商品生产的经营管理应主要地依靠对价值规律自觉的与正确的运用，辅之以必要的市场机制作用。这样，才能使集体经济所固有的机动灵活地进行商品生产的能力得到充分发挥，从而使社会主义商品生产更加生机蓬勃。

五、个体所有制与社会主义商品关系的发展

保证个体所有制经济适当而必要的发展，是实行多种所有制并存的另一内容，也是发展与活跃社会主义商品生产的重要条件。

个体所有制经济或个体经济，是以生产资料个人所有和个人自身的劳动为基础的生产与经营。恩格斯说："个体生产者通常都用自己所有的、往往是自己生产的原料，用自己的劳动资料，用自己或家属的手工劳动来制造产品。"[1]在社会主义的很长历史发展阶段，个体所有制都将是社会主义社会所有制结构中的必要组成部分。具体地说，在社会主义社会这一发展阶段，除了有占绝对优势的社会主义全民所有制经济与社会主义集体所有制经济而外，在农村还有集体农民的自留地经济、家庭副业及其他个体经营，在城市还存在手工业、商业、服务业及其他行业中的个体经营。

---

① 恩格斯：《反杜林论》，见《马克思恩格斯选集》第3卷，人民出版社，1972年，第310页。

　　社会主义社会的很长历史时期内个体所有制经济的存在，有其历史必然性。

　　从历史上看，个体所有制经济是一种以手工工具与手工劳动为基础的小生产与小经营。它不是一个独立的生产方式，而是依附于各个社会形态占支配地位的生产方式，并为这一社会生产方式服务。个体小生产，在原始公社解体时期就已经存在；它在奴隶制社会和封建社会，以小农和小手工业和小商业的形式在城乡广泛地发展，并为奴隶制生产方式和封建制生产方式服务。以机器大工业为基础的资本主义生产方式摧毁了农民与手工业者的个体所有制，占领了它们原先的经济阵地，但是资本主义生产方式并不是完全排挤一切个体生产与经营，而是改造这一经济形式，使它为资本主义生产方式服务。正如马克思所说："小农经济和独立的手工业生产，一部分构成封建生产方式的基础，一部分在封建生产方式瓦解以后又和资本主义生产并存。"[①]当前一些经济领域为少数大垄断组织所操纵的发达的资本主义国家，在某些适于个体生产与个体经营的领域，仍然广泛地存在个体所有制。这种个体所有制也日益取得新的内容，在这些发达的资本主义国家，它已经不完全是以手工工具与手工劳动为基础，而是采用了不同程度的机械化与自动化，越来越以现代化的技术为基础。在某些领域个体生产也不再是规模狭窄、劳动生产率低下的小生产，而是具有一定生产规模和具有相当效率的中型生产，如现代农业领域中的家庭农户生产，就与中世纪农业中使用落后的手工工具与畜力动力的个体农民生产根本不同，这些使用大量农业机械和耕作较多土地面积的新个体农户，已经不是"个体小农"，而是"具有较高的劳动生产率

---

① 《马克思恩格斯全集》第23卷，人民出版社，1972年，第371页，注（24）。

的个体大农"。总之，个体所有制作为劳动力与生产资料相结合的一种经济形式，是很有生命力的，能够为各个不同的生产方式服务。

社会主义固然以生产资料公有制为本质特征，它不仅要消灭资本家私有制，而且要消灭生产资料的个体所有制及其残余。[①]任何一种所有制形式退出历史舞台，都必须首先有生产力的成熟，如同瓜熟蒂落一样，要消灭个体所有制经济，必须要有物质生产力的高度发展。而在不发达的社会主义阶段，社会的物质基础还难以发展、壮大到足以取代个体经济的地步，因而作为所有制的一种特殊历史形式的个体所有制就绝不会灭亡，这也就决定了马克思主义者不能超越历史发展阶段来提出立即消灭一切个体所有制的任务。

任何社会主义国家，在现代化的机器大生产尚未在国民经济的一切领域取代小生产与小经营以前，个体所有制就仍然是保证劳动力与生产资料相结合的一种必要的形式。因为容许个体所有制经济的存在和获得适当与充分发展：（1）有利于充分利用零星分散的生产资源。比如，农村自留地（包括自留林、自留山）、田边地角、荒山远岭、屋前屋后零星土地的充分利用，"靠山吃山""靠水吃水"，就能做到使一切有效自然资源都为我所用。又如，在城镇适当发展个体经营，使宅内园地、街边巷角、企业的边角余料、多余物资均能用于物质生产，这也使社会自然资源与各种物质资源得到充分的利用。（2）有利于使用社

---

① 个体所有制经济是指生产资料的个体所有制，而不是消费资料的个人所有制，后者在社会主义社会是普遍存在的。马克思说：在社会主义社会，"在协作和对土地及靠劳动本身生产的生产资料的共同占有的基础上，重新建立个人所有制"。（《马克思恩格斯全集》第23卷，人民出版社，1972年，第832页）列宁对这一论述作了如下的阐明："每个懂德文的人（懂俄文也一样，米海洛夫斯基先生，因为译文完全正确）都能理解，这是说公有制普及于土地和其他生产资料，而个体所有制普及于其余产品即消费品。"（《列宁全集》第1卷，人民出版社，1955年，第150~151页）。

会新增劳动人口与闲散劳动力以及各种熟练劳动力。适当发展城乡各种个体生产与经营，可以广开就业门路，使社会新增劳动力与社会闲散劳动力成为就业人口，可以使劳动者闲余时间用于园艺、编织、捞捕、采集等，充分挖掘社会劳动资源的潜力，生产出各种各样的物质财富。可以通过私人设所诊病、私人教学、传艺，使各种熟练劳动力（如手工艺巧匠、医师以及拥有其他专长的劳动者）得到充分利用，并使他们的祖传技巧与专长更好地得到继承。（3）有利于使用社会闲散资金。创办个体经营实行自力更生，依靠劳动者个人或家庭成员的劳动收入作为资金，或向亲友筹借。它既不花费国家财力创办起生产事业，又能使个人消费的购买力转化为生产资金，从而使社会闲散的财力得到充分的利用。（4）有利于充分发挥小生产与小经营形式的优点，拾遗补阙，弥补国营与集体企业的不足。个体生产与经营具有分散、小型、灵活、多样的特点，它便于四处布点，走街串巷，服务上门。它对市场的适应性强，能适应市场要求的变动灵活机动地自行调整，更好地满足社会各方面不断变动的需要，特别是使城乡人民多方面的生活需要得到更充分满足。（5）有利于增加劳动者收入，提高他们的生活水平。在社会主义条件下，劳动者从事个体生产与经营，是一部分专业的个体生产者的唯一的收入来源，但在最大多数的场合，个体经营是作为劳动者的副业（如农村人民公社社员的自留地和家庭副业），是他们的补充收入来源。发展个体生产与经营，不仅保证了专业的个体生产者生活需要的满足，而且还为广大从事副业生产的劳动者开辟了货币收入的补充来源，对他们收入的增长和生活水平的改善起着一定的作用。

总之，个体经济的发展对社会主义国营经济与集体经济起着重要的助手与补充的作用。以个体所有制为基础的个体生产与经营，尽管它一般是以手工工具与手工劳动为基础的，是一种个人的或家庭规模的小生产，但是它毕竟从属于社会主义社会客观存在的低层次生产力。保存和发展这种个体生产与经营，有利于挖掘社会生产潜力，最充分和最有效地利用社会的物力、人力、财力等生产资源，促使社会主义社会这一低层次生产力的发展。因而，个体所有制的存在和正常的发展，体现了生产关系一定要适合生产力性质规律的要求，是不以人们意志为转移的。在社会主义制度下，人们通过保证社会主义公有制经济占统治地位，充分地运用现代化大生产的现代生产力，又通过个体所有制经济的充分发展，最大限度地发掘和运用各种小经营的生产力。这样，就能使社会主义社会多层次的物质生产力都能得到充分的利用，促使社会生产力最迅速地发展和物质财富与精神财富最大限度地创造。特别是在现阶段社会主义制度下的个体所有制经济，是一种商品性经济，它主要是以交换为目的的生产。如城镇的个体经营主要是为市场交换的商品生产，集体农民的个体经营的商品性也将越来越占主体地位。因而，个体所有制经济就成为社会主义社会的多样性商品生产结构中的一个有机组成部分。它应有的与必要的发展，就成为进一步发展社会主义商品生产，搞好人民日常消费生活（吃、穿、用、住，等等）中的商品关系的重要条件。

对于社会主义制度下以个体所有制为基础的小型商品生产与经营的作用，必须有充分的估计，要注意避免与克服那种只看见和重视大规模商品生产与经营的作用，看不见或轻视小商品生产与经营的补充作用的片面性和偏见。要看到个体商品生产与经营由于它所体现的充分的个人物质利益，充分的个人决策以及生产与经营机动、灵活、易变，从而适应性强等特点，因而，它往往能够在生产上做到注意维护工具、节约原材料、讲求生产方法、珍惜劳动时间，能够更有效地使用它拥有的物质生产条件与主体生产条件（劳动力），以争取经营的最大效果。正是如此，个体经营尽管有种种小生产所固有的局限性，但却在很多场合仍然能够表现出它的显著的经济效果和生命力。另外，尽管个体商品生产与经营体现的是劳动社会化程度较低层次的社会生产力，但是随着生产力的发展，个体生产的技术基础也将逐步地提高和日益先进，原有的手工工具将逐步为小型的机械所代替，原有的手工操作将逐步变成机器操作，原先那种依靠劳动的生产力即依靠劳动的技巧、熟练与强度来表现其效率的状况将逐步转变为主要依靠技术的生产力来表现其效率。这种发展趋势可以从我国城市的修理、服务等部门中的某些个体户采用小型的电动工具或机器，城乡个体饲养业中采用新技术表现出来。社会主义经济制度并不排斥个体所有制的发展，社会主义现代化大生产的发展也并不排斥个体经营的技术进步。社会主义多样性所有制结构的优越性，不仅表现在它能够保证生产类型中大、中、小同时并举，机器生产、半机器生产、手工劳动同时并举，而且表现在它能够保证各类生产物质基础的共同提高，使个体生产也能逐步地实现技术进步。这样就能使各类生产互相促进，各层次生产力齐头并进，从而使社会生产力获得最迅速的发展。

认识个体所有制对社会主义经济的补充作用，要从社会主义国家的历史条件，社会生产力各层次的具体情况及其要求出发。由于社会主义社会发展的不同时期，以及各个社会主义国家的具体条件不同（如现代化大生产的发展水平和在国民经济中的作用，社会生产力的各层次的状况与结构，社会主义公有制经济的积累能力，物质资源与劳动资源的状况等因素的不一样），个体所有制的补充作用就不可能一样。一般说来，工业化水平越是低，个体所有制的补充作用就越是大。我国是一个幅员广大、人口众多、资源丰富、底子薄的社会主义大国，拥有960多万平方公里的土地，巨大丰饶的自然资源，有10亿人口（其中有8亿农民）；但是工业化的基础还较薄弱，在一定时期内，单靠社会主义公有制还不能做到最充分发掘与有效地利用我国丰富的生产资源，特别是还不能做到充分利用丰饶的劳动资源。因此，为了有效地组织和发挥我国多层次生产力的作用，不仅在当前，而且在很长的历史时期内，个体所有制都将起着分外重要的补充作用，并且成为促使我国社会主义商品生产兴旺发展的积极因素，因而自觉地保证与维护社会主义公有制与个体所有制的并存就成为更加必要的事了。

要自觉地维护社会主义公有制与个体所有制并存，必须肃清在个体所有制问题上的"左"的思潮的流毒。

在社会主义经济理论的研究中，长期存在着将社会主义经济当成是纯而又纯的单一公有制经济的观点，对于社会主义社会的经济中个体所有制长期存在的必然性与必要性，未曾从理论上给以充分阐明。特别是有的人还存在着个体所有制商品生产必然要产生资本主义的模糊观点，而"四人帮"则更大肆宣扬自留地、家庭副业及其他个体经营统统是"资本主义尾巴"。他们的反动谬论，进一步搞乱了人们的思想，使一些同志对要不要保证个体所有制的存在和必要的发展，存在着疑虑。

个体所有制不是资本主义经济，它早在原始公社解体时期就已经产生。个体所有制并不是在任何时候都每日、每时地产生资本主义。自从它在原始公社末期产生以来的漫长的历史年代，不曾产生资本主义。只是在封建社会解体时期，在商品货币关系存在的条件下，且只有在劳动者被剥夺了一切生产资料，将他们的劳动力作为商品出让的条件下，个体所有制①经济中才产生出资本主义。而在广大劳动者成为生产资料的主人的社会主义社会，在经济关系上和法律上都排斥劳动力成为商品的条件下，个体所有制经济就不再是产生资本主义的经济基础。个体所有制不是与社会主义公有制不相容，如它曾经在历史上与各种所有制形式并存，并为各种不同的社会形态服务一样，它完全能够而且事实上也正在卓有成效地为社会主义社会服务。

特别要看到个体所有制是一种从属性的所有制形式，它依附于各个社会形态中占支配地位的所有制形式，并打下这种社会经济形态的烙印。如封建依附农民的家庭所有制，在实际上是封建大土地所有制的一个必要环节。列宁说："农民在自己的份地上经营的'自己的'经济，是地主经济存在的条件，其目的不是'保证'农民有生活资料，而是'保证'地主有劳动力。"②在资本主义社会，依附于资本家大企业的个体生产与经营越来越成为发展与巩固大资本家所有制的外部条件。而社会主义社会的个体所有制，同样地要受到社会主义公有制关系的制约与渗透，从而具有新的性质与特征。大体说来：（1）这种个体所有制主要地并不是原来旧社会的或土地改革后的个体手工业经济和个体农民经济的简单的继续与直接的残存，恰恰相反，它是社会主义公有制

---

① 个体所有制经济在历史上经历了从产品性经济到商品性经济的发展。中世纪自给自足的封建自然经济中的个体农民与个体手工业者的生产，在很长时期内保持着自给自足的产品经济的特征，正如恩格斯所说："农民家庭差不多生产了自己所需要的一切：食物、用具和衣服。只有当他们在满足自己的需要并向封建主缴纳实物租税以后还能生产更多的东西时，他们才开始生产商品"；而手工业者"他们也自己生产自己所需要的大部分东西"。（恩格斯：《反杜林论》，见《马克思恩格斯选集》第3卷，人民出版社，1972年，第312页）在资本主义经济中的个体经营主要地是以市场交换为目的的商品生产。在社会主义阶段，城镇个体经济主要属于商品经济，农村社员自留地与家庭副业经营随着其自给性部分的减少与商品性部分的增加，也越来越显示出商品性经济的特点。

② 《俄国资本主义的发展》，见《列宁全集》第3卷，人民出版社，1959年，第158页。

经济在城乡取代了个体私有制经济条件下的产物，如集体农民的自留地与家庭副业，是与集体所有制同时产生的一个新的所有制范畴，而大量城乡个体所有制则是在社会主义社会发展过程中产生的"新个体"。（2）这种个体所有制日益依附于社会主义公有制经济。尽管这种个体经营还是直接立足于生产资料与产品的个体所有制的基础之上，但是它已经不同于合作化以前分散的、独立的个体经济，如集体农民的个人副业与自留地经营，表现为农村社会主义集体所有制机构内部的一个环节，而其他的城乡个体经济，它的原材料来源以及产品销售越来越依存于国营经济与集体经济，因而在生产、交换等方面也将与社会主义公有制经济密切联系，日益被纳入社会主义经济机构之中，成为其一个外围的有机组成部分。（3）这种个体所有制经济带有某些不完整的性质。这种个体所有制要在不同程度上受到社会主义公有制的制约，因而在占有生产资料的范围上是有限度的，如集体农民个人私有的林木、牲畜及其他生产资料的数量与经营的范围要受到国家有关法规的限制，作为家庭副业的重要条件的土地——"自留地"，不仅在数量上是有限制的，而且仅仅只在使用权与收益分配权上属于农民，而所有权则属于社员集体，经营自留地的农民不能将自留地出售、抵押和赠送给他人，这表明了个体所有制具有不完整的性质。个体所有制的某些不完整性也表现在城镇个体经营中在生产资料（如机器、交通工具的类型与数量）占有、使用劳动力的范围与数量、经营的范围等方面要受到国家的有关政策与法规的限制以及收入要受到国家的调节。（4）这种个体所有制经济的活动要服从国家的计划管理与调节。由于这种个体经营是日益纳入社会主义公有制机构之中，并在强大的社会主义经济力量的包围之下，因而它的活动也要受到起主导作用的社会主义经济的调节和限制，而不能完全自由活动。归结起来，社会主义制度下的个体所有制经济，是一种由个体私有制走向社会主义公有制过渡性的生产关系，在社会主义公有制的制约、渗透与改造下，将逐渐地失去原来独立的和完整的个体私有制的某些特征，而具有某些社会主义的性质。根据它同社会主义公有经济联结的状况与紧密程度，它所具有的社会主义因素会有多少的区别，并可以在理论上把它视为是基本个体所有、半个体所有等不同的层次。

列宁说："在分析任何一个社会问题时，马克思主义理论的绝对要求，就是要把问题提到一定的历史范围之内，此外，如果谈到某一国家，那就要估计到在同一历史时代这个国家不同于其他各国的具体特点。"[①]在研究与阐明社会主义制度下个体所有制的特征时，我们不能脱离具体的社会制度，不能脱离它所依附的占统治地位的社会主义公有制经济，而要看到：（1）与社会主义公有制联结在一起的个体所有制经济业已具有某些社会主义因素，从而在性质上有了意义重大的新变化，它已经不再是私有制社会中那个完整的个体私有制。（2）在社会主义制度下，在公有制经济占据统治地位条件下的个体经济，已经不再是列宁所说的"经常地、每日每时地、自发地和大批地产生着资本主义和资产阶级的"[②]那种情况，也不是完全如斯大林所说的那种"站在资本主义和社会主义间的十字路口的经济"[③]，而是一种社会主义辅助经济，它注定要为社会主义经济服务。（3）尽管这种个体所有制经济还在不同程度上带有私有制残余的性质，但是要看到这些旧社会的残余与痕迹，正在卓有成效地为社会主义新经济的发展服

---

① 《论民族自决权》，见《列宁全集》第20卷，人民出版社，1958年，第401页。

② 《论共产主义运动中的"左派"幼稚病》，见《列宁选集》第4卷，人民出版社，1960年，第181页。

③ 斯大林：《论列宁主义的几个问题》，见《列宁主义问题》，人民出版社，1964年，第187页。

务，就像任何初生的新事物中包孕的某些旧因素能够为新事物的成长服务一样。（4）由于这种个体小商品经济还存在它固有的生产上的分散性与自发性，价格上的更大波动性，以及收入的私人占有性质，因而个体所有制经济与社会主义公有制经济之间还存在着矛盾。但是，这一矛盾一般地并不是资本主义与社会主义两条道路的对抗，也不同于合作化实现以前的个体私有者与工人阶级之间的矛盾，而是体现了社会主义劳动者之间的非对抗性矛盾。社会主义国家主要地通过采取经济手段，以及必要的行政管理措施，来加强对个体经营的调节、管理与指导，并完全能够有效地解决这一矛盾。

我国对农业和手工业的社会主义改造，虽然取得了巨大胜利，但也曾经一度步子过快，在城镇将一些还需继续存在的个体手工业、个体小商贩也实行了合作化。1956年，陈云论述社会主义制度下继续保持社会主义公有制与个体所有制并存的必要性时指出："国家经营和集体经营是工商业的主体，但是附有一定数量的个体经营，这种个体经营是国家经营和集体经营的补充。"但是这一正确主张未得到重视。我国1956年以来采取了取消城乡个体经营的做法，十年动乱中，更是将个体经济当作是资本主义，在"割资本主义尾巴"的口号下，强制没收自留地、关闭集市，大肆取缔个体经济。这些倒行逆施，堵塞了发展与活跃社会主义商品生产的必要通道。它不仅直接破坏了我国社会主义社会客观存在的低层次的生产力的发展，而且也影响了我国社会主义公有制经济的发展和群众收入的增长，给人民的经济生活增加了许多困难。党的十一届三中全会以来，贯彻党的一系列经济政策，尤其是在农村维护农民的自留地与家庭副业，在城镇容许个体经济发展，使个体小商品生产与经营出现繁荣景象，大大搞活了我国社会主义商品生产，促进了公有制经济的发展，并且带来了社员增加收入、城镇闲置居民增加就业、人民多方面的日常生活需要得到更好满足的可喜状况。这一正一反的经验教训表明，个体所有制经济不仅不是与社会主义经济不相容，而恰恰是社会主义社会经济结构中不可缺少的环节，它将长时期充当我国社会主义经济的必要补充和助手。

在我国实现社会主义现代化的新时期，为了进一步发展多层次的社会主义商品生产，我们必须有效地运用个体商品生产的积极作用。为此，要从我国各地区、各地域的生产力的具体状况与要求出发，寻找与规定个体所有制经济存在与发展的适当的范围。要看到在像我国这样的生产资源十分丰富，特别是劳动资源丰富，而生产力水平却还很低的大国，还存在许多社会主义公有制经济不能充分发掘与利用的潜力。无论是在城市或是在农村，无论是在饮食服务业、商业、交通运输业或是工业（尤其是手工业和工艺美术业）及其他领域，个体所有制经济都拥有发挥其积极作用的充分余地。因此，对待个体所有制经济，不应该仅仅停留在一般的容许它的存在上，而且要予以鼓励和扶持（在它的必要发展范围内）。要在资金上、原材料供应上、产品销售上等方面给个体经济以方便，还要采取积极措施引导与促使个体经营物质技术基础的革新，以提高它的生产力。当然，另一方面也要在政治思想上加强对个体经营者的社会主义教育与法制教育，要加强对个体经济在生产上与市场交换中的管理，克服与避免它的自发作用与消极性，要打击那些个体经营领域中存在的投机倒把及其他挖社会主义墙脚的破坏活动，还要采取经济手段，通过税收杠杆对某些个体经济的过高收入进行调节。

总之，要创造必要的经济条件与社会条件，自觉地运用个体经济，有效地发挥它作为社会主义辅助经济的积极作用，克服与避免它的自发作用与消极影响。

六、社会主义社会初始阶段的国家资本主义经济因素

社会主义社会的多种所有制并存，除了表现在占统治地位的社会主义全民所有制和社会主义集体所有制与一定数量的个体所有制并存而外，还要表现在某些特殊范围内的国家资本主义经济的存在上。社会主义国家与外国资本共同举办合资经营以及其他诸如来料加工、补偿贸易等，均是这种国家资本主义形式。社会主义国家的经济本身属于世界经济的一个部分，它与世界社会主义体系与世界资本主义体系都存在着不可割裂的密切的经济关系。这种情况决定了社会主义国家不能搞锁国政策，实行闭关自守。恰恰相反，它应该在不断加强国际经济联系中，在扩大国际贸易中来加强本国社会主义经济的发展。

特别是对于原先经济落后、生产力水平低的社会主义国家，在社会主义社会的初始阶段，面临着大力发展生产力以巩固初生的社会主义的紧迫而艰巨的任务。为此，它有必要通过加强国际经济的联系，通过充分地利用国际商品市场，发展外贸事业，增加外汇收入与国内必要的物资进口，来增强本国的经济力量。特别要充分地利用国际资本市场，有效地利用外国资金，引进先进技术，来加强本国的物质生产基础，加快社会主义现代化的进程。而发展合资经营及其他与外资相联系的各种国家资本主义经济形式，就是利用外国资金、引进先进技术与先进经营管理方法、掌握国外生产技术的一种有效形式。在维护社会主义国家的领土与主权完整的前提下，在社会主义国家的集中管理与各项法规的规定下，采取特区形式，在一定地区、一定经济领域内建立必要数量的合资经营，更是积极而稳妥地利用国家资本主义经济的有效方式。列宁在论述租让制的国家资本主义时指出："我们和最文明先进的西欧资本主义直接订立正式的书面合同。我们确切知

道自己的利益和损失、自己的权利和义务，我们确切知道租让的期限，如果合同上规定有先期赎回的权利时，我们也确切知道先期赎回的条件。我们给全世界资本主义一定的'贡款'，在某些方面向他们'赎买'，从而立刻在某种程度上使苏维埃政权的地位得到加强，使我们经营的条件得到改善。"又说："苏维埃政权'培植'租让制这种国家资本主义，就是加强大生产来反对小生产，加强先进生产来反对落后生产，加强机器生产来反对手工生产，增加可由自己支配的（即份额扣除）大工业生产品数量，加强有国家调整的经济关系来对抗小资产阶级无政府状态的经济关系。"[①]这些论述，不但适用于过渡时期，而且也适用于不发达的社会主义的初始阶段。

在社会主义社会，特定的经济领域中还存在着某些过渡时期结构中存在的国家资本主义成分与因素，这似乎是不可思议的。但是马克思主义的社会主义，绝不是从头脑中臆想出来的固定不变的抽象原则，而是无产阶级争取自身解放的革命与建设实践的科学理论。马克思主义经典作家从来不把他们关于社会主义的论述当作是"终极的真理"，而只不过是给这一理论奠定了基础。列宁说："我们决不把马克思的理论看做某种一成不变和神圣不可侵犯的东西；恰恰相反，我们深信：它只是给科学奠定了基础，社会主义者如果不愿落后于实际生活，就应当在各方面把这门科学向前推进。"[②]在探索与阐述苏维埃俄国进行社会主义革命与建设的方法与途径时，列宁一再教导，要从实际出发，指出："事情的具体演变与任何人所能想象的不同，它要新奇得多，特殊得多，复杂得多。"并要人们切忌"只是无谓地背诵

---

① 《论粮食税》，见《列宁选集》第4卷，人民出版社，1960年，第520～521页。

② 《我们的纲领》，见《列宁全集》第4卷，人民出版社，1958年，第187页。

记得烂熟的公式，而不去研究新的生动的现实的特点"①。如果我们不是从某种纯之又纯的公有制模式——应该说经典作家也不曾给初始期的社会主义规定这样的纯粹而完全的公有制模式——来框现实的社会主义，而是从现实的社会主义物质生产条件出发来认识社会主义，那么，我们就会进一步看到：

第一，从资本主义到社会主义的过渡时期（这里指小过渡）与社会主义社会初始阶段，固然是属于两个不同的发展阶段，但是作为社会的相衔接的两个阶段，它不是像几何学上的分割线那样地截然和整齐，"一刀切"地将事物划分开来。社会发展中的新旧时期、阶段的交替与推移却从来不可能是整齐划一的，而是存在某种模糊的边际，即存在着两个阶段的一定交错，旧的发展阶段经济结构的某些成分与残片还要继续残存于新的发展阶段，成为新的阶段经济结构中的过渡性的因素。正如列宁所说："无论在自然界或在社会中，实际生活随时随地都使我们看到新事物中有旧的残余。"②正是因此，社会主义社会的初始期在经济中还存在某些过渡时期经济中的残余，不仅是不足为奇的，而且简直可以说是难以避免的，完全是合乎规律的。认为生产资料所有制的社会主义改造一旦取得基本胜利，社会一旦进入社会主义社会的门槛，过渡时期的旧经济就立刻消灭得干干净净，这种观点倒是违反历史的辩证法，是一种形而上学的观点。因而我们不能认为社会主义经济制度一旦确定后，从此就是公有制的一统天下，就不再有任何包孕有某些私有因素的经济形式存在。

第二，社会主义社会的初始阶段，特别是对于像我国这样生产力水

---

① 《论策略书》，见《列宁选集》第3卷，人民出版社，1960年，第25页。
② 《国家与革命》，见《列宁选集》第3卷，人民出版社，1960年，第256页。

平低的社会主义国家，只能是幼年期的、正在成长中的、还未成熟的社会主义。列宁说："除了孟什维克这类头号笨蛋之外，没有人期待历史会平稳、宁静、轻易、简单地产生出'完整的'社会主义来。"[①]因而即使是社会主义社会的初始阶段，社会主义经济建设的道路还不能是笔直的，还必须采取一定的迂回前进的形式，建设社会主义的方法也不可能完全采取纯之又纯的社会主义的方法，还不能不在一定范围内与一定程度上使用一些还带有旧的经济残余的形式和手段。认为社会一旦跨进社会主义的门槛，社会主义经济建设就无须经历任何迂回曲折的道路，人们就可以排斥一切旧的经济形式与手段，像戴着白手套那样进行建设，这完全是不切实际的空想。因而，在社会主义经济建设中，不是从某种理性原则与道德观和感情好恶出发，而是如列宁所指出，要从社会主义社会"新的生产力的现实的特点"出发，采取必要的迂回前进的特殊形式与手段，如国家资本主义这种形式和手段，这不仅不是违反马克思列宁主义，恰恰是马克思列宁主义的要求。

第三，社会主义社会的国家资本主义因素，同在过渡时期个体经济与私人资本主义经济还占有广泛阵地情况下的国家资本主义不同，它是全民所有制和集体所有制占统治地位的条件下的公有制经济的异质部分，它在范围上是有限的，在社会主义国家的严格管理下，它只能在补充社会主义公有制经济的界限内存在和发展，而不容许它自由泛滥，削弱社会主义经济阵地。而且，社会主义国家凭借强大的政权力量和强大的经济杠杆，完全能够对这种国家资本主义进行控制与调节，把它限制在狭窄而适度的范围内，因而这种一定限度的国家资本主义的存在，对社会主义不会有危险。

---

① 《论粮食税》，见《列宁选集》第4卷，人民出版社，1960年，第508页。

总之, 社会主义社会的国家资本主义, 是在社会主义制度下, 在生产资料公有制占绝对优势下, 在公有制经济的包围与严格限制下的, 走向消逝但尚未完全消逝的国家资本主义残余。作为体现有私有资本主义关系、因素和痕迹的一种经济形式, 它是过渡时期存在的旧经济在社会主义初始阶段的继续, 但是它不是简单地继续, 而是具有新的特征。它是处在社会主义公有制经济包围中, 联结与依附于社会主义公有制企业, 在无产阶级专政的国家政权的管理下, 在强大的社会主义公有制经济的限制与规范下, 成为调动一切积极因素来加速社会主义建设的一种手段。

综上所述, 我们必须如实地把社会主义的初始阶段, 看作是以生产资料公有制占统治地位, 包括个体所有制及其他所有制形式的多种所有制的结构, 所有制形态的丰富性, 在有利于生产力发展的范围内不拘一格地存在, 正是社会主义社会所有制的重要特征。它显示了社会主义社会能在公有制牢固占领阵地的条件下, 给一定的私有制残余形式以存在和发展的余地, 从而使所有制形式表现出必要的弹性, 使它能最充分、最全面地适合于生产力的性质。而我们生活于其中的社会主义制度的优越性, 也正是从这种多种所有制形式的对生产力的全面适应性中表现出来的。同时, 这种所有制形式, 也就成为社会主义社会广泛发展的和多层次的商品关系的经济基础。因此, 在社会主义社会的初始阶段, 为了使社会主义商品生产最顺利地发展, 首要的任务是要根据生产力的状况, 调整好社会的所有制关系, 寻求与保持最优的所有制结构。要使全民所有制的范围与生产力的现代化的高层次相适应, 使集体所有制的范围与生产力中的技术基础较低的部分与层次相适应, 使个体所有制的范围与生产力中的手工技术与个体劳动的最低层次相适应, 此外在一定时期, 根据生产力发展的需要还可以保留必要的其他所有制形式。也就是说，要在公有制占据绝对优势的条件下，使多种所有制形式同时并存、各得其所、各显其能，共同为促使社会主义商品生产的繁荣发展而发挥各自的积极作用。

第七章

商品经济条件下经济规律的特点

一、研究社会主义经济规律作用机制的意义

马克思主义政治经济学阐明了经济规律是社会经济发展过程中的本质联系，是纷繁杂乱、千变万化的经济现象中的具有巩固性、持久性和普遍性的东西。但是，生产关系具有历史的变易性，它属于"历史性的即经常变化的材料"①。这就决定了经济规律不可能是某种长期不变的"永恒的"规律，而是具有历史的相对性。马克思主义揭示的经济规律，至少其中的大多数，都是在一定的经济条件下产生和起作用的。而随着旧社会经济形态向新社会经济形态的过渡，由于经济条件，即所有制的根本变化，原先的经济规律就退出历史舞台和让位于新的经济规律。因此，马克思主义政治经济学在研究经济规律时，从来是坚持历史唯物主义的社会发展观，要从人类历史上各个社会形态特定的经济条件出发，去揭示各个社会形态的特有规律，而不能满足

---

① 恩格斯：《反杜林论》，见《马克思恩格斯选集》第3卷，人民出版社，1972年，第186页。

和停留在复述某些抽象的生产、交换和分配的一般规律上。正如恩格斯所说："谁要想把火地岛的政治经济学和现代英国的政治经济学置于同一规律之下，那末，除了最陈腐的老生常谈以外，他显然不能揭示出任何东西。"[①]

政治经济学在研究同一社会形态的经济规律时，一方面固然要采用抽象法，着眼于某一社会形态最成熟的、最发达的阶段的经济条件，在抽象形态上来研究和揭示支配这一社会形态经济关系与经济过程的客观规律的一般要求与作用形式。但是另一方面，政治经济学在研究经济规律时，还不能停留在这一规律抽象的、一般的形式上，还必须采取从抽象上升到具体的方法，从具体的社会形态所要经历的各个发展阶段的特殊经济条件出发，去揭示经济规律的具体要求与特殊作用机制，进一步地揭示经济规律在社会不同发展阶段起作用的不同的特点。

政治经济学在研究剩余价值规律时，不仅要在抽象形式上研究在整个资本主义社会都适用的剩余价值的表现形式，以及榨取剩余价值的方法及其后果，而且要联系资本主义发生期、自由资本主义时期以及垄断资本主义时期的经济条件的变化，来揭示各个时期剩余价值规律的具体要求与特殊的作用机制，进一步揭示剩余价值规律是如何地获得日益充分的作用场所，从而使资本主义矛盾不断深化的。

基于上述马克思主义政治经济学的一般方法论，社会主义政治经济学在研究与阐明社会主义经济规律时，一方面，要从一个发达的、成熟的社会主义的经济条件出发，来研究和揭示社会主义经济规律的最一般、最典型的形式。另一方面，还必须从社会主义社会还存在初生

---

① 恩格斯：《反杜林论》，见《马克思恩格斯选集》第3卷，人民出版社，1972年，第186页。

时期、进一步发展时期、充分成熟时期、向共产主义过渡时期等阶段出发，联系各个时期的经济条件的变化，进一步揭示社会主义经济规律的具体要求与作用机制。应该说，马克思和恩格斯对社会主义社会的经济规律的论述，如对于社会占有一切生产资料，不存在商品生产与商品交换，直接的计划与消费品的直接按劳分配等，均是着眼于揭示发达的社会主义形态，即不存在商品货币关系的社会主义的经济规律。但是，马克思和恩格斯生活在社会主义革命条件尚未成熟的时代，那时还没有社会主义经济建设的实践，更谈不上总结人们建设社会主义的实践经验，因而，他们不可能进一步地研究与细致地划分社会主义社会的发展阶段，并进一步揭示不发达的社会主义经济规律作用的特点。显然，在世界社会主义革命已经取得巨大胜利，世界社会主义国家的经济建设已经积累了不少宝贵经验，特别是在我国已经有了几十年社会主义建设的正反两方面的经验的今天，我们有必要也有可能来探讨社会主义社会的分期，有必要也有可能根据现阶段的不发达社会主义的具体条件，来进一步研究社会主义经济规律的作用形式。

我们生活于其中的社会主义，实际上是存在商品货币关系不发达的初始的社会主义发展阶段，正如经济理论所阐明以及社会主义建设实践所证明，社会主义这一个发展阶段不是很短暂的时期，而是很长的历史发展阶段。列宁指出："严格地区别本质上不同的各个阶段，冷静地探讨这些阶段产生的条件，这决不等于把最终目的束诸高阁，决不等于蓄意放慢脚步。恰恰相反，正是为了加快步伐，正是为了尽快而稳妥地实现最终目的。"[①]为了加快步伐，顺利地实现我国社会主义现代化的伟大目标，要求我们在经济建设中真正地做到按客观规律

---

① 《专制制度和无产阶级》，见《列宁全集》第8卷，人民出版社，1959年，第6页。

办事。因而社会主义政治经济学当前面临的重要任务就是要研究与阐明商品货币关系存在条件下的社会主义经济规律的具体要求和作用机制，要改变社会主义政治经济学中存在的那种脱离实际的超越现实的商品关系去空洞地阐述社会主义经济规律的倾向。这种倾向，导致了在实际工作中混同了社会发展的阶段，甚至出现了把产品经济条件下的事提前到存在商品货币的现阶段来办的错误做法。由于马克思和恩格斯在他们从原则上论述某些社会主义经济规律时，是以社会主义业已消灭商品货币关系和实行产品经济为前提的，我们不可能指望从他们的著作中，去找到关于存在商品货币关系条件下社会主义经济规律的具体要求与作用机制的现成结论。因而，只有以马克思主义理论与方法为指导，联系社会主义建设的实际，进行艰苦的理论探索，才能使我们在这一问题的研究上有所前进。

二、社会主义经济规律的作用机制与价值范畴

政治经济学是研究社会生产、交换、分配、消费等经济关系的运动规律。在商品生产组织中，生产过程既是使用价值的生产，又是价值的创造；交换过程既是使用价值的让渡，又是价值的实现；分配过程既是物质财富的分享，又是产品价值的占有；消费过程既是使用价值的物质消耗，又是产品价值的耗损。可见，商品经济形态的社会生产关系，即商品性生产关系的各个方面与各种形式都要表现为价值关系。价值范畴是商品经济形态的最一般的经济范畴。恩格斯说："价值概念是商品生产的经济条件的最一般的、因而也是最广泛的表

现。"①他指出："价值规律正是商品生产的基本规律。"②尽管在不同的社会形态下，由于所有制的不同，从而在生产、交换、分配、消费诸方面都有其特殊的经济规律。但是在存在着商品生产组织的场合，生产关系的各个方面都要表现为某种价值形式，而社会经济活动各方面、各个领域的经济规律，都不能不由此在不同程度上受到价值规律作用的制约。正由于此，我们可以说，价值范畴与价值规律是理解一切商品生产形式的各种经济规律作用机制的枢纽。

小商品生产的经济运动规律，只有在价值规律作用的基础上才能加以阐明，如小商品经济的简单再生产的性质，经济的脆弱性和贫富两极分化等特征，均是小商品经济条件下价值规律作用的表现。

资本主义是商品经济的高级形式，在那里，价值范畴有着最发达的、多样的形式，如价值、价格、生产价格、垄断价格、工资、利润、地租、利息、税金，等等。资本主义商品经济所包括的生产、交换、分配、信贷、财政诸领域的关系都要表现为各种各样的价值范畴。显然，这些多样的价值范畴正是商品资本主义经济组织的网结，它是人们认识资本主义商品生产关系各个方面运动，即认识支配资本主义商品经济的各个经济规律的枢纽。马克思在论述经济学中的价值范畴时指出："对于这个历史上一定的社会生产方式即商品生产的生产关系来说，这些范畴是有社会效力的、因而是客观的思维形式。"③只有通过各种价值范畴，才能科学地阐明价值规律在各个经济领域中的作用，才能全面阐明资本主义生产、交换、分配等过程的规律性。众所周知，马克思正是在全面剖析资本主义的各种价值范畴内涵的基

---

① 恩格斯：《反杜林论》，见《马克思恩格斯选集》第3卷，人民出版社，1972年，第349页。

② 恩格斯：《反杜林论》，见《马克思恩格斯选集》第3卷，人民出版社，1972年，第351页。

③ 《马克思恩格斯全集》第23卷，人民出版社，1972年，第93页。

础上，特别是在科学地论述劳动力的这一特殊商品的价值与使用价值的基础上，根据价值规律的作用，揭示了剩余价值的生产、凝结在商品中的剩余价值的实现、资本的积累、剩余价值在不同的资本家之间的瓜分，从而全面地阐明了剩余价值的生产及再生产、流通、分配等规律。可见，离开价值范畴和价值规律，就不可能弄清这些历史上特殊的商品生产组织与形式的内在的、本质的联系及其运动机制，就不可能阐明支配各种商品生产形式的经济活动各个方面客观存在的而不是主观臆造的经济规律。

既然在一个很长历史阶段内社会主义生产仍然带有商品性，那么价值范畴就仍然是社会主义经济的一般范畴，如社会主义生产过程也将表现为使用价值与价值的创造，社会主义交换过程也具有使用价值让渡与价值实现的二重性，社会主义分配过程也具有物质财富的分享与价值的占有，社会主义消费过程也将表现为产品使用价值的耗损与价值的耗费。可见，我们完全有理由说，在这种条件下，价值范畴也是社会有效力的客观思维形式，是认识社会主义经济组织的重要工具。

在研究社会主义经济时，除了借助上述各种实物性范畴与自然劳动时间范畴而外，还有必要借助价值范畴及其具体形态，才能充分揭示各个领域的客观经济规律的作用。如：对于社会生产领域来说，除了各种实物性范畴而外，还必须借助各种社会主义价值范畴，如价值、社会必要劳动耗费、企业个别劳动耗费、价格、成本、利润、平均利润、超额利润等范畴，才能揭示社会主义企业在某一产品生产中的损益的状况，从而阐明价值规律对社会主义生产的制约作用的形式与机制；对交换领域来说，借助计划价格、浮动价格、自由价格等范畴，才能更充分地揭示流通领域各类商品的价格变动的机制，从而更具体地阐明价值规律对社会主义交换的制约作用。

价值范畴的有效范围决不仅仅只是限定在生产与交换的范围内，它还适用于社会主义经济活动的广泛范围内。就社会主义分配领域来说，价值范畴也是具有充分效力的认识工具，除了利用各种实物性范畴而外，还要借助价值范畴，人们才能深刻揭示社会主义的分配规律。在全民所有制范围内，由于企业是相对独立的生产与经营者，还存在产品的局部占有因素及企业局部利益，因而客观上存在企业与国家之间的分配关系以及支配这一关系的经济规律。在实行社会主义商品制度的条件下，企业生产品表现为商品，企业与国家间的分配要表现为价值物的分配，并且要凭借价值形式，利用价格、利润、利息、税金等工具才能实现这一分配。国家与企业之间的社会主义分配规律，表现国家通过运用各种价值工具与经济手段，以及采用必要行政措施，来调节上缴利润（或税金）与自留利润的比例，使上缴利润适应国家集中进行的扩大再生产与其他各项社会基金的需要，同时使自留利润适应企业自主地扩大再生产及其他企业开支的需要。可见，借助一系列价值范畴，人们才能更深入地认识企业与国家间分配过程的机制与规律。

另外，社会主义按劳分配表现为价值物的占有，社会主义的个人消费表现为一定价值物的耗费。因而，在商品关系存在的发展阶段，借助各种价值范畴，人们才能深入地揭示社会主义个人消费品的分配过程与消费过程的机制与规律。这一问题将在下一节中进一步加以论述。

从以上论述中可以清楚地看到，一方面，在社会主义经济中使用价值性质的或实物性的范畴有着十分重要的作用，它是崭新的社会主义生产关系的理论表现，政治经济学要认真研究这些新的经济范畴实物性的形式与体系。另一方面，价值范畴对社会主义生产、交换、分配、消费领域仍然有着实际的效力。

价值范畴的广泛的实用性，只不过是反映了社会主义商品生产与交换关系的广泛性——在这种情况下，价值范畴仍然是认识与揭示社会主义经济规律的重要认识工具。

"经济范畴只不过是生产的社会关系的理论表现，即其抽象。"[①]价值范畴是商品经济条件下的客观范畴。价值范畴一方面表现了商品关系的共同条件，另一方面，它在不同的商品关系下又有着不同的社会内容，体现了根本不同的社会生产关系。如在以私有制为基础的商品经济中，价值是私有的商品生产者的经济关系的体现，在社会主义商品生产中，价值是以公有制为基础的联合的商品生产者的经济关系的体现，是实现劳动者之间的以互助合作关系为内容的社会联系的经济形式。表现这种崭新的商品货币关系的价值范畴就具有全新的社会经济内容，从而与适用于资本主义商品关系的价值范畴是根本不同的。那种将价值范畴视为是资本主义的东西，从而想将它排斥于社会主义政治经济学范畴体系之外的想法是天真的。不懂得只要商品货币关系存在，价值范畴就存在；不懂得社会主义社会的价值范畴反映了全新的社会主义商品关系。

社会主义政治经济学在长期流行的自然经济论的思潮影响下，把价值范畴限制在狭窄的范围内。例如，只是将价值范畴用于阐述商品生产与价值规律的作用，而几乎对所有其他的社会主义经济规律的要求、作用形式的表述都是与价值范畴脱钩的。社会主义政治经济学在分析、阐述社会主义的生产关系时，实际上是更多地以产品经济中的实物范畴为基本范畴，或者是在分析论述某些领域的生产关系与经

---

① 马克思：《哲学的贫困》，见《马克思恩格斯选集》第1卷，人民出版社，1972年，第108页。

济规律时，采用价值范畴，而在论述其他领域的生产关系与经济规律时，又主要地凭借实物范畴。这种方法，由于缺乏统一的基本经济范畴，就使政治经济学社会主义部分的理论体系缺乏内在连贯性。显然，抛弃或不充分使用价值范畴，崇尚实物关系，这样的社会主义政治经济学体系是不可能深刻地反映社会主义生产关系的本质的。

实际情况表明，在社会主义经济理论的研究中，由于在分析社会主义经济关系时离开了商品价值范畴，因而使许多社会主义经济规律迄今尚未得到最确切与周详的阐述。例如，社会主义基本经济规律中关于社会主义生产目的是最大限度地满足社会成员不断增长的物质与文化生活需要的表述，由于既没有用确切的经济范畴（如总产品、必要产品、剩余产品、最终产品等），特别是没有使用商品关系中不可少的价值范畴，因而这一生产目的的表述不能不是失之空泛的，它并不能确切体现存在商品货币关系条件下社会主义生产目的的特征。又如，在关于国民经济有计划按比例发展规律的阐述，往往是脱离市场作用来孤立地论述社会主义国家按直接计划分配社会劳动于不同经济部门的客观必然性，这样就不可能周详地阐明现阶段社会主义国民经济有计划按比例发展规律的作用形式和特征。又如，政治经济学在论述社会主义条件下的时间节约规律时，也往往是与价值范畴脱钩，孤立地谈论劳动时间的节约，而事实上，社会主义商品生产中，正是通过把企业个别劳动时间还原为社会必要劳动时间的经济机制，才促使一切企业去关心并千方百计地去节约它们的劳动耗费，因而离开了体现商品价值的社会必要劳动时间范畴及其发生作用的机制，就不能揭示现阶段社会主义时间节约规律的作用。总之，离开了在商品生产中具有广泛适用性的价值范畴，人们就不能十分确切而周密地揭示社会主义经济规律的具体要求、作用机制和经济后果。

形成与建立科学的经济范畴的体系，是发现与阐明客观经济规律的前提。应该说，当前我们的社会主义政治经济学中的经济范畴还是很不完备与很不充分的，特别是我们还未建立起一整套用以表现极其复杂的、多方面的既包括实物性范畴又包括商品性范畴的社会主义崭新经济范畴的体系。马克思说："适应自己的物质生产水平而生产出社会关系的人，也生产出各种观念、范畴，即这些社会关系的抽象的、观念的表现。所以，范畴也和它们所表现的关系一样不是永恒的。这是历史的和暂时的产物。"[①]在现实生活中，社会主义商品关系并不是正在萎缩或即将消亡，如我们在前面所论述的，商品生产还将在广度与深度上发展，商品货币关系还将进一步发达和复杂化，这就决定了价值范畴也将愈加多样化和具有越来越丰富的形态。如：需要有足以表现社会主义生产领域的多样的商品关系的价值范畴，即价值、个别价值、社会价值、必要产品价值、剩余产品价值以及生产价格，等等；需要有足以表现社会主义交换关系的各种价格范畴，如计划价格、浮动价格、自由价格，等等；需要有适合于表现社会主义分配关系的各种范畴，如利润（自留利润、上缴利润）、级差收入、利息、税金，等等；此外，还需要有适用于表现社会主义租佃关系的各种租金范畴等。特别是还需要寻找适合表现随着社会主义商品关系的发展而必然要产生的一些新的价值关系的新范畴。在马克思主义经典作家创造的政治经济学社会主义部分的范畴体系的基础上，联系社会主义经济的实际，进行探索和创新，去进一步完善和丰富社会主义经济范畴体系，我们就能够获得更强有力的认识工具，就能进一步地、

---

① 马克思：《致巴·瓦·安年柯夫的信（1846年12月28日）》，见《马克思恩格斯选集》第4卷，人民出版社，1972年，第327页。

更充分地认识与阐明社会主义经济的客观规律，这样也才能完成建立马克思主义科学的社会主义政治经济学体系的任务。

三、价值规律与社会主义特有的经济规律的相互关系

经济规律表现的是生产关系的本质联系。在社会主义直接生产、交换、分配、消费诸领域，存在着各自的经济规律，它分别表现直接生产、交换、分配、消费等过程中的经济关系的本质联系。社会主义经济机构是一个在公有制基础上形成的有机体，社会生产、交换、分配、消费等过程不是彼此割裂与互不相干的，而是处在密切的相互制约的连锁关系之中。某一领域中经济关系的发展与变动，要受到其他领域中经济关系的影响与制约。这就意味着各个社会主义经济规律不是画地为牢，孤立地、互不相涉地起作用，而实际上是在各社会主义经济规律的相互影响、制约与渗透中来表现它的独特的要求与固有的作用。这种情况也就要求我们，在研究与阐述某一经济规律的作用时，在揭示某一特定领域的经济关系的本质联系时，还要联系与这一领域的经济活动密切相关的其他经济规律的作用，要从诸经济规律的影响与制约中，来阐明这一特定经济领域的规律的要求，以及发生作用的机制与后果。如物理学在阐明自由落体的规律时，不仅要从对物体的地心吸引力的方面来加以说明，而且要从太阳对物体的吸引力的方面来加以说明。

社会主义经济规律体系中占主导地位的是社会主义基本经济规律。最大限度地满足全体社会成员不断增长的物质与文化生活的需要，是社会主义基本经济规律的要求，这一生产目的集中地体现了社会主义公有制生产关系的本质特征。由于社会主义的交换、分配、消

费诸关系均是社会主义公有制的实现，社会主义基本经济规律就不仅表现社会主义生产的主要特征，而且也要贯穿社会主义经济的其他方面和侧面，并由此对交换、分配、消费等过程起重大的制约作用。因而，人们在研究社会主义经济各个方面的规律的作用时，就不能孤立地就事论事，而必须从事物相互联系与经济规律相互制约的观点出发，首先要考虑到社会主义基本经济规律这一占主导地位的规律的作用的影响。

关于在社会主义经济规律的相互作用中，社会主义基本经济规律起主导作用的思想，是斯大林首先明确加以阐述的。根据这一理论，我们在研究社会主义的经济规律时，就不能将各个经济规律的作用割裂开来，如我们在分析与研究资本主义经济的各个领域、方面、侧面的经济运动的规律的作用与要求时，就不能只看到这些领域特定的、局部性的经济规律的作用，而要去揭示对这些局部领域也起制约作用的社会主义基本经济规律的作用。根据这一理论，我们在认识社会主义经济规律的作用时，不能将各个经济规律并列起来，首先要看到社会主义基本经济规律的重要制约作用，认识到它犹如"普照之光"，对一切经济生活都要起决定性的影响。例如，我们在研究与分析制约社会主义商品生产与交换的价值规律的作用时，比如在研究我国农产品价格的变动趋势时，既要看到基于价值规律作用的农产品价格提高、接近价值水准的必然性，又要看到基于社会主义基本经济规律要求，即基于更大地提高全体社会成员消费水平的要求而决定的这一价格调整的逐步性与长期性。这也就是说，在考察与揭示农产品价格的运动规律时，不能只是看到价值规律的作用，而且要看到社会主义基本经济规律的作用，正是后者的主导作用，为价值规律的作用范围、形式设定了某些界限。总之，关于社会主义基本经济规律起主导作用的理论，使我们从体现在社会主义日常经济生活中的各个经济规律的作用的复杂的交织与交相影响中，看到社会主义基本经济规律贯串其中的红线一样的作用，从而找出支配社会主义经济生活与经济过程的经济规律体系中的层次与脉络。

斯大林强调在社会主义经济规律体系中，社会主义基本经济规律的首要地位与主导作用，这无疑是正确的。但是，斯大林对于社会主义制度下价值规律的作用论述得不够，他基本上将除了消费品的流通领域以外的其他经济领域，排除于商品生产和价值规律作用范围之外，因而斯大林没有提出价值规律对其他社会主义经济规律的作用的问题。他没有将他提出的经济规律相互制约、相互影响的论点贯彻到底。

在社会主义社会的很长历史阶段内，就社会主义全民所有制的经济活动来说，作为全社会公有制和体现社会公共利益，它的各个方面、侧面均要受社会主义基本经济规律的制约；作为带有某些局部利益性质与因素的商品性生产，它的各个方面、侧面又要受价值规律的制约。如上所述，对于原先商品经济未获得充分发展的经济落后国家，在建设社会主义过程中，商品关系还要在广度和深度上发展，这种情况，决定了体现商品性生产的特征与要求的价值规律还要在社会经济的众多领域内发生作用，这样就使价值规律作用带有相当的广泛性。基于这一点，我们在研究现阶段的各个社会主义经济规律时，有必要研究价值规律对其他社会主义经济规律的作用，要看到支配社会主义生产关系的各个不同方面、侧面或环节的经济规律的作用机制，都不可能不在一定程度上受价值规律作用的影响。

在社会主义的现阶段，价值规律对其他经济规律的作用表现为两个方面，即促进和加强作用与制约和抑阻作用。前者体现了它们之间的一致，后者体现了它们之间的矛盾。在社会主义的很长发展阶段，一般说来，一致的方面是基本的，矛盾的方面是次要的。这就是说，在社会主义经济的广大领域，使价值规律的作用获得应有的发挥，就能有效地促使其他的社会主义经济规律的要求的实现。因此，在社会主义经济建设中，人们应该自觉地运用价值规律，充分发挥它的作用以及对其他社会主义经济规律作用的积极影响，以避免它的消极的或抑阻性的影响。

价值规律对社会主义基本经济规律、国民经济有计划按比例发展规律以及对社会主义分配关系、消费关系的经济规律的作用如下：

（一）价值规律与社会主义基本经济规律

社会主义基本经济规律是在生产资料公有制的基础上产生的，它体现了社会主义生产关系内在的与本质的联系。在社会主义经济规律体系中，社会主义基本经济规律居于核心地位并起着主导作用。就价值规律与社会主义基本经济规律的相互关系来说，社会主义基本经济规律对价值规律起着主导性的制约作用。在生产资料的社会主义公有制下，全民所有制企业间根本利益的一致，不能不使社会主义联合的商品生产者的各种经济活动都从属于社会主义基本经济规律与国民经济有计划按比例发展规律的调节作用。在社会主义商品生产中，价值规律不再有它借以自由自在地起作用的场所，价值规律不再能充当经济生活普遍的与万能的调节者。正是从这种意义上说，价值规律的作用程度、范围均受到某种限制，不再以自由无阻的和极度开展的形态起作用，这种情况正是有计划的社会主义商品关系中价值规律作用的特点。

但是，价值规律的作用也反过来影响着社会主义基本经济规律的作用形式与机制。首先，它赋予社会主义生产的目的以商品价值形式。在社会主义生产还表现为价值物生产的情况下，社会主义基本规律的要求，就目的方面来说，就要取得双重形式：一方面表现为社会要生产出最大限度可满足人们需要的各种消费品，另一方面表现为社会要创造出尽可能多的国民收入。就企业来说，社会主义基本经济规律的要求表现为生产单位不仅要关心产品的使用价值，而且要关心产品的价值和企业的盈利。企业在服从国家计划的指导与调节下，提供更多的价值成果，取得更大盈利，一般说来，就意味着它创造了更多的适销对路的产品，从而真正地和最有效地实现了最大限度地满足人们不断增长的物质与文化生活需要这一项目的。如果企业不重视产品价值，不讲求盈利，那种脱离市场需要、盲目生产的情况就会出现。而这些不能提供社会使用价值，从而不能形成真正的商品价值的生产，恰恰是脱离了人们的需要，背离了社会主义生产的目的。其次，在价值规律作用下，特别是在价值规律通过市场而发生作用的情况下，满足人们不断增长的消费需要这一社会主义生产的根本目的，除了要依靠企业基于社会整体利益而服从国家计划的自觉的积极性而外，还必须部分地依靠企业基于自身局部利益的微观的目的和动机来实现。在企业是一个相对独立的经济组织，并具有进行生产与经营的自主权的情况下，价值规律的调节作用表现为企业积极主动地根据市场需求与价格的变化，及时地对自身的生产做出调整，以生产出更多价廉物美、适销对路的商品，这样就能切实地收到更好地满足广大消费者需要的成效，从而保证社会主义生产的根本目的得到最充分的实现。可见，在存在商品生产的条件下，有效地发挥价值规律的作用和有效地利用市场，就能充分地调动各个企业的积极性，搞活经济，卓有成效地把企业的相对独立的经济活动，纳入实现宏观的社会主义生产目的的轨道。如果人们违反价值规律的要求，堵塞必要的市场作用，只能挫伤企业生产与经营的积极性，造成生产与社会需求的脱节，引起生产发展与技术进步的缓慢，带来各种形式的浪费，这样企业的生产与经营活动就不可能切实地从属于社会主义生产的目的。可见，不能把价值规律的作用看作是与社会主义基本经济规律的作用互相排斥犹如水火不相容那样，恰恰相反，保证恰当地发挥价值规律的作用，正是卓有成效地实现社会主义基本经济规律的要求的条件。

在价值规律的作用下，特别是在市场作用下，社会主义经济活动在一定程度上的自发发展，甚至偏离社会主义轨道的可能性是客观存在的。但是承认价值规律的作用与社会主义基本经济规律的作用之间的矛盾，并不是要求人们在经济工作中摒弃与不顾价值规律的要求，不是说要采取行政手段来压制和取消一切市场作用，恰恰相反，在社会主义制度下，只要根据客观经济规律的要求办事，人们完全能做到在自觉利用价值规律中避害趋利，使价值规律发挥作用下的千万个商品生产者的自主活动的积极性，汇集成最大限度地满足全体社会成员的不断增长的生活需要这一目的的宏观活动。

（二）价值规律与国家、企业间的分配

价值规律的作用也密切地影响着社会主义分配关系，它是实现社会主义分配规律的要求的积极力量。就国家与国营企业之间的分配来说，企业创造的纯收入要划分为归国家占有的上缴利润（包括税金）与归企业占用的自留利润。在社会主义全民所有制经济中，由于生产资料的社会公有的性质，因而应该保证企业在占有自身创造的纯收入中有同等的权利，要使那些企业联合劳动在质上相同，从而创造了同等的新价值的企业，分得同等比例的自留利润，这样，才能保证企业的联合劳动者在对社会做出同等的劳动贡献时，能提取同样份额的自留利润，并从中

占有同样份额的补充劳动报酬。如果在不同企业中的联合劳动者，不能实现纯收入占用中的平等地位，也就不能实现在占有补充劳动报酬中的平等地位，就不能在全民所有制范围内全面地实现按劳分配。因此，必须实行将由生产资料的更高效率而产生的级差收益收归国家所有，那些因拥有更优越的技术条件（机器设备先进）和自然条件（土壤有更大沃度、矿藏有更大丰度）、劳动生产率高、利润大的企业，除了根据情况可以给以一定的物质鼓励而外，它从利润中提留自留利润的比例应该与那些技术条件和自然条件差的企业相同。要使这些企业的级差收益以税金或上缴利润形式归国家占有，由此使国营企业在生产中处在同等的起跑线上。这种企业与国家间的分配关系是由全民所有制的性质决定的，也是适应于企业的相对独立的生产与经营者的地位的。这种企业与国家之间的社会主义分配关系的实现，必须依靠价值规律在生产与交换中发挥作用，要以各种产品合理定价和交换中实行等价交换为前提。如果产品定价不合理，如我国石油价高，煤炭价低；加工部门定价高，原材料部门定价低；一些企业的利润实际低于它创造的剩余产品价值，甚至还表现为亏损，另一些企业则由于价格因素，它们的利润大大超过它们实际创造的剩余产品价值。前者因此只有很少的甚至没有自留利润，而后者却有很多自留利润。这种情况表明企业对社会基金的贡献和负担以及对社会纯收入占用上的不平等，从而出现苦乐不均，不利于按劳分配和物质利益原则的贯彻，不利于调动劳动者的积极性。可见，保证价值规律在生产与交换中起作用，乃是完善企业与国家之间的分配关系的必要条件。

（三）价值规律与按劳分配

在社会主义现阶段，价值规律的作用对社会主义按劳分配规律的作用方式、程度、范围都有着重大的影响。众所周知，在马克思设想的社会主义社会里，商品经济已经消亡而实行产品经济，企业局部利益已经消亡而实行全社会统一分配。马克思正是以这样的经济条件为前提，论述了个人消费品由社会直接地按个人实际上在自然形态上的劳动时间支出而分配给个人。马克思说："他所给予社会的，就是他个人的劳动量。例如，社会劳动日是由所有的个人劳动小时构成的；每一个生产者的个人劳动时间就是社会劳动日中他所提供的部分……他以一种形式给予社会的劳动量，又以另一种形式全部领回来。"[①] 但是，实际上现阶段社会主义经济还存在商品货币关系，因而当前我们所需要研究和回答的是社会主义商品生产条件下的个人消费品分配。

如果从现阶段社会主义的具体条件来考察社会主义按劳分配，那么我们会看见，在这种条件下，劳动者占有个人消费品具有下列特点：

全民所有制企业不仅是生产的单位，而且在一定程度上也是分配的单位，因为劳动者是以组织在全民所有制企业中联合劳动者的身份来进行商品生产与参与分配的。一方面，劳动者以所有全民所有制企业的共同主人的身份，按照他付出的劳动的数量与质量，从社会统一工资基金中领取他的劳动报酬的基本部分；另一方面，联合劳动者又要从企业的补充劳动报酬基金中领取劳动报酬的附加部分。可见，现阶段社会主义，劳动者分配消费品具有从社会统一分配和从企业收入分配双重形式，前者是个人消费品分配的基本形式，后者是个人消费品分配的补充形式。前者是按劳动者向社会提供的劳动的数量与质量进行分配，借助于全民所有制经济中统一工资标准以实现"按等量

---

① 马克思：《哥达纲领批判》，见《马克思恩格斯选集》第3卷，人民出版社，1972年，第11页。

劳动领取等量产品"；后者，即劳动者从企业的补充劳动报酬基金中分配的部分，除了决定于企业职工提供的超额劳动量而外，还要取决于企业的商品生产与经营的状况，取决于企业的盈利与自留利润的大小，显然，参与和进入劳动者个人分配的这部分企业收入除了受按劳分配原则制约而外，还要受到价值规律的作用的影响，如那些盈利大、自留利润多、补充劳动报酬基金数量更多的企业，劳动者的个人收入就会较多些；而那些盈利小、自留利润少、补充劳动报酬基金数量较少的企业，劳动者的个人收入就会较少些。

劳动者个人收入一部分来自企业的自留利润这一情况，为我们提出了一个新的论题，即现阶段社会主义按劳分配，存在着按照人们创造的价值成果进行分配的因素。

众所周知，马克思所论述的社会主义（那是以高度发达的社会主义来设想的）的按劳分配的"劳"，是劳动者在产品生产中付出的一般的、自然形态的劳动量，因为那里，已实现全社会公有制，采用直接计划。个别企业只不过是社会这一大工厂的一个车间，因而"个人的劳动不再经过迂回曲折的道路，而是直接地作为总劳动的构成部分存在着"[①]。它不再通过表现为价值来证明劳动的社会有效性和必要性，在这种条件下，消费品的分配，按照个人在生产中付出的劳动（一般劳动）时间就是理所当然的。

但是，在存在商品生产的条件下，人们的劳动成果要表现为商品，因而耗费在产品生产上的劳动，还要表现为这些商品的价值。因为在生产资料公有制基础上的商品生产者（企业）的劳动，一方面带

---

① 马克思：《哥达纲领批判》，见《马克思恩格斯选集》第3卷，人民出版社，1972年，第10页。

有直接社会劳动的性质，但是这种直接组织在具有相对独立性的企业中的劳动，只是在企业局部范围内直接社会化，还不是全社会范围内的直接社会劳动。在这里，耗费在产品生产上的企业局部劳动还不是完全地直接作为社会总劳动的构成部分而存在，因而客观存在着体现不完全的直接社会劳动的企业局部劳动与社会劳动即完全的直接社会劳动的矛盾，这就决定了必须借助价值，把企业局部劳动转化为社会平均必要劳动来解决这一矛盾。可见，在社会主义经济中，生产者的劳动还要表现为产品价值，通过这一迂回的形式来证明劳动的社会有效性与必要性。例如，在企业按照统一的价格（它取决于价值）而销售它们的产品和取得收入的情况下，熟练程度低于社会平均水平的企业在同样产品中耗费更多的企业个别劳动就不能完全得到社会的承认，其中超过社会必要劳动量的部分，由于在经济上不能实现，因而实际上成为社会的无效劳动。

在劳动者补充劳动报酬范围内，显然还存在一定的按照创造商品价值的社会必要劳动进行分配的机制，问题在于是否能体现社会主义按劳分配？这是值得探讨的问题。我们认为，全民所有制企业在实行劳动报酬基本部分按劳动数量和质量进行分配的条件下，再辅之以劳动报酬有限度的、补充部分按照劳动者创造的价值即社会必要劳动进行分配，有利于个人消费品的按劳分配原则的进一步贯彻。

按劳分配，不是给予任何劳动，如杜林所设想的那种玩九柱戏和散步这样的"劳动"也给予平等的分配与消费的权利[1]。马克思主义的按劳分配不同于小资产阶级平均主义的"平等"分配，在于这种具有分配权利的"劳"，必须是对社会有效用的劳动。按劳分配的实质正在于从

① 参见《马克思恩格斯选集》第3卷，人民出版社，1972年，第338页。

物质上鼓励社会有效劳动，而不是出于"平等"观念的分配均等。正是因此，马克思在《哥达纲领批判》中既谈到这种劳动是人们支出的劳动量，又指出这种劳动是人们贡献给社会的"劳动成果"。而在存在商品生产的条件下，商品生产者的社会有效劳动，就必须是创造具有使用价值和价值的商品而支出的劳动。如果企业不顾市场需求状况，生产出的商品质量低劣，花色陈旧，不具有社会使用价值，这种劳动耗费不能形成价值，从而不具有社会有效性。如果对这种无效劳动与那些创造使用价值大，从而价值成果多的劳动同样付酬，那就是违反社会主义按劳分配原则的。那些盈利大、收入多的企业（假定价格符合价值），往往是由于劳动者提供了更多的超额劳动，或是由于企业联合劳动有更大的密度而成为加强的劳动，从而创造了更大的商品价值，使这些企业的劳动者从企业的收益中得到更多的补充收入，正是体现了按劳分配鼓励社会有效劳动的根本精神与要求。如果在劳动者收入上实行企业经营好坏、盈余亏损一个样，那恰恰是违反了社会主义按劳分配。可见，在劳动者收入上，容许与保证那些经营好、效果大的企业的劳动者能获得较多的补充劳动报酬，同时，使那些经营管理差、效果小、创造的商品价值少的企业的劳动者获得较少的补充劳动报酬，就有利于进一步如实地承认人们社会劳动的差别，有利于消除企业间的平均主义，有利于从总体上进一步贯彻个人消费品的按劳分配。但是，这必须以劳动者收入差别保持在合理的与有限的范围内为前提。

综上所述，我们可以将现阶段社会主义全民所有制范围的按劳分配作用机制归结为如下几点：（1）劳动报酬的基本部分从社会统一的工资基金中按劳动数量与质量分配。（2）按照价值规律的要求，企业从事生产与经营活动获得的货币收入与它创造的商品价值相适应。（3）企业创造的剩余产品价值在企业与国家之间分配，企业提取与它创造的超额剩余产品价值相适应的补充劳动报酬基金。（4）企业补充劳动报酬基金在劳动者间按劳动数量与质量分配。

以上四个环节表明，劳动者个人消费品的按劳分配的实现，要通过一个复杂的经济机制，既包括直接的有计划分配社会工资基金的机制，又包含着价值规律对作为具有一定的分配单位性质的企业的生产和交换的作用。只有既坚持全民所有制范围内统一的工资标准，又发挥价值规律对企业的生产与交换的作用，并且把企业的价值成果与人们获得的补充劳动报酬联系起来，才能更充分地实现"每个劳动者从社会方面领取的，也就相当于他对社会所贡献的"[①]。相反地，如果单一地实行统一的工资标准，缺乏立足于价值规律作用的企业创造、实现和分配收入的机制，就往往会导向企业之间干好干坏一个样，难以充分实现按劳分配。这也表明，保证价值规律在生产与交换领域中发生作用，就并不是与按劳分配规律发生作用无关，恰恰相反，它正是现阶段社会主义实现按劳分配的经济机制中的不可缺少的环节。

价值规律对于社会主义按劳分配规律除了起积极的影响作用外，还存在抑制性的影响。

在价值规律对生产起调节作用下，在不同企业的劳动者间还不能实现典型的按劳分配中那种完全与充分的"按等量劳动领取等量产品"和那种完全与充分的"劳动平等"与"报酬平等"[②]。

典型的、完全的按劳分配是马克思在《哥达纲领批判》中所论述的，这种典型的按劳分配具有下述特点：（1）由社会中心实行消费品的直接分配，企业不具有消费品分配权。（2）不存在商品和货币关

---

① 《国家与革命》，见《列宁选集》第3卷，人民出版社，1960年，第250页。

② 《列宁选集》第3卷，人民出版社，1960年，第258页。

系，人们耗费在产品生产上的劳动，是直接社会劳动，一开始就为社会所承认，而无须通过价值来表现它的社会有效性和必要性。（3）作为个人消费品分配的尺度的劳动，不是劳动能力（潜在的劳动），也不是劳动的成果（物化的劳动），而是生产者主体的活劳动耗费（一般劳动），这种劳动耗费是用自然形态的劳动时间来计量，而强度更大的劳动则要换算为更大的个别劳动耗费。马克思说"他所给予社会的，就是他个人的劳动量"①，"每一个生产者的个人劳动时间就是社会劳动日中他所提供的部分"②，每个生产者从社会领回的消费品的数量是与他在生产中提供的劳动时间相一致的。

根据上述第一个特点，消费品的分配唯一地由社会进行分配，不存在来自企业消费基金的分配形式，这就排除了个人收入中任何来自企业局部占有的因素，避免了不同企业间由于非劳动因素造成的人们收入高低的不同。

更重要的是，由于作为分配尺度的"劳"是属于产品经济范畴的劳动时间，而不是属于价值范畴的社会平均必要劳动时间，因此，在消费品分配中就不承认商品经济中的个别劳动耗费与社会必要劳动耗费的差别，从而实现了一切生产者按照他的劳动耗费对消费品的平等占有权。以劳动时间为分配尺度，排除了按照社会必要劳动分配下那些拥有平均以上的物质技术条件、劳动生产率高、产品个别劳动耗费低于社会平均耗费的企业因创造更大的价值，从而劳动者在消费品分配中能占有更大的份额，以至于实际上享有某种特权的现象，同时

---

① 马克思：《哥达纲领批判》，见《马克思恩格斯选集》第3卷，人民出版社，1972年，第11页。

② 马克思：《哥达纲领批判》，见《马克思恩格斯选集》第3卷，人民出版社，1972年，第11页。

也排除了那些物质技术条件落后、劳动生产率低、产品个别劳动耗费高于社会平均必要劳动耗费的企业中的劳动者，由于不具有饱满的创造价值的能力，从而在实际上表现为一种社会有效性不足的低品位劳动，并因创造价值少，付出同量劳动却领回更少消费品（较之前者）的现象。

价值规律作用对于按劳分配的影响还表现在价格因素通过影响企业收入，从而引起不同企业间劳动报酬的差别上。例如，某些产品定价高于价值，而某些产品定价低于价值，在这种情况下即使是生产条件相同的企业，有的却可以因产品价格高于价值，从而劳动者的同等个人劳动表现为享有超额报酬的劳动，而另一些企业却因产品价格低于价值，劳动者的同等个人劳动表现为报酬不足的劳动。而在存在市场作用的情况下，不同企业因市场价格变动而引起收入变动，并由此引起的人们劳动报酬与他们付出的劳动量不一致的情况将会出现。

以上分析表明，在价值规律对生产与交换起调节作用的情况下，在通过统一的社会劳动报酬基金与企业的自有资金双重渠道来实现个人消费品分配的情况下，总还会有某些企业内一定程度上的个人消费品的过量领取，而在另一企业内又有一定程度上的消费品的不足额分配。这种情况表明，在商品生产的经济机制中，价值规律作用机制对按劳分配规律要求的抑制性的影响是客观存在的，这种影响成为这一阶段还不可能实现那种全面的、完全的按劳分配的重要原因，甚至还可能出现偏离与背离社会主义按劳分配原则的要求的状况。

必须指出，按照辩证法的发展观，社会主义的按劳分配规律不可能随着社会主义的产生而立即获得充分发挥作用的场所。因而不能认为在社会主义社会的初始阶段，就能够立即实现经典作家所论述的那种典型的、完全的按劳分配。马克思在《哥达纲领批判》中把按劳分配规定为劳动者"他以一种形式给予社会的劳动量，又以另一种形式全部领回来"①。列宁更把按劳分配规定为在全社会范围内的"按等量劳动领取等量产品"和全社会范围内的"劳动平等"和"报酬平等"。显然，他们论述的是纯粹的、完全的按劳分配，是那种更平等、更高级、更成熟的按劳分配，可以说是社会主义社会更高发展阶段的按劳分配。我们不能指望在社会主义社会还未成熟以前，就能实现这种典型的、完全的按劳分配，而要冷静而清楚地看到现阶段社会主义的按劳分配实际上还是不完全的。

坚持按劳分配是社会主义个人消费品分配中的不可动摇的原则。因此，人们就必须从理论上清楚地认识到社会主义在商品生产条件下，按劳分配是如何地受到价值规律作用的影响与制约，这样人们才能按照客观规律的要求来运用价值规律，并注意积极创造条件，使价值规律的作用被规范于合理的界限内，以有利于保证与坚持个人消费品分配的按劳分配性质，切实地防止与避免价值规律在生产与交换中的自发作用所带来的冲击与削弱分配领域的按劳分配的现象。

总之，认清价值规律作用与社会主义按劳分配规律要求的一致与矛盾具有现实意义。它使我们更加懂得当前在社会主义商品关系存在的条件下，必须分外地重视坚持国家对个人消费品分配的计划管理、控制与调节，又要自觉利用价值规律在实现社会主义按劳分配规律要求中所起的积极作用，同时要尽可能地避免它的作用所带来的一切消极的影响。

---

① 马克思：《哥达纲领批判》，见《马克思恩格斯选集》第3卷，人民出版社，1972年，第11页。

（四）价值规律与社会主义消费关系

价值规律作用也制约着社会主义的个人消费关系。社会主义消费的特征是社会全体成员消费水平不断地与逐步增长，劳动者的物质文化需要得到日益充分的满足。上述社会主义消费的本质特征的实现，与社会主义基本经济规律与按劳分配规律的作用密切相关，同时也与制约消费品流通的价值规律的作用相关联。在产品经济中，个人消费表现为作为产品的消费品分配的直接结果，它无须以交换过程作为媒介，在这种情况下，人们在劳动产品中分得的份额与他们获得的实际消费品的数量是一致的。但是在社会主义商品生产中，人们在分配中得到一个货币额，在分配过程后，还要继之对消费品的购买，即商品流通，才能开始实际的个人生活消费。因此，人们消费的状况，除了视分配的状况而外，还要取决于流通的状况。社会主义消费品的商品流通，不像资本主义经济中那样是资本家进一步对劳动者实行榨取的杠杆，而是最灵活、最有效地实现消费品按劳分配以满足人们不断增长的生活需要的手段。

在消费品流通中自觉地运用价值规律的作用，是完善社会主义消费的必要条件。为此，首先要按照价值规律的要求，对消费品正确定价，从原则上与长期发展趋势来说，要使消费品的价格接近价值。这样才能使劳动者真正享用到的消费财富与他们分配得到的名义份额相适应。如果人们违背价值规律的要求，主观任意地对一些消费品实行高价，对另一些消费品实行低价，就会使那些在消费结构中高价产品有较大份额的劳动者的实际消费额低于他应得的份额，而使那些在消费结构中低价产品有较大份额的劳动者的实际消费额高于他应得的份额。这两种情况都不利于社会主义按劳分配的实现，而且不符合社会主义消费的要求。其次，适应以市场形式而起作用的价值规律的要求，必须使某些一般消费品价格具有灵活性。如对于那些供过于求的产品、花色陈旧、品级低的滞销品，允许价格向下浮动，有利于调节供求，提高群众消费和避免积压。特别是对于那些产值小、品种多样的零星小商品，发挥价值规律自发地调节生产与交换的作用，有利于增加市场供应，使产品适销对路，从而使人们不断增长的、多方面的消费需要得到更充分的满足。

但是，也必须看到，在某些情况下，价值规律作用也会对社会主义消费带来消极的影响。它表现在：（1）价值规律要求商品价格与价值相一致，在一定情况下，会与劳动者消费水平的提高相矛盾。在国家财力有限，不能相应地增加职工工资的条件下，适应价值规律要求而调高某些消费品价格，就会影响到劳动者消费水平的正常提高。（2）在市场作用下的消费品的供求关系，往往不适应于社会主义消费的性质。如市场供不应求的消费品，如允许价格向上浮动，会限制人们的消费；如果这种情况发生在生活必需品的范围内，就会影响劳动者的生活水平的提高。（3）在市场作用下，消费品供求的变动带有自发性，某些消费品的供不应求或供过于求是经常存在的，它不利于有计划的社会主义的消费发展。可见，为了适应社会主义消费规律的要求，不能听任价值规律对消费品的流通自发地起调节作用，而必须自觉地利用价值规律。在某些情况下，还必须保持消费品价格与价值的差距，如对于一般生活必需品必须维持低价。即使国家为了消除工农业产品价格历史上遗留下来的"剪刀差"，而采取某些提高收购价格的措施，但为了保证人民的生活水平不受影响，有必要采取对某些基本农产品实行补贴以维持较低销价的措施。另一方面对某些非基本生活必需的消费品，特别是对于稀缺的高档商品，实行适当的高价，以维持市场供求平衡，适当调节人们的消费关系。

以上分析，可以看到价值规律在现阶段社会主义社会经济生活的广泛领域内发挥着不同程度与不同形式的作用，它对各个领域中特有经济规律的作用都要发生影响。社会主义经济活动与价值规律的作用是相关联的，犹如人体各器官的生理机制都要受到神经与经络系统的制约一样。因此，在研究社会主义各个特有经济规律的作用机制时，就有必要联系价值规律的作用机制。承认价值规律在交换领域起作用，否认它在生产领域中起作用，或者承认它在生产与交换领域起作用，否认它也要对分配和消费领域发生作用的种种观点，实际上就否认了社会主义生产、交换、分配、消费各个方面存在密切的、内在的联系。因此，政治经济学社会主义部分在论述价值规律时，就不能将价值规律的作用限制在某些特定的与狭隘的领域内，不能认为社会主义生产某些领域是带有商品性，而在其他领域却是一个纯产品经济的王国，这样就会人为地割裂统一的社会主义生产机体，机械地划分各个经济规律作用的领域，否认价值规律的广泛作用。

说现阶段社会主义经济中价值规律有广泛的作用，不是要把价值规律当作社会主义经济生活的万能调节者，并且为它的作用大开绿灯。恰恰相反，论述价值规律作用的广泛性，是着眼于研究与探索存在商品生产条件下，价值规律对社会主义生产机制、计划机制、分配机制和个人消费机制客观存在的二重影响。一方面研究价值规律的作用是怎样地（在什么条件、哪种形式下）起到实现对其他社会主义经济规律作用的积极影响，从而深刻而周详地揭示各个社会主义经济规律的要求、作用形式与机制。另一方面研究价值规律的作用是如何地（在什么条件、形式、机制下）会对其他社会主义经济规律的要求产生抑阻性的消极后果，从而寻找到自觉地利用价值规律的适当方式、手段与杠杆，使价值规律的作用最充分地适应各个社会主义特有的经济规律的要求。

我国国民经济管理体制的改革，要求在经济工作中把运用行政手段与运用各种价值杠杆结合起来，特别是要加强对经济杠杆的运用。这就提出了进一步研究价值规律对社会主义经济各个领域的作用这一重要课题，这是社会主义政治经济学的一个重要的研究课题。